KB025555

# 난생처음
## 재개발 재건축

대한민국에서 가장 돈 되는 부동산 투자 블루칩

# 난생처음 재개발 재건축

**초판 1쇄 발행** 2021년 6월 7일
**초판 2쇄 발행** 2021년 8월 3일

**지은이** 김향훈, 이수현, 박효정

**발행인** 백유미 조영석
**발행처** (주)라온아시아
**주소** 서울특별시 서초구 효령로34길 4, 프린스효령빌딩 5F

**등록** 2016년 7월 5일  제 2016-000141호
**전화** 070-7600-8230  **팩스** 070-4754-2473

**값** 19,000원
ISBN 979-11-91283-52-5 (04320)
     979-11-89089-34-4 (세트)

※ 라온북은 (주)라온아시아의 퍼스널 브랜드입니다.
※ 이 책은 저작권법에 따라 보호받는 저작물이므로 무단전재 및 복제를 금합니다.
※ 잘못된 책은 구입하신 서점에서 바꾸어 드립니다.

라온북은 독자 여러분의 소중한 원고를 기다리고 있습니다. (raonbook@raonasia.co.kr)

대한민국에서 가장 돈 되는
부동산 투자 블루칩

# 난생처음
# 재개발 재건축

김향훈·이수현·박효정 지음

RAON
BOOK

## 머리말

이 책은 부동산 관련 분야에 종사하는 3인의 공저다. 저자들은 변호사와 감정평가사, 공인중개사라는 전문 자격증을 가지고 오랜 기간 부동산 분야에서 일해왔다. 전문 투자자는 아니지만 투자자들 옆에서 조력자 역할을 주로 해왔다. 현장에서 지켜보기는 하지만, 투자 그 자체를 하지는 않기 때문에 투자와 컨설팅은 매우 다르다.

우리는 살아가면서 어떤 분야의 높은 권위자보다는 나보다 한 단계 정도 높은 주변의 경험 있는 지인으로부터 도움을 받고 손에 잡히는 지식을 얻는 경우가 더 많다. 이 책을 읽고 있는 독자들도 대부분 대박을 좇는 전업 투자자라기보다는 하루하루 성실히 살아가면서 어떻게 하면 남들에게 뒤처지지 않을지 고민하는 생활인일 것이다. 그래서 대개는 전문 투자자를 직접 만나 이야기할 기회도 거의 없고,

투자에 관한 책을 사서 보거나 인터넷 검색 또는 유튜브 시청 등을 통해 정보를 얻는 경우가 많을 것이다. 실제로 전문 투자자를 만나고 그의 강연을 듣더라도 이를 그대로 따라 하기는 힘들다. 우리가 스티브 잡스의 일화나 성공담을 아무리 듣는다 해도 실제로 그와 같은 정도의 실천을 일상에서 하기는 어려운 것과 마찬가지다. 그보다는 나보다 조금 앞서 나가고 있는 사람들의 충고와 경험담이 더 현실적인 도움이 된다.

필자들은 소위 '투자 전문가'는 아니지만, 지난 15년간 수많은 재개발·재건축 소송사건을 다루면서 투자를 통해 큰 이익을 얻은 사람들, 돈을 잃은 사람들을 많이 봐왔다. 변호사 일을 시작할 때만 해도 물려받은 재산 하나 없이 빈털터리였던 필자도 재개발·재건축 투자를 통해 자산을 증식했다. 그러나 너무 몰라 부화뇌동하여 재개발 가능성이 전혀 없는 빌라를 샀다가 투자에 실패하기도 했고, 돈이 부족해 수많은 투자 기회를 흘려보내기도 했다.

하지만 그것마저도 소중한 경험이었다. 그 실패를 통해서 투자 마인드를 배우고 실제로 이후 투자에서도 성과를 거두었으니, 소중한 수업료였다. 그렇게 한발 먼저 경험한 평범한 투자자의 마음으로 이 책을 썼다.

앞으로도 부동산이 돈이 될까? 분명 그럴 것이다. 그러나 핵심지역만 돈이 될 것이고, 아무 부동산이나 다 되는 것은 아닐 것이다. 이것을 알아보려고, 뉴욕, 도쿄, 북경, 상하이, 런던 등 선진국 대도시의 부동산 가격을 유심히 살펴보기도 했다. 주변을 주의 깊게 둘러보면 다행히도 여전히 재개발·재건축 투자를 할 만한 곳은 많이 존재한다.

그러나 사람들이 쉽게 재개발·재건축 투자에 손을 대지 못하는 이유는 아마 어렵고 복잡한 절차, 오래 걸리는 기간, 그리고 조합과 관련된 분쟁 등 알 수 없는 것에 대한 두려움 때문일 것이다. 재개발·재건축 투자와 일반 부동산 투자의 가장 큰 차이는, 눈에 보이지 않는 미래에 건축될 물건에 투자한다는 것이다. 만일 사업 자체가 무산되면 미래에 새집이 건축되지 않을 수도 있고, 되더라도 20년 이상 오랜 시간이 걸릴 수도 있다. 은마아파트를 보라. 도대체 몇 년을 더 기다려야 할지……. 하지만 되기만 하면 대박이다. 어차피 미래는 현재에 투자하는 것의 결과이고 모험이며 인생 자체도 모험이다. 그러니 모험을 즐기되 그 위험도만 줄이면 된다.

꼭 투자를 위해서가 아니더라도, 우리는 재개발·재건축을 피해 갈 수 없다. 우리 일상의 공간인 건물은 시간이 지날수록 노후화되고 거리는 지저분해지고 언젠가는 정비구역이 될 것이다. 월세, 전세를 살더라도 오래되면 결국 재개발될 수밖에 없다. 건물을 임차하여 영업을 하고 있는데 그곳이 개발된다면 건물을 비워야 한다. 이때 권리금과 영업보상금도 문제가 된다.

이처럼 누구나 자신 또는 지인이 사는 지역이 정비구역(재개발·재건축 대상 구역)으로 지정되는 것을 한 번쯤 볼 수 있다. 그리고 지금 당장은 수중에 돈이 없어 부동산 투자를 할 상황이 아니더라도, 언젠가는 집을 살 기회가 올 것이다. 그때를 대비하여 관련 내용을 알고 있어야 한다. 그래야만 느닷없이 다가오는 투자의 순간에 소중한 기회를 놓치거나 잘못된 선택을 하지 않고 현명한 선택을 할 수 있다.

재개발·재건축은 이제 누구나 알아야 할 필수상식이 되었다. 필자는 재개발·재건축과 관련된 거의 모든 유형의 분쟁을 겪어보았다. 그리고 이러한 과정에서 발생하는 법적인 분쟁에 관하여 법무법인 동료 변호사, 사무장과 공저로 책을 펴낸 바 있다. 이 책에서는 법적 분쟁이 아니라 주로 투자에 관한 내용을 서술하고자 한다.

다시 말하지만 필자들은 변호사, 감정평가사, 공인중개사이지 전문 투자자가 아니다. 그러나 현장을 열심히 들여다보고, 투자를 해보거나 지켜 본 사람으로서 독자들에게 분명히 도움이 되는 지식을 전할 수 있을 것으로 생각한다. 이 책을 통해 독자들이 재개발·재건축 투자에 대해 자신감을 가질 수 있기를 바란다.

대표 저자 김향훈

# CONTENTS

## PART 1 재개발·재건축 시장은 여전히 블루칩이다

## PART 2 법을 알면 수익성이 보인다! 관련법 이해하기

## PART 3 물건 고르는 안목을 길러라! 분양가 예측하기

# PART 4 저평가된 물건을 찾아래! 사업성 분석하기

# PART 5 정보가 돈이대! 남보다 한 발 먼저 정보 파악하기

# PART 6 모르면 크게 손해 본다! 투자 주의사항

# PART 1

# 재개발·재건축 시장은
# 여전히 블루칩이다

# 01

# 재개발 · 재건축
# 지금 투자해도 괜찮을까

 

IMF 금융위기 때 집값이 폭락하자 이제 한국도 일본처럼 부동산 거품이 꺼질 거라며 아무도 집을 사지 않았다. 누군가 전세보다 집을 사는 게 낫다고 권하면 대부분 '부동산 투자 시대의 종료'를 얘기하며 권하는 사람의 저의를 의심했다. 그렇게 다들 집을 안 사니 전세가만 천정부지로 올랐다. 당시 서울 중랑구 18평 아파트 매매가격은 9,000만 원, 전세가가 8,000만 원이었다. 전세가가 집값의 90%나 된 것이었다.

그런데 노무현 정부에 들어서 연일 집값이 올랐다. 매일 집값 폭등 뉴스가 도배를 했다. 강남의 한 재건축아파트 가격이 평당 3,000만 원을 넘었다는 뉴스로 시끌벅적했는데, 당시 5억 원이라던 16평 아파트는 2009년 재건축사업이 완성되어 환급금 1억 원을 받고도 현재 가격이 30억 원이다. 전 국민이 다 안다는 반포자이다. 2021년 1월, 20년 전 강북의 18평 아파트가 얼마나 올랐을지 궁금해서 찾아보니 시세가 5억 원이었다. 20년 동안 상승률 400%다.

서울을 비롯한 우리나라 대도시의 집값은 계속해서 상승해왔다. 1997년 IMF 위기와 2008년 금융위기 때에는 주춤했지만, 그 이후에도 어김없이 집값은 올랐다. 그렇다면 이러한 상승세는 도대체 언제까지 계속될 것인가? 이제 상승세는 멈춘 게 아닐까?

이런 의문점을 해결하기 위해 경제 뉴스 등을 통해 세계 각국 대도시의 면적, 인구밀도, 스카이라인 집값 등을 유심히 살펴보고 분석해보았다. 일본의 경우는 과거 잃어버린 20년 동안 극심한 부동산 침체를 겪었으나 다른 나라의 대도시들은 그렇지 않았다. 일본만 예외였던 것이다. 사실 일본에서 집값이 폭락한 곳은 1960년대부터 베이비부머들의 주택 수요를 충당하기 위해 도쿄에서 2시간 이상 거리에 마구 지어진 신도시가 노후화된 곳이었다.


## 서울의 스카이라인은 아직도 여유가 있다

UN의 인구보고서 등 각종 미래보고서에 따르면, 인구의 도시 집중은 앞으로도 계속되어 2050년까지 세계 인구의 약 70%가 도시에 거주할 것으로 예측되고 있다. 서울시의 인구밀도는 1만 6,558명/km²으로, 일본 도쿄(1만 4,386명/km²), 스페인 바르셀로나(1만 5,639명/km²), 미국 뉴욕(1만 951명/km²) 등과 비교해도 인구밀도가 높은 도시로 분류된다. 특히 부동산 가격이 대단히 높은 곳으로 알려진 홍콩도 인구밀도가 서울의 절반이 채 안 되는 6,765명/km²이고, 면적은 1,106km²에 달해 605km²인 서울의 두 배 가까이에 이른다. 그러나 실제로는 인구의 대부분이 남쪽에 밀집되어 있고 북쪽 지역은 울창한 삼림이므로 인구밀도로 단순 비교하기는 어렵다. 홍콩의 인구밀집지역인 홍콩섬과 구룡반도 남단만을 서울과 비교해보면 아직 서울은 홍콩 수준으로 밀집되려면 한참 멀었다.

홍콩, 베이징, 상하이의 스카이라인을 보고 나서 서울의 한강변을 보면 아직도 건물을 지을 수 있는 공간이 많다는 걸 느낄 수 있다. 대한민국 경제 건전성과 서울의 도시경쟁력이 그곳들보다 못할 게 없지 않은가? 앞으로 더욱더 집적되고 건물은 고층화되지 않겠는가? 실제로 서울도 고층빌딩을 짓는 것을 용이하게 해야 한다는 논의가 나오고 있다. 50층 이상일 경우에는 고층빌딩으로 구분되어 내진설계를 비롯한 갖가지 규제가 훨씬 심하다. 그래서 일부러 49층으로 짓는다고 한다. 건물을 지을 땅이 부족한 서울은 앞으로는 고층으로 고밀도 개발을 할 수밖에 없을 것이다.

지방 도시들의 개발 수준은 더 말할 것도 없다. 이는 재개발·재건축이 이루어질 곳이 앞으로도 많이 남아 있고, 그만큼 투자 기회도 많음을 의미한다. 실제로 대전, 대구, 광주 등 지방 도시의 많은 구역에 재개발·재건축이 진행되고 있다.


## 장기적인 안목과 용기 있는 사람이 수익을 올린다

우리나라의 부동산 가격은 1997년 IMF와 2008년 서브프라임 모기지 사태를 전후하여 주춤하였고, 정부의 연이은 부동산 대책으로 인해 상승폭이 둔화된 바 있었다. 그러다가 민간택지에 대해서도 분양가상한제가 적용되기로 결정나자, 2019년 8월에는 신축 아파트의 가격이 급등했다. 도곡동 타워팰리스의 초기 분양률은 30%가 채 안 되었고, 반포자이와 래미안퍼스티지도 2008년 금융위기로 미분양이었으나 입주 후 가격이 크게 뛰며 엄청난 시세차익을 얻을 수 있었다. 막상 부동산 가격이 주춤할 때는 투자하기가 쉽지 않지만, 장기적인 안목에서 용기 있는 선택을 한 사람들은 수익을 올렸던 것이다.

투자를 할 때는 당시의 상황만 보지 말고 미래를 봐야 한다. 눈에 보이는 것만 믿는 대다수의 사람들은 이렇게 생각한다. '이 부동산이 그렇게 좋은 물건이면 중개사 당신이 살 것이지, 왜 나한테 사라고 권할까? 뭔가 불안하니까 그러는 게 아닐까?'

그 말이 맞기도 하다. 그러나 중개사는 중개수수료 받는 것을 업으로 하는 사람이라 물건 중개하는 것에만 관심이 있지 막상 구입할 생각을 하기는 힘들다. 좋은 물건인 줄은 알지만 돈이 없어서 사지 못하는 경우도 많다. 변호사도 소송사건만 진행할 뿐 구입할 생각을 하기는 쉽지 않다. 경제적인 여유가 좀 있다 해도 결단력이 부족해서 사지 못한다. 반면에 주변의 여유 자금이 있는 사람에게 권유는 할 수 있다. 그리고는 공인중개사 본인이 나중에 땅을 치고 후회한다. 바보처럼 남한테만 권하고 정작 자신은 투자를 못했다고.

## 부동산을 안 사둔 나만 망한다

부동산이 도대체 뭐길래 근로소득으로는 따라잡을 수 없는 부(富)를 안겨주는가? 그건 부동산이 바로 우리가 근로할 수 있는 터전을 제공하기 때문이다. 세상의 가치는 노동에서 나오는데, 노동이 이루어지는 장소가 부동산이다. 엄청난 이윤을 창출하는 기업체도 결국은 일정한 공간이 필요하다. 그리고 일을 하는 사람들은 직장에서 가까운 곳에 거주공간을 마련하고 싶어 한다. 그러므로 경제가 발전할수록 부동산은 비싸질 수밖에 없다.

부동산을 구입한다는 것은 대한민국이라는 주식, 서울특별시 강남구라는 주식, 대구광역시 수성구라는 주식, ○○역 역세권이라는 주식을 사는 것이다. 근로소득만으로는 얻을 수 없는 자산 가치를 구입하는 것이다. 대한민국의 미래가 지금보다 커지고 잘될 것이라고 믿는 사람이라면 그 주식(부동산)을 구입할 것이고, 미래가 불안정한 잿빛이라고 생각하는 사람은 구입하지 않을 것이다.

그러나 미래가 잿빛이 될 가능성보다는 지금보다 잘될 가능성이 더 높을 것이다. 망할 때에는 너도 나도 다 같이 망하는 반면, 남들 잘될 때 혼자서만 뒤처지면 그 불이익과 상대적 박탈감은 매우 크다. 그런 상황을 피하려면 부동산이라고 하는 '그 지역의 주식'을 구입해둬야 한다. 내가 다니는 회사의 우리사주를 구입한다고 생각하면 쉬울 것이다. 회사를 월급만 받고 다닐 것인가 아니면 주인이 되어 배당도 받고 필요하면 팔 수도 있는 자산을 취득할 것인가의 문제이다.

구입해두면 대박이 날 수 있고 그렇지 않을 경우 쪽박이 될 수 있다면, 대박 쪽에 베팅하는 게 좋다. 부동산은 특정 회사의 성과와 전망을 반영하는 주식과는 달리, 대한민국 또는 그 지역 경제 전체의 성과와 전망을 반영하는 것이라서, 주식보다 예측이 쉽고, 망하기는 쉽지 않다. 망할 경우 나만 망하는 건 아니며, 망하지 않을 경우 부동산을 사두지 않은 나만 망한다.


## 재개발·재건축 주택은 블루칩 부동산이다

재개발·재건축 투자는 상대적으로 시일이 오래 걸리고, 개발 지역마다 독특한 특성이 존재하여 사업이 중단될 가능성 등 예측 불가능성이 높다. 그러나 거꾸로 보면 그만큼 수익률이 높다는 것을 의미한다. 지뢰밭에서 산삼을 캐는 것은 위험하지만, 지뢰탐지기가 있다면 그곳은 금광이나 마찬가지일 것이다. 지뢰가 무서워서 아무도 오지 않는데, 나는 그 지뢰가 어디에 있고 어떻게 피할 수 있는지 알기 때문에 독식할 수 있는 것이다.

또 오랜 세월 소유하고 있을수록 높은 수익을 기대할 수 있으므로 실수요자에게 특히 유리한 투자 방식이다. 대출로 구입한 경우에는 오랜 기간 원리금 상환의 금융 부담을 버틸 만한 매월의 수입 창출 능력이 있어야 한다. 이게 바로 아무나 투자할 수 없는 이유이다.

대한민국의 경제가 완전히 망가지지만 않으면 부동산 가격은 올라갈 확률이 높다. 매년 부가가치가 창출되고 그것이 유동성이 되어 시중에 흘러다니기 때문이다. 달리 말하면 부동산 가격이 올라가는 것이 아니라 화폐가치가 하락하는 것이다. 내 자산의 가치하락을 상쇄하기 위해서는 반드시 부동산에 투자해야 한다.

문재인 정부에 들어서서 2021년 2월 4일까지 스물네 번의 부동산대책과 보완책이 발표됐다. 이제 정말 사지도 말고 팔지도 말라는 사인이다. 그렇다면 이 규제가 영원할까? 역사가 반복되듯 부동산 정책도 반복된다. 아무리 분배와 평등을 중요한 가치로 생각하는 정권이라 하더라도 건설업 등 부동산과 관련해서 창출되는 부가가치, 정부 세수 등의 이해관계가 복잡하게 얽혀 있기 때문에 규제를 지속하기는 쉽지 않다.

고강도 규제정책을 내놓아도 집값이 잡히지 않자 그동안 공급은 충분하다던 정부가 2020년 5월 6일에 내놓은 대책에서 공급 확대 방안을 언급했다. 사업성이 낮아서 진행이 안 되는 재개발구역에 공공이 관여하여 사업을 진행하는 방식 등으로 정비사업을 통해 공급을 확대하겠다는 것이 그 골자다. 또 2020년 7월에는 국토부장관이 그린벨트 해제에 대해 서울시와 협의하여 택지를 조성하겠다는 방침을 세웠으나, 서울시에서 반대하고 문재인 대통령도 그린벨트는 서울과 수도권의 허파로 미래세대를 위해 남겨두어야 할 땅이라고 그린벨트 해제 논의를 중단하게 했다.

그렇다면 결국 서울과 수도권에서 주택을 공급하는 방법은 기존 도심과 주거지를 정비하여 주택을 공급하는 방법이 거의 유일하다. 당장은 천정부지로 치솟는 부동산 가격에 어쩔 수 없이 규제정책으로 일관하지만 정권이 바뀌든 안 바뀌든 규제는 완화되는 것이 필연이다.

수요억제정책을 통해 부동산 가격을 안정시키겠다는 정부정책은 기존의 주택도 유통을 막아버리는 공급억제 결과를 불러와 가격 안정이라는 목적에 실패했다. 이에 부동산 정책의 주무부서인 국토교통부 장관이 교체되고 2021년 2월 4일 24번째 대책을 발표했다. 그 주요내용은 2020년 5월 6일 발표했던 공급확대책의 보완책이라고 할 수 있다. 정부가 특단의 공급확대책이라며 내놓은 대책은 공공이 정비사업에 깊숙이 개입하여 5년이라는 짧은 시간 동안 서울 안에 신도시급으로 주택을 공급하겠다는 내용이다.

정부의 선의 있는 노력은 훌륭하지만 실현하기 어려울 것 같아 안타깝다. 그리고 우리 경제의 많은 비중을 차지하고 있는 부동산과 건설 분야의 경제정책과 복지정책을 혼동하는 것처럼 보여 개탄스럽다.

정부의 목표는 부동산 경기 침체가 아니라 부동산 가격 안정과 국민들의 원활한 경제활동, 예측 가능한 세수 확보다. 이러한 규제정책 시기에는 보수적으로 투자해야 한다. 그런데 규제가 심하다고 규제를 피해서 빌라, 오피스텔 등의 대체주택이나 상가 등으로 투자처를 옮기려는 사람들이 있다. 지금은 수요는 있으나 세금과 금융 규제로 시장이 매우 불안정한 상황이다. 규제를 피해 풍선효과로 부풀어오르는 종목인 상가 등에 잘못 투자하면 큰 손실을 입을 수 있다(그렇다고 주택 외의 부동산 투자가 모두 바람직하지 않다는 것은 아니다).

이렇게 불안정한 시장일수록 안전종목에 재산을 안착시켜야 한다. 이를 '에셋 파킹(Asset Parking)'이라 한다. 그럼 안전자산이란 무엇인가? 대한민국에서 가장 좋은 안전자산은 서울 아파트다. 인구가 줄어도 세대수는 늘고 도심집중현상은 심해진다. 그렇기 때문에 서울 아파트는 언제나 수요층이 두텁고 환금성이 좋은 가장 안전한 자산종목이다. 수년 내에 신축 아파트로 탈바꿈되는 재개발·재건축 주택은 대한민국에서 가장 좋은 블루칩 부동산인 것이다.

# 02
# 재개발과 재건축,
# 분명히 구분하자

자기가 살아온 환경 등 사람은 누구나 저마다 끌리는 지역이 있게 마련이다. 일단은 자기가 마음에 드는 지역이 재건축 지역이면 재건축 투자를 하는 것이고, 재개발지역이면 재개발 투자를 하는 것이라고 말할 수 있겠다. 재개발이 뭔지 재건축이 뭔지 구별할 줄 몰라도 괜찮은 수익을 올렸다면 문제는 없을 것이다. 마치 와인인지 소주인지 모르고 마셔도 취해서 기분 좋으면 그만이라고 한다면 그 말도 맞다. 그런데 재개발·재건축 투자에서는 뭐가 다른지 알아야 기분 좋게 취할 수 있다. 다시 말해서 어떻게 다른지 알아야 사고 나서 나중에 아파트를 받을 수 있는 물건인지, 돈이 될지를 판단할 수 있는 것이다. 예를 들면 재개발은 토지 또는 건축물 중 하나만 소유해도 분양권이 있고, 재건축은 토지와 건물을 소유해야 분양권이 있다. 재개발지역이라면 나대지나 공장도 투자대상이 될 수 있다.

## 3가지 정비사업

도시 및 주거환경정비법에서 규정하고 있는 정비사업은 주거환경개선사업, 재개발 정비사업, 재건축 정비사업으로 나누어진다.

### 주거환경개선사업

정비기반시설이 극히 열악하고, 노후하여 불량 건축물이 과도하게 밀집한 지역, 흔히 말하는 달동네 지역에서 이루어지는 정비사업이다. 정비사업시행자는 주로 구청 등의 지자체이며 LH가 시공자인 경우가 대부분이다. 서울 상계동 4-1 주거환경개선지구, 경기도 수원의 고등지구가 이에 속한다.

### 재개발 정비사업

도로, 공원, 상하수도 시설 등과 같은 정비기반시설이 열악하고, 노후 불량건축물이 밀집한 지역에서 하는 정비사업이다. 단독주택과 다세대 등이 밀집되어 있고 도로 등의 기반시설이 좋지 않은 지역에서 이루어진다. 즉 단독주택 밀집 지역과 골목길이 꼬불꼬불한 지역을 대상으로 한다고 보면 된다. 한남뉴타운, 성수 전략정비구역, 장위뉴타운 등이 재개발 정비사업구역이다. 간혹 작은 나홀로 아파트들이 재개발구역에 편입되어 진행되기도 한다. 동작구 흑석11구역의 명수대 한양아파트, 성동구 성수1구역의 강변동양아파트가 그렇다.

재개발 정비사업은 과거에는 도시재개발법의 적용을 받았다. 재개발은 불량한 도시를 정비하기 위한 사업으로서 공익 목적의 사업이다. 따라서 사업에서 이탈하는 경우의 보상에 대하여는 "공익사업을 위한 토지 등의 취득 및 보상에 관한 법률"(토지보상법)의 준용을 받는 경우가 있다. 공익사업이므로 더 챙겨주는 게 아니다. 공익을 위해서 하는 사업이니 주민들과 소유자들이 일정 부분 손해를 보고 싼 값을 받고 떠나라는 묘한 논리이다.

### 재건축 정비사업

정비기반시설은 양호하나 노후불량 주택이 밀집한 지역에서 하는 정비사업이다. 대규모 아파트단지의 정비사업이 이에 속한다. 단독주택, 다세대 밀집지역에서도 재건축 방식의 정비사업을 하는 경우가 있는데 서초구 방배5구역, 방배6구역, 성동구 응봉1구역 등이 대표적이다. 요즘은 거의 다 노후화된 아파트 지역에 대하여 지정된다. 단독주택지역도 도로가 잘 정비된 곳이었다면 재건축구역으로 지정된 바 있었으나 요즘은 단독주택 지역에 대하여는 더 이상 지정되지 않는다.

과거에는 주택법의 적용을 받았던 사업이다. 재건축은 주민들이 자신의 재산 증식을 위해 자치적으로 진행하는 사적인 사업이다. 다만 투기방지와 개발행위의 질서를 위해 국가나 지자체가 개입한다는 전제에 서 있다.

## 재개발과 재건축의 차이

서울과 수도권에서 하는 정비사업은 대개 재개발과 재건축 방식의 정비사업이 많으므로 이 책에서는 주로 이 두 가지에 대해서 설명하겠다. 재개발·재건축은 기성 시가지를 재정비하는 사업이다. 이미 오랫동안 사람들이 모여서 도시를 이루고 살아왔지만, 도로나 기반시설이 노후되고 생활환경이 열악하게 되어 다시 정비할 필요에 의해 부수고 다시 짓는 것이다. 재개발은 주로 단독주택 밀집지역, 재건축은 아파트 밀집지역에서 이루어진다.

재개발과 재건축의 수익률은 일률적으로 비교하기 어렵다. 그때그때 나르다는 것이 가장 정확하겠다. 아파트로 지어지고 난 이후에는 아무런 차이가 없다. 단지가 지어지기 전에 주변 기반시설이 너무 열악하면 재개발이고, 상태가 괜찮으면 재건축이라 생각하면 된다.

　　물론 이러한 구별 자체가 큰 의미가 없고 자의적이라고 생각하는 사람도 있다. 그러나 법이 이 둘을 구별하고 있고 그에 따라 투자자의 권리가 달라지는 이상, 중요한 차이점은 알고 있어야 할 것이다.

　　재건축과 재개발은 구역 지정 요건이 다르고 각기 다른 법률의 규율을 받아오던 전혀 다른 종류의 사업이었는데, 2003년 12월 31일 도시 및 주거환경정비법이 발효되면서 통폐합되어 오늘날에 이른 것이다. 과거에는 그 근거법이 달랐던 탓에 많은 차이가 있었는데 지금은 도시정비법이라는 같은 법의 테두리 내에 있게 되면서 둘 간의 차이가 많이 줄어들고 유사해졌다. 그럼에도 불구하고 아직도 큰 차이가 존재하고 있는데 주요한 차이는 다음과 같다.


- 재건축은 사적인 사업이고 투기의 우려가 더 크므로 많은 제재를 가한다. 조합설립인가 이후에 투기과열지구에서는 아예 거래를 할 수 없다. 재개발은 관리처분인가 이후에 전매가 금지된다. 정확히 말하자면 거래는 되지만, 매수자가 조합원이 될 수 없고 현금청산이 된다.
- 재개발의 경우 조합원분양신청을 하지 않으면 재판 절차가 아닌 토지수용 절차를 통해 현금청산을 당하게 된다. 토지수용절차는 각 도청이나 특별시, 광역시에 부속된 토지수용위원회에서 진행한다. 약 3개월간의 짧은 기간에 신속하게 끝나며, 보상은 시가가 아니라 공시지가를 기준으로 하여 약간의

금액이 더해질 뿐이다. 공익사업이므로 공익을 위해 원래의 소유자들이 손해를 보라는 것이다. 이 무슨 말도 안 되는 논리인가? 하지만 현재의 법이 그렇게 되어 있다. 실로 원통하기 짝이 없다.

- 재건축은 조합 설립에 동의하지 않는 경우 '매도청구'라는 재판 절차를 거치게 되고, 소장을 받은 날의 시가를 기준으로 하여 보상을 받는다. 조합원분양 신청을 하지 않은 경우에는 분양신청기간 마감일 다음 날을 기준으로 하여 시가평가를 하여 보상해준다. 이 경우 거의 다 재판을 거치게 되는데 법원에서 선정한 감정평가사가 평가를 한다. 이 감정평가 절차가 재산의 가격을 좌우하므로 매우 신중하게 대처해야 한다. 재개발·재건축 전문 변호사를 선임하여 재판에 대처해야 하며, 아울러 당신만을 위한 감정평가사도 선정하는 것이 좋다. 변호사는 법률만 알지 평가는 모르기 때문이다. 법원에서 제대로 평가받기 위해서도 돈을 투자해야 한다. 돈을 벌기 위해서도 돈을 써야 하지만, 돈을 지키기 위해서라도 돈을 써야 한다.


## 전매 가능 시점과 재건축 초과이익환수금 유무

재개발과 재건축의 법적인 차이보다 투자자 입장에서는 수익과 어떻게 연관되는가가 더 중요하다. 재개발과 재건축은 여러 가지 차이가 있지만 가장 단적인 차이는 전매 가능 시점과 재건축 초과이익환수금의 유무이다. 재건축정비구역의 부동산은 조합이 설립되면 정비사업이 완료되어 소유권보존등기가 완료되기 전에는 전매가 제한된다. 그러나 재개발정비구역의 부동산은 조합이 설립되어도 관리처분인가 전까지는 전매가 가능하다. 따라서 정비사업이 어느 정도 진행되어

| 재개발과 재건축의 차이 |

| 구분 | 재개발 | 재건축 |
| --- | --- | --- |
| 대상 지역 | 정비기반시설이 열악하고 노후불량 건축물이 밀집한 지역 | 정비기반시설이 양호하고 노후불량 주택이 밀집한 지역 |
| 조합설립 요건 | 토지등소유자 3/4 이상 및 토지면적 1/2 이상 동의 | 토지등소유자 3/4 이상, 동별 과반수 이상 및 토지면적 3/4 이상 동의 |
| 조합원 자격 | 토지소유자<br>건축물소유자<br>지상권자(특정무허가건물 소유자) | 건축물과 그 부속토지소유자 |
| 안전진단 | 필요 없음 | 필요함 |
| 전매가능 시기 | 관리처분 이전 | 조합설립 이전 |
| 초과이익환수제 | 해당 없음 | 해당됨 |

조합이 설립된 단계에서는 환금성 면에서 재개발 투자가 유리하다.

재건축정비구역은 초과이익환수금이 부과된다. 추진위원회 설립 당시부터 정비사업이 완료되는 시점까지의 개발이익을 최대 50%까지 부담금 형식으로 내야 한다. 그러나 재개발정비구역에는 초과이익환수금이 부과되지 않는다. 2020년 6월 17일에 발표한 규제책에 의하면 수도권 투기과열지구 내 재건축정비구역에서는 2020년 12월 이후 조합설립을 신청하는 단지는 2년 거주요건을 갖추어야 조합원 자격이 주어진다(2021년 2월 기준 이 법은 국회에서 아직 통과되지 않은 상태). 재건축단지가 주로 강남 4구에 분포해 있기 때문에 재건축정비구역에 더 강한 정부의 규제가 적용되는 것이다.

03

# 사업 절차를 알면
# 개념이 선다

재개발·재건축은 정비구역 지정에서 정비사업 완료(아파트 입주)까지 빠르면 7년, 어떤 경우에는 20년도 걸린다. 몇십에서 몇천 명 조합원의 이해관계와 시군구의 인허가 등 정부의 규제가 있기 때문에 그 과정은 지난하고도 멀다. 따라서 사업 절차를 알아야 투자 기간을 알 수 있고, 적절한 시기에 투자하고 적당한 시기에 매도하여 이익을 실현할 수 있다.

사업시행 절차가 한 단계씩 진전되면 가격도 그에 따라 계단식으로 오른다. 새로 진입하는 사람은 사업이 한 단계 진척됨에 따라 리스크를 줄일 수 있고, 매도자 입장에서는 기대수익을 달성할 수 있으니 각 단계가 진척될 때 매매가 많이 이루어진다.

## 정비사업 3단계를 기억하자

　　재개발·재건축 정비사업 진행절차는 '도시 및 주거환경정비법'을 통해 규정된다. 2003년 이전에는 재개발은 도시재개발법, 재건축은 주택법의 적용을 받았으나 2003년 도시 및 주거환경정비법으로 통합되었다.

　　도시 및 주거환경정비법에서 규정하는 정비사업단계는 길고도 복잡한데, 크게 다음 3단계로 나눌 수 있다. 자세한 설명은 뒤에서 살펴보기로 하고, 여기서는 정비사업에 대한 기초 이해를 위해 간략히만 설명하겠다. 이 3단계를 알아야 재개발·재건축의 세부내용을 이해할 수 있다.


1. 계획단계
    - 기본계획 수립
    - 안전진단(재건축의 경우)
    - 정비계획 수립
    - 정비구역 지정


2. 시행단계
    - 추진위원회 승인
    - 조합설립인가
    - 건축심의
    - 사업시행인가
    - 시공사 선정
    - 감정평가

- 조합원분양 신청
- 관리처분인가
- 이주 철거
- 착공


3. 완료단계
- 조합원 동호수 추첨
- 일반분양
- 완공 입주
- 이전고시(소유권보존등기)
- 청산, 조합 해산


## 두려움과 위험은 정보의 부재에서 온다

재개발·재건축 투자는 다른 부동산에 비해 상대적으로 시일이 오래 걸린다. 또한 개발 지역마다 각각의 독특한 특성이 존재한다. 게다가 사업이 중단될 가능성 등의 변수도 많다. 그러나 반대로 생각해보면 그만큼 수익률이 높다는 것을 의미한다. '하이 리스크 하이 리턴(High Risk High Return)의 법칙'이 적용되는 것이다.

위험이 도사리고 있어서 아무도 접근하지 못하는 금단의 정원 같은 곳에는 예쁜 야생화와 탐스러운 열매가 많은 법이다. 이런 곳을 발견했다면 어떤 위험이 있는지 탭핑(점검)한 후 위험을 피해 그곳에 들어가면 된다. 사람들의 손이 닿지 않아 잘 보존되어 있는 정원의 꽃과 열매를 확보할 수 있을 것이다.

위험 혹은 두려움은 정보의 부재나 무지에서 비롯된다. 정보를 수집하여 확실히 인지하면 두려움과 위험을 제거할 수 있다. 재개발·재건축 절차에 관한 법적 이해는 투자에 관한 위험을 제거하고 두려움을 극복하게 하여 독자들을 성공투자로 안내하는 확실한 밑거름이 되어줄 것이다.

# 04

# 투자하기 전에
# 용어부터 이해하자

부동산 공부를 하기 위해 언론 기사나 관련 도서를 읽다 보면 용어가 너무 어려워 내용이 잘 이해되지 않는 경우가 종종 생긴다. 특히 재개발·재건축 관련 용어는 낯설고 어려운 것들이 많다. 그래서 재개발과 재건축의 차이도 모른 채 투자에 뛰어들어 낭패를 보는 사람도 있다. 재개발·재건축 투자에 대해 본격적으로 살펴보기 전에 다음과 같은 용어 정도는 미리 알아두는 것이 좋다. 물론 한 번 본다고 완전하게 이해하기는 어렵겠지만, 이 책을 수월하게 읽어나가는 데 도움이 될 것이다.

- **재개발사업** : 노후화된 단독주택지역에서 시행하는 정비사업. 대표적으로 한남뉴타운, 성수동 재개발 등이 있다.

• **재건축사업**: 노후화된 아파트 지역에서 시행하는 정비사업이다. 과거에는 단독주택 구역에서도 도로, 상하수도 시설이 양호한 경우 재건축으로 시행한 바 있었으나 지금은 단독주택구역에서는 시행하고 있지 않다. 반포주공 재건축, 잠원동신반포4지구 재건축, 압구정동 재건축, 개포주공 재건축 등이 대표적인 예이다.

• **도시정비법**(도시 및 주거환경정비법): 재개발·재건축사업을 규율하는 법으로, 2003년 12월 31일부터 시행되고 있다. 재개발사업을 규율하던 과거의 도시재개발법과 재건축사업을 규율하던 과거의 주택법을 통폐합해서 만든 법이다.

• **재개발과 재건축의 차이**: 두 사업은 모두 도시정비법에 의하여 규율된다. 그러나 그 뿌리가 서로 달라서 아직도 상당한 차이가 있다. 이 책에서 둘 사이의 명확한 차이가 있을 때에는 문장 내에서 특정하여 설명했다. 양자에 공통하는 내용을 설명할 때에는 재개발·재건축이라고 썼다. 그러나 때로는 단순히 재건축 또는 재개발이라고만 쓴 경우도 있다. 그래도 내용을 이해하는 데에는 별 지장은 없을 것이다.

• **지역, 지구, 구역**: 국토계획법상으로는 용도지역, 용도지구, 용도구역이 의미가 다 다르다. 그러나 이 책에서는 특정 지역을 설명할 때 편의상 이 3가지 용어를 자유롭게 사용하였다. 도시정비법상으로는 특별한 의미와 차별점이 있는 것은 아니다. 그냥 일정한 어떤 영역을 지칭한다고 보면 된다.

- **종후자산평가액**: 사업이 완료된 후 사업장의 전체 자산의 총액. 조합원분양 수입에 신축 아파트와 상가 등의 일반분양 수입을 합한 금액이다.

  종후자산평가액 = 조합원분양 수입 + 일반분양 수입

- **비례율**: 총사업비를 공제한 종후자산평가액이 종전자산평가액에 비해 얼마나 증가하였는지를 볼 수 있는 지표로 100보다 높을수록 사업성이 좋음을 의미한다.

  비례율 = (종후자산평가액 − 총사업비) / 종전자산평가액 × 100

- **총사업비**: 사업진행에 소요된 비용의 총액. 공사비와 기타사업비(보상비와 금융이자 등)로 이루어진다.

  총사업비 = 공사비(시공비) + 기타사업비

- **종전자산평가액**: 재개발·재건축 이전에 조합원들이 보유하고 있던 부동산 자산의 감정평가액을 모두 합친 것이다.

- **추가분담금**: 조합원들이 조합원분양을 받기 위해 추가로 부담해야 하는 금액이다.

  종후자산평가액 = 종전자산평가액 − (종전자산평가액 × 비례율)

- **감정평가액**: 절차에 따라 감정평가사에 의해 평가된 종전 자산의 평가금액이다.

- **권리가액**: 조합원들이 주장할 수 있는 권리의 가치. 감정평가액에 비례율을 곱한 금액이다.

  권리가액 = 감정평가액 × 비례율

- **조합원분양가**: 조합원들에게 분양하는 아파트의 분양 가격. 통상 일반분양 가보다 10~20% 정도 저렴하게 책정된다.

- **일반분양가**: 조합원에게 분양하고 남은 아파트를 일반에게 분양할 때의 아파트 분양 가격. 조합원분양분은 확장비 무료 시공, 전자제품 몇 종 세트 무상 지급, 중도금 무이자 등의 혜택이 있는 반면 일반분양분은 추가 부담해야 한다.

  일반분양가 = 향후 희망 신청 평형 × 일반분양가 + 일반분양자 옵션 추가 부담액

- **건폐율**: 대지면적에 대한 건축면적의 비율을 말한다. 건폐율 산정 시 사용되는 대지면적은 건축대상 필지 또는 부지의 면적을 말하며, 건축면적은 건물의 외벽이나 이를 대신하는 기둥의 중심선으로 둘러싸인 부분의 수평투영면적(水平投映面積)을 말한다. 대지에 건축물이 둘 이상 있는 경우에는 이들 건축면적의 합계로 한다(서울특별시 알기 쉬운 도시계획 용어, 서울특별시 도시계획국, 네이버지식백과 참조).

- **용적률**: 대지(부지)면적에 대한 건축물 연면적(대지에 건축물이 둘 이상 있는 경우에

는 이들 연면적의 합계)의 비율을 말한다. 용적률을 산정할 때에는 지하층의 면적, 지상층의 주차용(해당 건축물의 부속용도인 경우만 해당)으로 쓰는 면적, 주민공동시설의 면적, 초고층 건축물의 피난안전구역의 면적은 제외한다. 용적률은 건폐율과 함께 해당 지역의 개발밀도를 가늠하는 척도로 활용한다. 「국토의 계획 및 이용에 관한 법률」에서 정한 범위 안에서 특별시·광역시·특별자치시·특별자치도·시 또는 군의 조례로 정한다.

다만 지구단위계획을 수립하는 등 필요한 경우 이를 완화하여 적용할 수 있다(토지이용용어사전, 국토교통부 참조). 용도지역·용도지구별 용적률의 최대한도는 관할구역의 면적과 인구 규모, 용도지역의 특성 등을 고려하여 「국토의 계획 및 이용에 관한 법률」에서 아래와 같이 정하고 있다.

- 제1종전용주거지역: 50% 이상 100% 이하
- 제2종전용주거지역: 100% 이상 150% 이하
- 제1종일반주거지역: 100% 이상 200% 이하
- 제2종일반주거지역: 150% 이상 250% 이하
- 제3종일반주거지역: 200% 이상 300% 이하
- 준주거지역: 200% 이상 500% 이하
- 중심상업지역: 400% 이상 1,500% 이하
- 일반상업지역: 300% 이상 1,300% 이하
- 근린상업지역: 200% 이상 900% 이하
- 유통상업지역: 200% 이상 1,100% 이하
- 전용공업지역: 150% 이상 300% 이하

- 일반공업지역: 200% 이상 350% 이하

- 준공업지역: 200% 이상 400% 이하

- 보전녹지지역: 50% 이상 80% 이하

- 생산녹지지역: 50% 이상 100% 이하

- 자연녹지지역: 50% 이상 100% 이하

- 보전관리지역: 50% 이상 80% 이하

- 생산관리지역: 50% 이상 80% 이하

- 계획관리지역: 50% 이상 100% 이하

- 농림지역: 50% 이상 80% 이하

- 자연환경보전지역: 50% 이상 80% 이하


• **조합원입주권**: 「도시 및 주거환경정비법」 제74조에 따른 관리처분계획의 인가 및 「빈집 및 소규모주택 정비에 관한 특례법」 제29조에 따른 사업시행계획인가로 인하여 취득한 입주자로 선정된 지위를 말한다. 이 경우 「도시 및 주거환경정비법」에 따른 재건축사업 또는 재개발사업, 「빈집 및 소규모주택 정비에 관한 특례법」에 따른 소규모재건축사업을 시행하는 정비사업조합의 조합원으로서 취득한 것(그 조합원으로부터 취득한 것을 포함한다)으로 한정하며, 이에 딸린 토지를 포함한다. 도시 및 주거환경정비법에서는 '조합원분양권'이라고도 한다.


• **(일반)분양권**: 「주택법」 등 대통령령으로 정하는 법률에 따른 주택에 대한 공급계약을 통해 주택을 공급받는 자로 선정된 지위(해당 지위를 매매 또는 증여 등의

방법으로 취득한 것을 포함한다)를 말한다. 조합원입주권이나 조합원분양권에 대비되는 개념으로 분양권이라는 말 앞에 '일반'이라는 말을 붙여 쓰기도 한다.

- **현금청산**: 도시 및 주거환경정비법 89조에서 규정하고 있는 '청산금'은 조합이 토지등소유자에게 지급하는 금액, 조합원이 추가분담금으로 조합에 납부하는 금액 모두를 통칭한다. 그러나 일반적으로 현금청산은 토지등소유자(조합원이 될 수 있는 자)가 조합원 지위가 없거나 분양 신청을 하지 않아서 조합원입주권을 받지 않고 현금으로 정산하는 것을 말한다.

# PART 2

# 법을 알면
# 수익성이 보인다!
# 관련 법 이해하기

# 01
# 도시 및 주거환경정비법,
# 도시개발법 반드시 알고 시작하자

### 도시정비법? 도정법? 도시재개발법? 도시개발법?

재개발·재건축 투자를 하기 위해 알아야 할 법은 무엇일까? 도정법? 도시개발법? 그 법이 그 법인 것 같고 헷갈린다. 재개발·재건축 정비사업을 규정하고 있는 법은 '도시 및 주거환경정비법'이다. 2003년 이 법이 발효되기 전까지 재개발은 도시재개발법, 재건축은 주택법의 적용을 받았으나 2003년부터는 '도시 및 주거환경정비법'으로 통합되었다. 줄여서 '도시정비법'이라고도 하며 더 축약하여 '도정법'이라고도 한다.

그럼 도시개발법은 도대체 무슨 법인가? 도시개발법은 2000년에 제정되어 시행되고 있다. 도시개발법상의 개발은 쉽게 말해서 도시 내 기존 시가지와 연접해 있는 나대지에 소규모 도시개발을 하는 것을 말한다. 분당, 일산 등 대규모 신도시는 택지개발촉진법에 의해 정부 혹은 공공이 주체가 되어 개발한 대규모 신도시지만, 도시개발구역은 공공 또는 민간이 혼용방식으로 하며 규제도 덜하고 규모가 신도시보다 작다는 것이 특징이다. 서울과 가까운 김포의 고촌지구나 의왕시의 백운밸리 등이 대표적인 예이다. 강남구의 구룡마을 개발도 도시개발법을 적용해 도시개발구역으로 지정되었다.

도시 및 주거환경정비법상의 정비사업은 토지등소유자가 조직한 조합이 직접하지만 도시개발법상의 개발은 공공이나 민간이 주체가 되어 수용 또는 환지 방식으로 하는 것이 일반적이다.

## 중요한 조문은 직접 찾아서 읽어보자

우리가 관심을 가져야 할 것은 기존 시가지를 부수고 새 아파트를 받게 되는 재개발·재건축 투자이므로 도시 및 주거환경정비법을 살펴봐야 한다. 이 책에도 발췌하여 수록되어 있지만, 변호사가 아니어도 중요한 조문들은 직접 찾아서 읽어볼 필요가 있다.

법률과 대통령령, 조례는 시시각각 바뀐다. 그리고 부칙규정도 잘 살펴봐야 정확한 해석을 할 수 있다. 도시정비법과 그 시행령, 시행규칙, 조합정관 또는 추진위원회 운영규정, 시도조례까지 확인한다면 금상첨화다. 법령을 확인하는 것 말고는 독자가 읽고 있는 바로 이 책의 내용이 과연 법 개정으로 바뀐 것이 없는 건지, 중개사나 지인이 말하는 것이 맞는 것인지 확인해볼 방법이 없기 때문이다. 법과 조례를 읽어볼 것을 강력히 권한다.

예를 들어 도시 및 주거환경정비법 제39조제2항에 따르면 조합 설립 이후에는 재건축조합의 조합원 지위 양도가 금지된다. 그런데 예외규정을 두어 매도인의 세대원 모두가 해외로 이주하거나 2년 이상 해외에 체류하는 경우 등에는 조합 설립인가 후에 매수한 양수인의 조합원 자격을 인정한다.

그러나 우리 주변에 이 같은 예외사항 등을 모두 정확하게 암기하고 있는 사람은 드물다. 누구의 말이 맞는지, 분양권이 진짜 있는 것인지 확인하기 위해서는 자기가 직접 법령을 보아야 한다. 그래도 이해가 안 되면 재개발·재건축 분야의 전문변호사에게 상담료를 내고 자문해야 한다. 변호사도 상담료를 안 주면 건성으로 대답한다. 법률과 조례는 수시로 바뀌기 때문에 그들도 확인해봐야 아는 사항이다.

재개발·재건축과 관련된 서적의 내용 중 상당 부분은 법령에 근거하고 있다. 그런데 책을 개정하면서 바뀐 내용이 반영되지 않았을 수도 있다. 이렇게 바뀐 내용은 공인중개사나 변호사라고 하더라도 모르는 경우가 많다. 따라서 최소 수천만 원에서 수억 원 이상을 투자하려는 사람이라면 몇 시간을 할애해서 법령을 직접 찾아보는 수고 정도는 감수해야 한다.

또 특정 구역의 경우 새로 개정된 법이 아니라 과거의 법이 적용되는 경우도 있다. 이같이 법령의 연혁을 확인해야 하는 사례에는, 전문 변호사가 아니면 어떤 법이 적용되는지 판단하기 어렵다. 따라서 예외사항에 해당하여 높은 수익을 기대할 수 있는 좋은 물건이 우연히 시장에 나온 경우에는, 신속하게 전문 변호사의 자문을 받고 의사결정을 하는 것이 좋다.

법조인이 아닌 일반인이 법을 읽는 것만으로는 모두 이해하기 어렵다. 그래도 재개발·재건축 투자에 나서려면 우선 도시 및 주거환경정비법과 시행령 정도는 읽어보고, 필요할 때마다 직접 찾아봐야 한다. 요즘은 법전을 사지 않아도 '국가법

령정보센터'에 접속해서 바로바로 검색할 수 있다. 모바일에서 국가법령정보센터 앱을 설치하면 언제 어디서나 편리하게 법과 시행령을 찾아볼 수 있다.

위 그림은 휴대전화에서 앱으로 '도시 및 주거환경정비법'을 검색한 화면이다. 법이 개정되었으면 법의 연혁도 찾아볼 수가 있다. 법에서 구체적인 사항은 '대통령령으로 위임한다', '대통령령으로 정한다'로 표현되어 있는데 '대통령령'이라는 단어를 누르면 바로 시행령으로 링크되어 세부사항도 찾아볼 수 있다.

# 02

# 조합원이 되기 위한
# 자격조건

## 재건축과 재개발, 조합원 조건이 다르다

재개발·재건축정비구역에 부동산을 매수하는 것은 나중에 아파트를 받기 위한 것이다. 그런데 가끔 아파트를 받을 수 없는 경우가 있다. 이를 옛날에는 '물딱지'라고 불렀는데 요즘에는 이 용어를 잘 사용하지 않지만, 여전히 입주권이 안 나오는 경우가 있다(자세한 내용은 PART 5를 참고하기 바란다).

재개발사업에서는 토지 또는 건축물의 소유자 또는 그 지상권자가 토지등소유자다. 재건축에서는 건축물 및 부속토지소유자다. 도시 및 주거환경정비법 제2조는 정비사업에 필요한 용어를 정의하고 있는데, '토지등소유자'를 다음 과 같이 규정하고 있다.

**제2조(정의)** 이 법에서 사용하는 용어의 뜻은 다음과 같다. 〈개정 2017. 8. 9.〉

9. "토지등소유자"란 다음 각 목의 어느 하나에 해당하는 자를 말한다. 다만, 제27조제1항에 따라 「자본시장과 금융투자업에 관한 법률」 제8조제7항에 따른 신탁업자(이하 "신탁업자"라 한다)가 사업시행자로 지정된 경우 토지등소유자가 정비사업을 목적으로 신탁업자에게 신탁한 토지 또는 건축물에 대하여는 위탁자를 토지등소유자로 본다.

    가. 주거환경개선사업 및 재개발 사업의 경우에는 정비구역에 위치한 토지 또는 건축물의 소유자 또는 그 지상권자

    나. 재건축 사업의 경우에는 정비구역에 위치한 건축물 및 그 부속토지의 소유자

토지등소유자가 조합이 설립되면 조합원이 되는데, 재건축에서는 조합 설립에 동의한 사람만 조합원이 되고, 재개발에서는 동의서를 내지 않았어도 해당 정비구역 안 토지등소유자면 자동으로 조합원이 된다. 조합원의 자격에 대해서는 도시 및 주거환경정비법 제39조에 자세히 규정되어 있다.

**제39조(조합원의 자격 등)** ① 제25조에 따른 정비사업의 조합원(사업시행자가 신탁업자인 경우에는 위탁자를 말한다. 이하 이 조에서 같다)은 토지등소유자(재건축 사업의 경우에는 재건축 사업에 동의한 자만 해당한다)로 하되, 다음 각 호의 어느 하나에 해당하는 때에는 그 여러 명을 대표하는 1명을 조합원으로 본다. 다만, 「국가균형발전 특별법」 제18조에 따른 공공기관지방이전 및 혁신도시 활성화를 위한 시책 등에 따라 이전하는 공공기관이 소유한 토지 또는 건축물을 양수한 경우 양수한 자(공유의 경우 대표자 1명을 말한다)를 조합원으로 본다. 〈개정 2017. 8. 9. 2018. 3. 20.〉

1. 토지 또는 건축물의 소유권과 지상권이 여러 명의 공유에 속하는 때

2. 여러 명의 토지등소유자가 1세대에 속하는 때. 이 경우 동일한 세대별 주민등록표 상에 등재되어 있지 아니한 배우자 및 미혼인 19세 미만의 직계비속은 1세대로 보며, 1세대로 구성된 여러 명의 토지등소유자가 조합설립인가 후 세대를 분리하여 동일한 세대에 속하지 아니하는 때에도 이혼 및 19세 이상 자녀의 분가(세대별 주민등록을 달리하고, 실거주지를 분가한 경우로 한정한다)를 제외하고는 1세대로 본다.

3. 조합설립인가(조합설립인가 전에 제27조제1항제3호에 따라 신탁업자를 사업시행자로 지정한 경우에는 사업시행자의 지정을 말한다. 이하 이 조에서 같다) 후 1명의 토지등소유자로부터 토지 또는 건축물의 소유권이나 지상권을 양수하여 여러 명이 소유하게 된 때

## 1개의 분양권만 부여되는 경우

부동산을 공유한 경우 지분권자 모두에게 각각 신축건물의 분양권을 주지는 않는다. 부동산은 어디까지나 1개이므로 분양권도 1개로 본다. 이때는 대표 소유자를 선정하여 그로 하여금 권리를 행사하게 해야 한다.

한 세대가 다수의 부동산을 가진 경우에도 그 부동산 숫자별로 분양권을 주는 것이 아니라 1개의 분양권만 부여된다. 이는 1세대 1주택의 원칙을 관철시키기 위한 국가정책적인 규정이다. 이때에도 위 공유와 마찬가지로 대표자 1인을 선정해야 하고 그에게 분양권을 부여한다. 대표자는 나머지 구성원들과 분양권을 공유한다.

## 지분권자에게 독자 분양권이 부여되는 경우

반면 재개발에서는 토지의 공유지분을 보유할 경우, 그 지분의 면적이 서울의

경우 90제곱미터, 지방의 경우에는 60제곱미터를 넘는 경우에 지분권자에게 독자 분양권이 부여되기도 한다(각 시도 조례 확인 요망). 이때의 공유지분은 투기 목적의 쪼개기가 아니고 사망으로 인한 자연스런 상속의 결과인 경우가 있기 때문이다. 그리고 그 지분 면적이 단독필지로서도 충분히 1개 주택의 건축이 가능한 면적인 90제곱미터나 지방의 경우 60제곱미터가 넘는다면 각 지분권자에게 독자적인 분양권을 인정하고 있다. 다만 이때 공유지분의 면적 90제곱미터는 정비구역 지정 당시부터 충족되어야 하므로 공유지분을 매수할 때 주의하여야 한다.

---

**서울특별시 도시 및 주거환경정비 조례**

⟨시행 2021. 1. 7.⟩ ⟨서울특별시조례 제7862호, 2021. 1. 7., 일부개정⟩

**제36조(재개발 사업의 분양대상 등)** ① 영 제63조제1항제3호에 따라 재개발 사업으로 건립되는 공동주택의 분양대상자는 관리처분계획기준일 현재 다음 각 호의 어느 하나에 해당하는 토지등소유자로 한다.

2. 분양신청자가 소유하고 있는 종전토지의 총면적이 90제곱미터 이상인 자

3. 분양신청자가 소유하고 있는 권리가액이 분양용 최소규모 공동주택 1가구의 추산액 이상인 자. 다만, 분양신청자가 동일한 세대인 경우의 권리가액은 세대원 전원의 가액을 합하여 산정할 수 있다.

② 제1항에도 불구하고 다음 각 호의 어느 하나에 해당하는 경우에는 여러 명의 분양신청자를 1명의 분양대상자로 본다.

3. 1주택 또는 1필지의 토지를 여러 명이 소유하고 있는 경우. 다만, 권리산정기준일 이전부터 공유로 소유한 토지의 지분이 제1항제2호 또는 권리가액이 제1항제3호에 해당하는 경우는 예외로 한다.

---

## 조합설립인가 후에 조합원이 되는 경우

도정법 제39조 2항에 따르면 2017년 8.2부동산대책에 따라 투기과열지구로 지정된 지역에서는 재건축사업의 경우 조합설립인가 후, 재개발사업의 경우 관리처분계획인가 후 건축물 또는 토지를 양수한 자는 조합원이 될 수 없다. 그러나 이 경우에도 몇 가지 예외 규정을 두고 있어 다음과 같은 경우에는 조합원 지위를 획득할 수 있다.

- 상속이나 이혼으로 인한 양도 양수의 경우
- 세대원 모두 근무상 생업상의 사정이나 질병 치료, 취학, 결혼으로 타 특별시, 광역시, 특별자치시, 특별자치도 시 군으로 이사하는 경우
- 상속으로 취득한 주택으로 세대원 모두 이사하는 경우
- 세대원 모두 해외로 이주하거나 세대원 모두 2년 이상 해외에 체류하려는 경우
- 1세대 1주택의 기존 조합원이 10년 이상 소유하고 5년 이상 거주한 주택인 경우


## 분양 대상자 기준일

조합원의 자격과 조합원입주권 유무를 가지고 분쟁이나 다툼이 생기는 경우도 많다. 따라서 각 시도마다 도시 및 주거환경정비조례를 마련하여 분양대상자의 기준일을 정하고 있다. 서울시에서는 2003년 12월 30일 정비조례(구조례)를 시행하여 이 날짜를 기준으로 권리산정기준일을 삼았다. 그러나 지금은 도시 및 주

**서울특별시 도시 및 주거환경정비 조례**

**제36조(재개발 사업의 분양대상 등)** ① 영 제63조제1항제3호에 따라 재개발 사업으로 건립되는 공동주택의 분양대상자는 관리처분계획기준일 현재 다음 각 호의 어느 하나에 해당하는 토지등소유자로 한다.

1. 종전의 건축물 중 주택(주거용으로 사용하고 있는 특정무허가건축물 중 조합의 정관등에서 정한 건축물을 포함한다)을 소유한 자

2. 분양신청자가 소유하고 있는 종전토지의 총면적이 90제곱미터 이상인 자

3. 분양신청자가 소유하고 있는 권리가액이 분양용 최소규모 공동주택 1가구의 추산액 이상인 자. 다만, 분양신청자가 동일한 세대인 경우의 권리가액은 세대원 전원의 가액을 합하여 산정할 수 있다.

4. 사업시행방식전환의 경우에는 전환되기 전의 사업방식에 따라 환지를 지정받은 자. 이 경우 제1호부터 제3호까지는 적용하지 아니할 수 있다.

5. 도시재정비법 제11조제4항에 따라 재정비촉진계획에 따른 기반시설을 설치하게 되는 경우로서 종전의 주택(사실상 주거용으로 사용되고 있는 건축물을 포함한다)에 관한 보상을 받은 자

거환경정비법 제77조에 분양대상자 및 권리산정기준일을 규정하여 시행하고 있다. 이 조례가 적용되는 정비구역은 한남뉴타운, 성수재정비촉진지구 등이다.


## 독자적인 분양권이 없는 경우

도시정비법 제77조는 "정비구역 지정고시일 다음날"을 기준으로 건축물을 분양받을 권리를 산정한다고 규정한다. 따라서 이날 이후 다음 4가지 경우에는 위에 해당하는 부동산을 매수하거나 경락받은 경우에도 독자적인 분양권이 없고 매

도인과 함께 공동으로 분양권을 공유하는 상태가 되므로 주의해야 한다. 이때에도 반드시 부동산 매매계약 특약에 "분양권 취득 목적의 거래임을 명시하고 그러한 목적 달성 불능 시에는 매도인이 법적인 책임을 진다"는 조항을 넣는 게 좋다.

- 1필지의 토지가 여러 개의 필지로 분할된 경우
- 단독주택 또는 다가구주택이 다세대주택으로 전환되는 경우
- 하나의 대지 범위에 속하는 동일인 소유의 토지와 주택 등 건축물을 토지와 주택 등 건축물로 각각 분리하여 소유하는 경우
- 나대지에 건축물을 새로 건축하거나 기존 건축물을 철거하고 다세대주택, 그 밖의 공동주택을 건축하여 토지등소유자의 수가 증가하게 된 경우

## 투기과열지구에서 부동산 거래 시 현금청산이 되는 시점

재건축의 경우 조합설립인가 시부터, 재개발의 경우 관리처분인가 시부터 조합원의 지위 양도가 금지된다. 거래를 할 수는 있으나 조합원의 자격이 양도되지 않기 때문에 매수자는 현금청산 대상이 된다. 그러나 투기과열지구가 아닌 곳에서는 조합설립 이후(재개발은 관리처분인가 이후)에도 거래가 가능하다. 2020년 6월 19일 전까지만 해도 수도권 인근의 인기 지역 중 아직 투기과열지구로 지정되지 않은 곳이 많았기 때문에 투자해볼 만한 지역이 꽤 있었다.

하지만 2020년 6월 19일에 수도권의 인기 지역 대부분을 투기과열지구로 추가 지정하면서 재개발 입주권 투자도 힘들어졌다. 예를 들어 경기도 성남시 수정구의 산성구역은 2020년 6월 19일 투기과열지구로 지정되면서 이후 2020년 9월

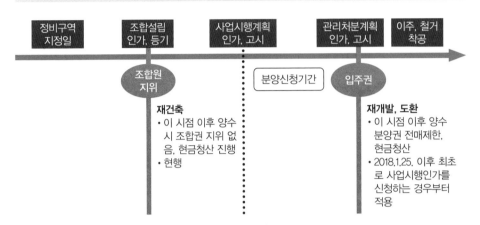

투기과열지구에서 부동산 양수 시 현금청산
• 재건축 – 조합설립인가 후 양수 시
• 재개발, 도시환경정비사업 – 관리처분인가 후 양수 시

정비구역 지정일 | 조합설립 인가, 등기 | 사업시행계획 인가, 고시 | 관리처분계획 인가, 고시 | 이주, 철거 착공

조합원 지위 | 분양신청기간 | 입주권

**재건축**
• 이 시점 이후 양수 시 조합권 지위 없음, 현금청산 진행
• 현행

**재개발, 도환**
• 이 시점 이후 양수 분양권 전매제한, 현금청산
• 2018.1.25. 이후 최초로 사업시행인가를 신청하는 경우부터 적용

7일에 관리처분인가가 나서 조합원 지위 양도가 원칙적으로 금지되었다.

그럼에도 불구하고 수도권 인기 지역 재개발의 경우 아직 투자할 수 있는 곳이 있다. 2018년 1월 25일 이전에 사업시행인가 신청을 한 재개발(도시환경정비 포함) 정비구역은 관리처분인가 후에도 전매가 가능하다. 대표적인 예로 성남시 수정구 신흥2구역이 있다. 신흥2구역은 2009년에 사업시행인가를 받은 구역이기 때문에 관리처분인가(2017. 7. 12) 후에 공사 중이지만 조합원입주권이 양도가 된다. 이곳은 8호선 산성역과 단대오거리역을 도보로 이용할 수 있는 역세권이다. 4,774세대의 대단지이며 시공사는 GS건설과 대우건설이 컨소시엄으로 선정되었고 2020년 4월에 일반분양을 마쳤다. 일반분양권은 전매가 안 되지만 조합원분은 전매가 가능하다.

## | 조정대상지역 · 투기과열지구 지정 현황도 |

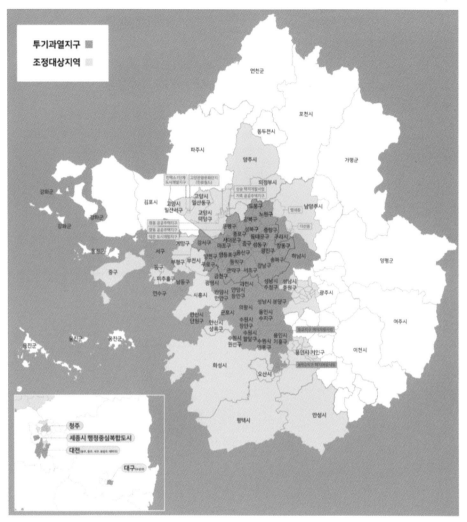

출처: 국토교통부

| 조정대상지역 · 투기과열지구 지정 현황표(2020. 6. 19 기준) |

|  | 투기과열지구(48개) | 조정대상지역(69개) |
|---|---|---|
| **서울** | 전 지역(2017. 8. 3) | 전 지역(2016. 11. 3) |
| 경기 | 과천(2017. 8. 3), 성남분당(2017. 9. 6), 광명, 하남(2018. 8. 28), 수원, 성남수정, 안양, 안산단원, 구리, 군포, 의왕, 용인수지·기흥, 동탄2(2020. 6. 19) | 과천, 성남, 하남, 동탄2(2016. 11. 3), 광명(2017. 6. 19), 구리, 안양동안, 광교지구(2018. 8. 28), 수원팔달, 용인수지·기흥 (2018. 12. 31), 수원 영통·권선·장안, 안양만안, 의왕(2020. 2. 21) 고양, 남양주[1], 화성, 군포, 안성[2], 부천, 안산, 시흥, 용인처인[3], 오산, 평택, 광주[4], 양주, 의정부(2020. 6. 19) |
| 인천 | 연수, 남동, 서(2020. 6. 19) | 중, 동, 미추홀, 연수, 남동, 부평, 계양, 서(2020. 6. 19) |
| 대전 | 동, 중, 서, 유성(2020. 6. 19) | 동, 중, 서, 유성, 대덕(2020. 6. 19) |
| 대구 | 대구수성(2017. 9. 6) | – |
| **세종** | 세종(2017. 8. 3) | 세종(2016. 11. 3) |
| **충북** | – | 청주[5](2020. 6. 19) |

1) 화도읍, 수동면 및 조안면 제외
2) 일죽면, 죽산면 죽산리·용설리·장계리·매산리·장릉리·장원리·두현리 및 삼죽면 용월리·덕산리·율곡리·내장리·배태리 제외
3) 포곡읍, 모현면, 백암면, 양지면 및 원삼면 가재월리·사암리·미평리·좌항리·맹리·두창리 제외
4) 초월읍, 곤지암읍, 도척면, 퇴촌면, 남종면 및 남한산성면 제외
5) 낭성면, 미원면, 가덕면, 남일면, 문의면, 남이면, 현도면, 강내면, 옥산면, 내수읍 및 북이면 제외

# 03

# 기존 조합에
# 문제가 있다면

## 문제의 본질을 살펴보자

가끔씩 뉴스에서 '○○시영아파트 아무개 조합장 횡령 등 혐의 유죄', '반포 ○○ 아파트 재건축조합장 해임 결의' 등의 기사를 보게 된다. 그러다 보니 조합장의 비리나 조합장파와 반대파의 갈등은 정비사업현장에서 으레 있는 일처럼 생각된다. 하지만 특정 재정비구역에 관심이 있어서 투자를 고려한다거나 정비구역의 조합원이라면 그냥 흘려듣고 말 일이 아니다. 조합의 정비사업이 지연되거나 아예 좌초되어 투자 계획을 포기해야 하거나 내 재산권에 상당한 손실이 발생할 수 있기 때문이다. 관심을 가지고 정보를 알아두는 것이 좋다. 예를 들어 클린업시스템에서 검색해보거나 동네 부동산에 문의하면 많은 정보를 얻을 수 있다. 구청에 방문하여 직원에게 물어보는 방법이나 관련 내용을 바로 인터넷에서 검색해보는 방법도 있다.

그런데 부동산 물색 단계에서 관심 지역에 조합장의 비리가 있어서 조합장이 교체된다든지 하는 상황이 있더라도 너무 심각하게 생각할 필요는 없다. 중요한 것은 이런 문제가 발생한 본질이다. 사업성이 좋아서 이익과 남는 것이 많아 돈을 횡령하면서 문제가 발생한 것이라면 투자수익으로 얼마든지 만회가 가능하다. 반면 사업성이 좋지 않아서 누군가 책임을 회피하기 위해서 발생한 문제라면 피해야 할 지역이라고 할 수 있다.


## 문제 해결을 위한 노력

정치인이 아니면서 지나치게 정치에 관심을 가지면 현업에 지장이 있는 것처럼, 웬만하면 조합의 일에는 큰 관심을 두지 말고 부동산을 묻어두는 것이 좋다. 그러나 도저히 가만히 있기 어려울 정도로 심각한 위법행위를 저지르는 조합집행부도 간혹 있다. 이에 대하여 조합원들이 집행부를 도시정비법과 형법 위반으로 고발하기도 한다. 또 각종 총회결의 무효소송이나 직무집행정지 신청을 해보지만 법원에서 이를 쉽게 인정하지는 않는다. 게다가 조합원들이 승소하더라도, 집행부는 곧바로 변경총회를 열고 서면결의서를 통해 새로 의결하므로 실효성도 적다.

그래서 임원들의 해임을 시도하는 경우도 있다. 하지만 해임을 위한 임시총회는 시간과 돈이 매우 많이 들고, 한번 잘못되면 그 모든 노력이 헛수고로 돌아갈 수 있다. 따라서 매 과정마다 각종 서식 작성과 우편물 발송 방법, 반송 시 처리 방법 등도 하나하나 전문가의 도움을 받는 것이 좋다. 그래야 시간과 노력을 절약하면서 원하는 결과를 얻을 수 있기 때문이다(조합임원 해임에 관한 자세한 내용은 이 책의 공동저자인 김향훈의《재개발 재건축 법률상식 119》'조합임원 해임절차' 부분을 참조하기 바란다).

## 정비사업의 속도가 관건이다

도시정비법 제43조에는 조합 임원의 결격사유 및 해임 요건에 대해 다음과 같이 규정하고 있다.

---

**도시정비법**

**제43조(조합 임원의 결격사유 및 해임)** ④ 조합임원은 제44조제2항에도 불구하고 조합원 10분의 1 이상의 요구로 소집된 총회에서 조합원 과반수의 출석과 출석 조합원 과반수의 동의를 받아 해임할 수 있다. 이 경우 요구자 대표로 선출된 자가 해임 총회의 소집 및 진행을 할 때에는 조합장의 권한을 대행한다.

**재건축조합 표준정관, 재개발조합 표준정관**

**제18조(임원의 해임 등)** ①임원이 직무유기 및 태만 또는 관계법령 및 이 정관에 위반하여 조합에 부당한 손해를 초래한 경우에는 해임할 수 있다.

---

이렇게 법에 조합 임원들의 비위나 불법 등 조합원들의 이익에 반하는 행위를 견제할 수 있는 장치를 마련해두고 있다. 또 대부분의 정비구역 조합에 '비대위(비상대책위원회)'가 있지만 이들의 활동도 너무 지나치면 오히려 해로운 경우가 있다.

앞에서 말한 것처럼 치명적인 불법행위만 아니면 조합장 이하 임원들이 하는 일을 지지하여 정비사업이 속도를 낼 수 있게 하는 것이 좋다. 추진위원회나 조합이 하는 일에 너무 간섭하여 본인 주장을 내세우는 조합원이나 비대위가 많으면 정비사업에 속도가 안 붙거나 아예 좌초되는 경우가 많다. 그 피해는 고스란히 조합원들의 몫이다.

반포에는 1970년대에 주공아파트와 한신아파트가 들어섰다. 반포주공1단지,

반포주공2단지, 반포주공3단지, 신반포1차, 신반포2차, 신반포3차, 신반포4차 등이 그 단지들이다.

이 아파트들은 1973년부터 순차적으로 들어섰고 30년이 흐른 뒤 2000년대 초부터 재건축을 추진했다. 반포주공2단지는 래미안퍼스티지로, 반포주공3단지는 반포자이로 2009년, 2008년에 재건축사업을 완성하여 반포동 랜드마크로서 도곡동 타워팰리스에 내주었던 강남아파트 대장 자리를 탈환해왔다.

벌써 10년이 넘었다. 반포주공3단지는 지에스건설과 개발부담금 3,000억 원에 관한 소송과 조합임원의 비리 등으로 여러 번 매스컴을 탔지만 비대위 몇 명을 제외하고는 거기에 큰 관심이 없는 듯 보였다.

주공3단지 조합원들은 새 아파트가 완성되자 매도하거나 전세금 등으로 주공1단지에 재투자하는 경우가 많았다. 물론 반포주공1단지와 신반포2차도 평당 1억 원에 이를 정도로 많이 올랐다. 반포주공1단지 1, 2, 4주구는 2018년 관리처분이 인가되었으나 일부 조합원들이 관리처분총회 무효를 구하는 소송을 냈고 사업이 지연되고 있다.

반포주공1단지 1, 2, 4주구는 2017년 12월 31일까지 관리처분신청을 해서 재건축초과이익환수를 면했었지만 관리처분총회가 무효라는 취지의 확정판결을 받았다면 재건축초과이익환수 대상이 될 수도 있었다. 다행히 지난 2020년 12월 24일에 2심에서 조합이 승소해서 이런 위험은 면하고 2021년 하반기에 이주를 목표로 준비하고 있다. 반포주공2, 3단지에 비해 반포주공1단지 1, 2, 4주구는 중대형 평형으로만 이루어져 소유자 거주비율이 높고 한강변 층수 제한 등의 인허가 문제가 사업진행을 느리게 한 면도 있다. 또 반포주공1단지 3주구는 22평 단일평형으로만 이루어졌지만 상가 소유자들과의 이견으로 지연된 면도 많다.

3주구는 사업이 지연됨에 따라 재건축초과이익환수 대상이 되었다. 2017년 말과 2018년 초에 언론에서는 "강남 모 아파트 재건축완공 시 조합원당 평균초과이익환수금 몇 억 예상"이라는 뉴스 아닌 뉴스를 많이 내놓았다. 2020년 9월 23일에 서초구청은 반포주공1단지 3주구 재건축조합에 조합원 1인당 평균 재건축초과이익환수금 부과예정금액이 평균 4억 200만 원이라고 통보했다. 이는 결국 조합원의 수익률이 저하되는 것이다.

# 04

# 각 단계별로 놓치지
# 말아야 할 포인트

재개발·재건축 정비사업은 크게 '계획단계-시행단계-완료단계'로 나눌 수 있다. 투자 시에는 먼저 해당 구역이 어느 단계에 속하는지 파악한 다음, 각 단계마다 놓치지 말아야 할 포인트에 주의하자.

## 계획단계

계획단계에는 기본계획을 수립하고, 재건축의 경우 안전진단을 하고, 정비계획 수립, 정비구역 지정 등이 이루어진다. 기본계획 수립, 안전진단, 정비구역 지정은 대개 구청과 시청이 주도적으로 하는 일이다. 투자자 입장에서 본격적인 정비사업의 시작은 정비구역 지정부터라고 할 수 있다.

## 기본계획 수립

인구 50만 명 이상의 도시에서는 특별시장, 광역시장, 시장이 10년 단위로 도시주거환경정비기본계획을 세워야 한다.

## 안전진단(재건축)

재건축 정비사업의 경우 정비계획 수립 전에 안전진단을 해야 한다. 안전진단은 주민 1/10의 동의를 얻어 요청할 수 있다. 판정 유형은 A~C는 유지보수, D는 재진단, E는 재건축으로 판정한다.

## 정비구역 지정 _ 작은 지분에 투자하라

정비구역의 지정권자는 특별시장, 광역시장, 특별자치도지사, 시장, 군수(광역시의 군수는 제외)이며 제안자는 구청장, 시장, 군수 등이다. 이때  토지등소유자 2/3 이상의 동의에 의해 제안이 가능하다.

정비구역이 지정되면 갑자기 집값이 오르고 거래가 활발해진다. 그러나 정비구역이 지정되었다고 재개발·재건축이 확정된 것은 아니다. 이제 겨우 첫발을 내디딘 것에 불과하다. 물론 이때 투자를 해서 정비사업이 순탄하게 진행되면 엄청난 수익을 보게 된다. 그러나 중간에 정비사업이 중단되는 경우도 많으므로 안전한 투자는 아닐 수 있다. 그럼에도 불구하고 사업 초기단계에 투자하여 고수익을 내고자 한다면 반드시 초기 투자비용을 최소화할 수 있는 작은 지분에 투자하는 것이 효율적이다.  재개발·재건축 초기단계에 투자해서 정비사업 완성까지는 짧게는 10년에서 길게는 20년 가까이 걸리는 장기투자이기 때문이다.

## 시행단계

시행단계에는 추진위원회 승인, 조합설립인가, 건축 심의, 사업시행인가, 시공사 선정, 감정평가, 조합원분양 신청, 관리처분인가, 이주 철거, 착공 등의 사업을 하게 된다.

### 추진위원회 승인

추진위원회를 구성하기 위해서는 위원장을 포함한 5인 이상 위원, 위원장 1인, 감사 1인이 있어야 하며 토지등소유자 과반수의 동의를 얻어 신청한다.

추진위원회의 업무는 다음과 같다.

- 정비사업 전문관리업자 선정
- 개략적인 정비사업 시행계획서 작성
- 조합설립인가 준비업무
- 추진위원회 운영규정 작성
- 토지등소유자 동의서 징구
- 조합 정관안 작성
- 조합설립을 위한 창립총회 개최(사업계획안 의결, 조합설립동의서 의결, 조합정관 의결, 조합장 등 조합 임원 선출)

이 단계에서 투자할 경우 재건축초과이익환수 대상인지 잘 확인해야 한다. 재건축초과이익환수에 관한 법률에 따라 재건축부담금을 부과하는 기준 시점은 추진위원회가 승인된 날부터 재건축사업의 준공인가날(사용승인일)까지다. 이 기간의 상승분에 대하여 법, 령이 정한 방법에 따라 산정한 금액을 조합에 부과한다. 다만 2018년 12월 31일 이전에 관리처분계획을 신청한 단지는 재건축부담금 면제 대상이다. 대표적인 예가 잠원동의 한신4지구(신반포4지구, 한신4차와는 다름) 재건축 조합이다.

### 조합설립인가

재개발의 조합설립 동의 요건은 토지등소유자의 3/4 이상 및 면적 1/2 이상이며, 재건축의 조합설립 동의 요건은 전체 구분소유자의 3/4 이상 및 면적 3/4 이상, 각 동별 구분 소유자의 과반수 이상이다. 제출서류는 조합설립인가신청서, 조합정관, 조합원명부, 동의서, 창립총회 회의록, 개략적 사업계획서 등이며 시장은 신청일로부터 30일 이내에 처리해야 한다.

재개발·재건축 투자에서 비교적 안전한 투자 시기가 바로 조합설립인가 시점이다. 많은 전문가가 이때를 투자 시점으로 추천한다. 물론 전 단계인 정비구역 지정단계나 추진위 승인 단계에서 투자한다면 저가에 매수할 수 있지만, 중도에 정비사업이 중단되거나 예측할 수 없는 변수로 정비사업이 지나치게 장기화되어 투자된 자산을 환수하고 수익을 내는 것이 어려울 수 있기 때문이다. 조합이 설립되면 대부분의 리스크가 제거되기 때문에 정비사업은 비교적 순탄하게 진행된다. 그러므로 투자하고자 하는 물건이 포함된 구역의 조합설립인가 시점을 반드시 확인해야 한다.

그리고 조합원 자격이 되는지도 확인해야 한다. 재개발 정비사업의 경우 조합설립에 동의하지 않아도 조합원으로 인정되나, 재건축 정비사업은 조합설립에 동의하지 않으면 조합원이 될 수 없고 현금청산 대상이 된다.

2017년 8월 2일 정부가 발표한 주택시장 안정화 방안(이후 8.2대책)에 따라 주택법에 의한 투기과열지구 내 재건축정비구역에서는 조합설립인가 후에는 조합원의 지위가 양도되지 않는다. 다만 다음과 같은 경우에는 재건축(조합설립 이후) 조합원 지위 전매가 가능하다.

- 세대원 전원이 근무상 생업·질병치료·취학·결혼으로 해당 사업 구역에 위치하지 아니한 특별시, 광역시, 특별자치시, 특별자치도, 시 또는 군으로 이전
- 상속으로 취득한 주택으로 세대원 전원이 이전
- 세대원 모두 해외 이주, 2년 이상 해외 체류
- 1세대 1주택자로서 5년 거주, 10년 보유

사업시행인가

사업시행인가는 일반 건축과정에서의 건축허가라고 할 수 있다. 건축계획을 수립하여 설계도 등을 첨부하여 건축허가 신청을 하는 행위하고 생각하면 된다. 사업시행인가를 득하기 위해서는 건축심의를 통과해야 한다. 건축심의를 통과하기 위해서는 사업시행계획을 수립하여 인가신청을 해야 하는데, 다음과 같은 내용이 포함되어야 한다.

- 토지이용계획
- 정비기반시설, 공동이용시설 설치계획
- 주민이주대책
- 세입자의 주거대책

- 임대주택의 건설 계획

- 건축물의 높이, 용적률 등에 관한 사항

- 정관

- 총회의결서 사본

- 수용 또는 사용할 토지 또는 건축물 명세서

- 사업시행계획서

- 인허가 등 의제 관련 서류

- 총회 통해 조합원 과반수 이상의 동의

투기과열지구 내 재개발정비구역의 경우 관리처분 이후에는 조합원 지위를 양도할 수 없다. 단 2018년 1월 25일 이전에 사업시행인가 신청을 한 재개발구역의 조합원 지위는 관리처분 이후에도 전매가 가능하다.

시공자 선정

부동산 가격에 결정적인 역할을 하는 것은 입지다. 그러나 입지 못지않게 소비자 선호가 높은 브랜드의 대형건설사가 시공자로 선정되느냐 그렇지 않느냐도 향후 정비사업 완공 후 종후자산의 가격에 적잖은 영향을 준다. 따라서 조합원들은 좋은 조건을 제시하는 브랜드 파워가 있는 대형건설사가 시공하기를 원한다. 시공자 선정은 대개 조합설립인가 후 경쟁입찰 등의 방법으로 조합총회에서 다수 득표자로 결정한다. 서울시의 경우 사업시행인가 후에 시공자를 선정한다.

관리처분계획인가

관리처분계획은 조합이 조합원분양 신청기간 종료 후 대지 및 건축물에 대한 관리 및 처분 계획을 수립하는 것이다. 정비사업 이전의 토지 및 건축물의 소유권, 임차권, 저당권 등 소유권 외의 권리를 정비사업 이후의 자산으로 바꾸어 배분하는 것을 말한다. 따라서 조합(정비사업자)은 관리처분계획인가를 신청하기 전에 조합원분양 신청에 관한 사항(분양신청기간, 장소, 분양 대상 대지, 건축물 내역, 개략적인 분담금 내역, 분양 신청 자격, 방법 등)을 조합원에게 통지하고 공고하여야 한다. 분양 신청은 통지일로부터 30일 이상 60일 이내에 실시하며, 20일 범위 내에서 연장할 수 있다.

정비사업자(조합)는 분양 신청 기간이 끝나면 분양 관련 사항, 정비사업 추산액, 세입자 손실 보상 등이 포함된 관리처분 계획을 수립하여 조합총회에서 조합원 과반의 찬성을 얻어 관리처분계획인가를 신청한다. 이때 인가권자는 30일 이내에 인가 여부를 결정 고시하여야 한다. 관리처분계획을 인가받으면 그 계획에 따라 이주하고 기존의 건축물을 철거한다.

재개발정비구역 내에서 토지등소유자는 조합설립에 동의하지 않아도 조합원 자격이 주어진다. 그러나 분양 신청기간 내에 조합원분양 신청을 하지 않으면 현금청산 대상이 된다(관리처분계획인가 다음날부터 90일 내에 청산)는 점에 유의해야 한다.


8.2대책에 이어 6.17대책(2020. 6. 17.)에 따라 주택담보대출 규제가 더욱 강화되었다. 재개발·재건축 투자 시 본인을 비롯한 세대원의 주택 보유 수, DTI 등을 고려하여 투자하고 자금 흐름 계획 등을 꼼꼼히 계획해야 이주 시 대체주택의 구입이나 임대, 세입자 보증금 반환 등에 어려움을 방지할 수 있다.

| 조정대상지역 | 투기과열지구 |
|---|---|
| • 2주택 이상 보유세대는 주택 신규 구입을 위한 주담대 금지(LTV 0%)<br>• 1주택세대는 주택 신규 구입을 위한 주담대 원칙적 금지<br>　– (예외) 기존주택 2년 (투기과열은 1년) 내 처분 및 전입 조건, 무주택 자녀 분가, 부모 별거 봉양 등<br>• 고가주택(시가 9억 원 초과) 구입 시 실거주목적 제외 주담대 금지<br>　– (예외–조정) 무주택세대가 구입 후 2년 내 전입, 1주택세대가 기존주택 2년 내 처분 및 전입 시<br>　– (예외–투기) 무주택세대가 구입 후 1년 내 전입, 1주택세대가 기존주택 1년 내 처분 및 전입 시 | |
| • LTV: 9억 원 이하 50%, 9억 원 초과 30%<br>• DTI 50% | • LTV: 9억 원 이하 40%, 9억 원 초과 20%, 15억 원 초과 0%<br>• DTI 40% |

* 투기지역: 8.2대책으로 서울 11개(강남·서초·송파·강동·용산·성동·노원·마포·양천·영등포·강서) 지역과 세종 등 12개 지역을 지정하였다. 8.27대책(2018. 8. 27)으로 서울 4개(동작·동대문·종로·중구) 지역을 추가 지정하였으나 6.17대책(2020. 6. 17)으로 세금, 금융 정책이 강화되면서 사실상 투기과열지구로 통폐합되었다.


착공 분양

이주가 완료되면 착공을 한다. 대개 착공 후 조합원 동호수 추첨을 한다. 일반 분양은 선분양의 경우 착공 후 1년 전후 시점에 실시하고, 후분양의 경우 건축공정의 80% 이후이므로 입주하기 6개월~1년 전에 한다.


## 완료단계

### 준공인가 신청

정비사업자(조합)는 공사가 완료되면 시장·군수에게 준공검사를 신청한다. 시장·군수는 준공검사를 실시하고 준공인가, 확정측량, 토지분할 등을 완료하여 관리처분계획에 따라 분양받은 조합원과 일반분양자에게 통지하고 소유권이전 고시를 한다.

### 등기촉탁

시장·군수는 이전고시 후 지체 없이 토지, 건축물에 관한 등기를 지방법원, 지원, 등기소에 촉탁한다. 이전고시 후 촉탁이 있을 때까지 저당권 등 다른 등기는 불가능하다.

### 조합청산 해산

정비사업이 완료되고 입주가 시작되면 새로 완공된 아파트 매매가 가능하다. 그런데 이때 조합이 아직 청산이 되지 않고 존속하는 경우가 있다. 그런데 가끔 정비사업과정이나 조합이 청산될 때 조합원에게 추가분담금 혹은 청산금(환급금)이 발생할 수 있다. 이때 이 금액이 크면 매도자와 매수자 간에 큰 분쟁이 발생한다.

대법원 판례에서는 이전고시 이후 조합원의 지위는 자동으로 승계되는 것으로 보지 않고 있다. 따라서 이전고시 이후 양도양수하는 경우에는 조합원의 지위에 관해 기존의 조합원이 유지하는 것으로 명시하든가 부득이 매수인이 승계하려면 이 특약에 대해 조합의 승낙을 받아야 분쟁을 방지할 수 있다.

# 05

# 조합 임원
# 해임절차

## 조합 임원 직무 수행 감시

앞에서도 언급했듯이 조합 임원이 아니면서 지나치게 조합의 일에 관여하면 생업에 지장이 생기고, 조합의 업무 추진에 사사건건 이의를 제기하다 보면 정비 사업 추진이 늦춰지게 될 수 있고 본인의 재산권에도 손해가 발생할 수 있다.

그러나 조합장을 비롯해 감사, 대의원들이 조합원의 이익에 반하는 행위를 하는 심각한 상황에서는 조합원들이 무관심하거나 알고도 방관하면 조합원 전체에게 치명적인 재산적 피해가 돌아가는 경우가 있다. 반포의 모 재건축단지 조합 임원들이 인근 조합과 통합 재건축 여부를 두고 엄중한 결정을 해야 하는 시기에 구청의 통합권고 내용을 조합원들에게 알리지 않아, 조합원들이 시기를 놓쳐 통합 재건축이 무산되고 3,000여 세대의 랜드마크 아파트 사이에서 나 홀로 아파트로 남게 된 사례가 있다. 이 단지는 통합 재건축을 순조롭게 진행한 인근 재건축정비구역의 같은 평형 아파트와 10억 원 이상 가격차가 벌어졌다. 조합 임원들의 무책임함과 조합원들의 무심함이 초래한 안타까운 결과다.

따라서 조합 임원의 직무 수행을 잘 감시하고 문제가 있을 때 적절한 조치를 하는 것이 나의 자산을 지키는 것이다. 부득이한 경우에는 법률 전문가의 조언을 받아 다른 조합원들과 협력하여 문제 있는 조합 임원을 해임하는 절차를 밟아야 한다.


## 조합 임원 해임 요건

도시 및 주거환경정비법상 정비사업조합의 임원이 직무유기, 태만, 부정 또는 관계법령 및 정관 등을 위반하여 조합에 부당한 손실을 입힌 경우 조합은 임원 해임을 위한 총회의결을 거쳐 해당 임원을 해임할 수 있다.

원칙적으로 조합총회는 조합장 직권 또는 조합원 1/5 이상 또는 대의원 3분의 2 이상의 요구로 조합장이 소집한다. 그런데 위 조항에도 불구하고 조합임원의 해임은 조합원 1/10 이상의 발의로 소집된 총회에서 할 수 있다. 의결에는 조합원 과반수의 출석과 출석 조합원 과반수의 동의가 필요하다. 이 경우 발의자 대표로 선출된 자가 해임총회의 소집 및 진행에 있어 조합장의 권한을 대행한다 (도시정비법 제43조제4항).

위 도시정비법 제43조제4항은 제44조의 특칙이어서 본래의 규정인 도시정비법 제44조제2항에 의한 임시총회나 정기총회에서 임원을 해임하는 것도 가능하다. 그러므로 도시정비법 제44조 2항에 따라 조합장이 소집한 임시총회에서 해당 임원을 해임할 수도 있다. 다만, 이 경우에도 해임의결 정족수는 도시정비법 제43조 4항의 요건(조합원 과반수 출석, 출석 조합원 과반수 동의)을 충족해야 한다.

---

**제43조(조합임원의 결격사유 및 해임)** ④ 조합임원은 제44조제2항에도 불구하고 조합원 10분의 1 이상의 요구로 소집된 총회에서 조합원 과반수의 출석과 출석 조합원 과반수의 동의를 받아 해임할 수 있다. 이 경우 요구자 대표로 선출된 자가 해임 총회의 소집 및 진행을 할 때에는 조합장의 권한을 대행한다.

**제44조(총회의 소집)** ① 조합에는 조합원으로 구성되는 총회를 둔다.
② 총회는 조합장이 직권으로 소집하거나 조합원 5분의 1 이상(정관의 기재사항 중 제40조제1항제6호에 따른 조합임원의 권리·의무·보수·선임방법·변경 및 해임에 관한 사항을 변경하기 위한 총회의 경우는 10분의 1 이상으로 한다) 또는 대의원 3분의 2 이상의 요구로 조합장이 소집한다. 〈개정 2019. 4. 23.〉
③ 제2항에도 불구하고 조합임원의 사임, 해임 또는 임기만료 후 6개월 이상 조합임원이 선임되지 아니한 경우에는 시장·군수등이 조합임원 선출을 위한 총회를 소집할 수 있다.
④ 제2항 및 제3항에 따라 총회를 소집하려는 자는 총회가 개최되기 7일 전까지 회의 목적·안건·일시 및 장소를 정하여 조합원에게 통지하여야 한다.
⑤ 총회의 소집 절차·시기 등에 필요한 사항은 정관으로 정한다.

---

국토교통부에서는 주택정비사업조합 표준정관을 고시하여 이를 따르도록 권장하고 있다. 그런데 조합의 특수한 사정에 따라 표준정관과 다른 경우도 있을 수 있으므로 해당 정비구역 조합의 정관을 꼼꼼히 살펴 이에 따라야 한다.

그 직무를 적절히 수행하지 않거나 조합과 조합원에게 손실을 입히는 등의 행위를 한 조합 임원에 대해 해임하는 절차에 대하여 도시정비법 제43조와 정비조합표준정관 제18조부터 22조까지 상세히 규정되어 있다. 위 규정들을 요약하면 다음과 같다.

조합 임원 해임을 위한 임시총회 소집요건

도시정비법 제43조제4항에 따라 조합원 총수의 1/10 이상의 발의로 조합 임원의 해임을 요구하거나 표준정관 제18조제3항에 의하여 대의원 3분의 2 이상의 발의로 임원의 해임을 요구하는 때에는 조합장이 임시총회를 소집하여 조합 임원의 해임을 의결할 수 있다.

조합 임원 해임을 위한 임시총회 소집권자

임원 해임 발의자 대표로 선출된 자: 조합임원 해임을 위한 임시총회는 도시정비법 제44조에 의한 임시총회보다 완화된 제43조제4항이 적용된다. 이 경우에는 발의자 대표로 선출된 자가 해임총회의 소집 및 진행에 있어서 조합장의 권한을 대행하게 되므로 발의자 대표가 직접 총회를 소집하고 총회를 진행한다.

도시정비법 제44조제2항 또는 표준정관 제18조제3항에 따를 경우 조합장이 직권으로 소집하여 총회를 진행한다.

조합 임원 해임을 위한 총회소집절차

표준정관 제20조제7항에 따르면 총회를 소집하는 경우에는 회의 개최 14일 전부터 회의목적, 안건, 일시 및 장소 등을 게시판에 게시하여야 하며 각 조합원에게 회의 개최 7일 전까지 등기우편으로 발송하여 통지해야 한다.

조합 임원 해임을 위한 총회 의결방법 및 정족수

도시정비법 제43조제4항과 정비조합표준정관 제18조제3항에 조합임원 해임에 관한 정족수가 규정되어 있다. 조합원 과반 출석으로 개의하고(의사정족수), 출석조합원의 과반수 찬성으로 해임할 수 있도록(의결정족수) 되어 있다. 서면결의에 의한 방법도 가능한데, 이 경우 "총회 전일"까지 서면결의서가 조합에 도착되어야 한다(표준정관 제22조제4항).


해임 대상 임원에 대한 사전 소명 기회 부여

표준정관 제18조제1항은 사전에 해당 임원에 대해 청문 등 소명 기회를 부여해야 한다고 규정하고 있다. 임시총회를 개최하기 전에 미리 해당 임원에게 청문 등 소명 기회를 반드시 주어야 한다. 다만, 청문 등 소명 기회를 부여했음에도 불구하고 이에 응하지 않았을 경우 소명 기회를 부여한 것으로 본다.

---

**주택정비사업 표준정관**

**제18조(임원의 해임 등)** ① 임원이 직무유기 및 태만 또는 관계 법령 및 이 정관에 위반하여 조합에 부당한 손해를 초래한 경우에는 해임할 수 있다. 이 경우 사전에 해당 임원에 대해 청문 등 소명 기회를 부여하여야 하며, 청문 등 소명 기회를 부여하였음에도 이에 응하지 아니한 경우에는 소명 기회를 부여한 것으로 본다. 다만, 제17조 제2항의 규정에 의하여 당연 퇴임한 임원에 대해서는 해임절차 없이 그 사유가 발생한 날로부터 그 자격을 상실한다.

② 임원이 자의로 사임하거나 제1항의 규정에 의하여 해임되는 경우에는 지체없이 새로운 임원을 선출하여야 한다. 이 경우 새로 선임된 임원의 자격은 시장·군수의 조합설립 변경인가 및 법인의 임원변경등기를 하여야 대외적으로 효력이 발생한다.

③ 임원의 해임은 조합원 10분의 1 이상 또는 대의원 3분의 2 이상의 발의로 조합장(조합장이 해임 대상인 경우는 발의자 공동명의로 한다)이 소집한 총회에서 조합원 과반수의 출석과 출석조합원 과반수의 동의를 얻어 해임할 수 있다. 조합장이 해임 대상인 경우 발의자 대표의 임시사회로 선출된 자가 그 의장이 된다.

④ 제2항의 규정에 의하여 사임하거나 또는 해임되는 임원의 새로운 임원이 선임, 취임할 때까지 직무를 수행하는 것이 적합하지 아니하다고 인정될 때에는 이사회 또는 대의원회 의결에 따라 그의 직무수행을 정지하고 조합장이 임원의 직무를 수행할 자를 임시로 선임할 수 있다. 다만, 조합장이 사임하거나 퇴임·해임되는 경우에는 제16조 제6항을 준용한다.

**제20조(총회의 설치)** ①조합에는 조합원 전원으로 구성하는 총회를 둔다.

② 총회는 정기총회·임시총회로 구분하며 조합장이 소집한다.

③ 정기총회는 매년 1회, 회계연도 종료일부터 2월 이내에 개최한다. 다만, 부득이한 사정이 있는 경우에는 3월 범위 내에서 사유와 기간을 명시하여 일시를 변경할 수 있다.

④ 임시총회는 조합장이 필요하다고 인정하는 경우에 개최한다. 다만, 다음 각호의 1에 해당하는 때에는 조합장은 해당일로부터 2월 이내에 총회를 개최하여야 한다.

1. 조합원 5분의 1 이상이 총회의 목적사항을 제시하여 청구하는 때

2. 대의원 3분의 2 이상으로부터 개최요구가 있는 때

⑤ 제4항의 각호의 규정에 의한 청구 또는 요구가 있는 경우로서 조합장이 2월 이내에 정당한 이유없이 총회를 소집하지 아니하는 때에는 감사가 지체없이 총회를 소집하여야 하며, 감사가 소집하지 아니하는 때에는 제4항 각호의 규정에 의하여 소집을 청구한 자의 공동명의로 이를 소집한다.

⑥ 제2항 내지 제5항의 규정에 의하여 총회를 개최하거나 일시를 변경하는 경우에는 총회의 목적·안건·일시·장소·변경사유 등에 관하여 미리 이사회의 의결을 거쳐야 한다. 다만, 제5항의 규정에 의한 조합장이 아닌 공동명의로 총회를 소집하는 경우에는 그러하지 아니하다.

⑦ 제2항 내지 제5항의 규정에 의하여 총회를 소집하는 경우에는 회의개최 14일전부터

회의목적·안건·일시 및 장소 등을 게시판에 게시하여야 하며 각 조합원에게는 회의개최 7일전까지 등기우편으로 이를 발송, 통지하여야 한다.

⑧ 총회는 제7항에 의하여 통지한 안건에 대해서만 의결할 수 있다.

# 06

# 개정 전 법률이
# 적용되는 경우

---

투기과열지구 내 재당첨 금지란 투기과열지구에서 조합원분양이든 일반분양이든 분양권을 받으면 5년 내에 다른 투기과열지구에서 재개발·재건축 부동산을 매수하더라도 분양권을 다시 신청하지 못하도록 한 것을 말한다. 도시정비법 제72조제6항에 신설되어 2018년 2월 9일부터 시행되었다.

## 종래의 법(구법)

종래에도 투기과열지구의 정비사업구역에서 일반분양을 받은 경우에는 5년간 다른 정비사업의 일반분양분에 대해 당첨을 받을 수 없었다. 분양권을 받는 것을 보통 '당첨'이라고 한다. 그러나 이 경우에도 ① 종전의 부동산에서 청약으로 일반분양을 받았으나 다른 지구에서 새로 취득한 부동산에서 조합원분양을 받는 경우, ② 반대로 종전에 보유하게 된 부동산에서 조합원분양을 받은 뒤 나중에 취득한 부동산에서 일반분양을 받는 경우, ③ 선후 양 부동산에서 모두 조합원분양을 받는 것이 가능했다. 간단히 말해서 종전에는 5년 내에 두 번 '일반분양'을 받을 수는 없었던 것이다.

## 신법

그러나 문재인 정부에서 2017년 8·2부동산대책으로 투기과열지구에서 분양권을 취득하면 위 ①, ②, ③의 모든 경우에 5년 내에는 분양권을 받지 못하도록 했다. 일반분양은 경쟁률이 높아 '당첨'이 된다는 표현을 쓰므로 종래에는 '재당첨 금지'라는 말을 사용한 것인데 개정 후에도 보통 같은 표현을 사용하고 있다.

---

**제72조(분양공고 및 분양신청)** ⑥ 제3항부터 제5항까지의 규정에도 불구하고 투기과열지구의 정비사업에서 제74조에 따른 관리처분계획에 따라 같은 조 제1항제2호 또는 제1항제4호 가목의 분양대상자 및 그 세대에 속한 자는 분양대상자 선정일(조합원분양분의 분양대상자는 최초 관리처분계획인가일을 말한다)부터 5년 이내에는 투기과열지구에서 제3항부터 제5항까지의 규정에 따른 분양신청을 할 수 없다. 다만, 상속, 결혼, 이혼으로 조합원 자격을 취득한 경우에는 분양신청을 할 수 있다.

〈신설 2017. 10. 24.〉

부칙 〈법률 제14943호, 2017. 10. 24.〉

**제1조(시행일)** 이 법은 공포한 날부터 시행한다. 다만, 제48조 제2항제7호의 개정규정은

---

> 2017년 11월 10일부터 시행하고, 제19조 제2항의 개정규정은 공포 후 3개월이 경과한 날부터 시행하며, 법률 제14567호 도시 및 주거환경정비법 전부개정법률 제39조 제2항, 제72조 제6항, 제73조 제1항 및 제76조 제1항의 개정규정은 <u>2018년 2월 9일부터 시행</u>한다.

## 부칙 규정에 따라 개정 전 법률이 적용되는 경우

그런데 동법 부칙 제1조 및 제4조에 따라 <u>개정법의 시행 전인 2018년 2월 9일 전에 투기과열지구에 부동산을 소유하고 있던 자</u>에 대하여는 개정 전의 법이 적용된다. 부칙의 규정에 다소 불분명한 부분이 있어 해석에 다툼이 있다.

모든 중개사가 다 그런 것은 아니지만, 거래를 성사시키기 위해 매수인에게 유리한 방향으로 이야기하는 경우가 있으므로 주의해야 한다. 이때는 전문 변호사와 상담을 하거나 해당 정비조합에 문의하여 입주권 유무에 관한 조언을 받는 것이 좋다.

> **제4조(투기과열지구 내 분양신청 제한에 관한 경과조치)** <u>이 법 시행 전</u>에 투기과열지구의 토지등소유자는 제46조 제3항의 개정규정에도 불구하고 종전의 규정을 적용한다. 다만, 다음 각 호의 어느 하나에 해당하는 경우에는 그러하지 아니하다.
> 1. 토지등소유자와 그 세대에 속하는 자가 이 법 시행 후 투기과열지구의 정비사업구역에 소재한 토지 또는 건축물을 취득하여 해당 정비사업의 관리처분계획에 따라 제48조제1항제3호가목(조합원분양분)의 분양대상자로 선정된 경우
> 2. 토지등소유자와 그 세대에 속하는 자가 이 법 시행 후 투기과열지구의 정비사업의 관리처분계획에 따라 제48조제1항제3호나목(일반분양분)의 분양대상자로 선정된 경우

# 07

# 단지 내 상가 소유자가
# 재건축에 반대하면

## 상가 소유자의 재건축 동의 비율 파악

재개발과는 달리 아파트를 개발대상으로 하는 재건축에서는 단지 내 상가를 어떻게 설득하느냐가 조합설립의 관건이 된다. 상가 소유자들로서는 재건축해봐야 장사도 수년간 못하고, 소수파로서 유리한 권익 확보도 쉽지 않기 때문에 재건축에 반대하는 경우가 많다.

따라서 재건축 대상인 단지 내 상가에 투자하는 것은 적극적으로 추천하진 않는다. 재건축에 투자하려면 상가보다는 아파트를 사는 것이 좋다. 기존 상가 소유자라면 조합설립과정에서 어떻게 상가의 입지를 조합정관에 반영할지 고민하고, 그것을 조건으로 조합설립에 동의해야 한다.

재건축에서 아직 조합설립이 안 된 곳에 투자를 할 경우에는 상가가 조합설립에 동의를 얼마나 했는지 그들의 동의율, 즉 상가동의 과반수를 확보하려면 어떤 문제를 해결해야 하는지 파악해야 한다. 상가 소유자와 아파트 소유자는 부지 전체를 상호 공유하고 있다. 그런데 아파트와 단지 내 상가는 대개 하나의 정비구역으로 지정된다. 상가 소유자들은 재건축으로 영업이 중단되면 손실이 크기 때문에 그에 합당한 보상을 요구하지만 아파트 소유자들이 이를 그대로 받아들이지 않아 갈등이 생기고, 상가 소유자들은 재건축에 동의하는 비율이 낮다.

도시 및 주거환경정비법 제35조에 따르면 조합설립인가를 받으려면 토지등 소유자의 3/4 이상 및 토지 면적의 1/2 이상에 해당하는 토지소유자의 동의, 각 동별 소유자의 과반의 동의가 필수 조건이다. 상가 소유자들의 반대가 심해 재건축사업을 진행할 수 없는 경우 재건축 추진위원회는 상가 부분의 토지에 대하여 분할 청구하여 상가 소유자를 제외하고 재건축 정비사업을 추진할 수 있다.


## 상가와 아파트는 서로 영향을 주고받는 밀접한 관계

법원에 소를 제기하면 확정판결이 나기까지 상당한 시간이 걸린다. 그래서 소송 기간 동안 정비사업이 중지되거나 지연되는 것을 방지하기 위해 분할대상 토지의 소유자 수가 전체의 1/10 이하이고 건축물이 분할선 상에 있지 않으면 법원에 청구한 토지분할이 완료되기 전에도 조합설립과 사업시행인가 신청을 할 수 있게 한 것이다.

반포동 삼호가든1, 2차와 삼호가든3차는 아예 상가를 제외하고 재건축한 예다. 삼호가든1, 2차는 반포리체로 2010년 재건축이 완공되었지만 상가는 리모델링만 거쳐 아파트 완공에 맞춰 영업을 다시 시작했다. 상가 소유자들은 아파트 재

> **제67조(재건축 사업의 범위에 관한 특례)** ① 사업시행자 또는 추진위원회는 다음 각 호의 어느 하나에 해당하는 경우에는 그 주택단지 안의 일부 토지에 대하여 「건축법」 제57조에도 불구하고 분할하려는 토지 면적이 같은 조에서 정하고 있는 면적에 미달되더라도 토지분할을 청구할 수 있다.
>
> 1. 「주택법」 제15조 제1항에 따라 사업계획승인을 받아 건설한 둘 이상의 건축물이 있는 주택단지에 재건축 사업을 하는 경우
>
> 2. 제35조 제3항에 따른 조합설립의 동의요건을 충족시키기 위하여 필요한 경우
>
> ② 사업시행자 또는 추진위원회는 제1항에 따라 토지분할 청구를 하는 때에는 토지분할의 대상이 되는 토지 및 그 위의 건축물과 관련된 토지등소유자와 협의하여야 한다.
>
> ③ 사업시행자 또는 추진위원회는 제2항에 따른 토지분할의 협의가 성립되지 아니한 경우에는 법원에 토지분할을 청구할 수 있다.
>
> ④ 시장·군수등은 제3항에 따라 토지분할이 청구된 경우에 분할되어 나가는 토지 및 그 위의 건축물이 다음 각 호의 요건을 충족하는 때에는 토지분할이 완료되지 아니하여 제1항에 따른 동의요건에 미달되더라도 「건축법」 제4조에 따라 특별자치시·특별자치도·시·군·구(자치구를 말한다)에 설치하는 건축위원회의 심의를 거쳐 조합설립인가와 사업시행계획인가를 할 수 있다.
>
> 1. 해당 토지 및 건축물과 관련된 토지등소유자의 수가 전체의 10분의 1 이하일 것
>
> 2. 분할되어 나가는 토지 위의 건축물이 분할선 상에 위치하지 아니할 것
>
> 3. 그 밖에 사업시행계획인가를 위하여 대통령령으로 정하는 요건에 해당할 것

건축이 진행되는 동안 영업을 지속하여 손실을 덜 본 것처럼 생각되기도 하지만 한편 여러 가지 단점이 있다. 삼호가든1, 2차 상가는 지하주차장이 없어 불편하다. 물론 지상 주차장이 꽤 넓어서 상가 이용자들에게 큰 불편은 없어 보이지만 입주자 입장에서는 좀 아쉽다.

반면 반포주공3단지는 재건축 과정에서 단지 내 상가와 통합하여 재건축을 진

행했다. 지금의 반포자이다. 기존 상가 소유자들은 상가가 증축되면서 더 넓은 상가를 받을 수 있었고 2개 호실을 받은 경우도 있다. 일반분양분도 있어서 상가조합원들은 거의 분담금 없이 새 상가를 받은 경우가 많다. 이용자 측면에서도 깨끗한 신축상가에 지하주차장도 넓어서 아주 편리하다. 단지 내 상가의 규모와 쾌적성 등은 수치로 정확히 측정은 안 되지만 아파트 가격에도 간접적으로 영향을 미친다.

정비사업이 완공된 후에도 단지 내 상가는 이렇게 아파트와 서로 영향을 주고받는 밀접한 관계다. 그래서인지 오랫동안 갈등을 겪던 상가가 있는 정비구역들이 원만한 협의를 통하여 통합재건축을 진행하는 경우가 많다. 대표적인 예가 신반포4차다. 잠원동의 신반포4차는 뉴코아상가와 토지를 공유하고 있어서 추진위원회에서 상가 소유자들에 대해 토지분할소송을 제기했다. 그런데 2019년에 상가를 포함하여 정비사업을 진행하기로 합의하고, 뉴코아상가 소유자 과반의 동의를 얻어 2019년 12월에 조합설립인가를 받았다.

반면 반포주공1단지 3주구(반포AID아파트)는 상가 소유자와 아파트 소유자의 이견으로 재건축이 지연된 대표적인 예다. 사업의 지연으로 2017년 12월 31일까지 사업시행인가 신청을 하지 못해 재건축 초과이익환수 대상이 되었고, 이는 고스란히 조합원들의 부담이 된다.


## 정비구역이 해제되기도 한다

재개발에서도 상가 소유자들이 동의하지 않아 정비사업이 좌초되는 경우가 많다. 한남1구역은 이태원역 인근의 상업지역을 많이 끼고 있는데 상가 소유자들이 재개발에 동의하지 않아 정비구역이 해제되었다. 한남1구역은 2009년 정비구역으로 지정되었지만 동의율 저조로 사업 진척이 지지부진하다가 결국 2018년 정비구역에서 해제되었다.

또 흑석재정비촉진지구 중 흑석1구역도 상가 소유자들이 많고 동의율이 저조해서 사업 진행이 더딘 구역이다. 흑석1구역은 흑석역 바로 앞에 위치하고 있어 상가가 많다. 흑석뉴타운 중 사업진행이 빠른 흑석4구역은 이미 2012년에 흑석한강푸르지오로 정비사업이 완료되었다. 6, 7, 8구역도 각각 흑석센트레빌2차(2012년), 아크로리버하임(2018년), 롯데캐슬에듀포레(2018년)로 이미 입주가 완료되었다.

그런데 흑석1구역은 2008년 정비구역 지정 후 2009년 추진위원회도 승인되었지만 그 후 진행이 안 되었고, 2015년 도정법이 개정되면서 개정법안 시행일로부터 4년 내(2020년 3월 1일)에 조합설립인가 신청을 하지 않으면 정비구역이 해제되는 규정에 따라 2020년 3월로 정비구역이 해제될 위기에 처했다. 다행히 토지등소유자 186명 중 50% 정도(30% 이상의 토지등소유자가 동의하면 2년 연장 가능)의 소유자가 조합설립에 동의하여 일단 정비구역해제는 면했다. 이처럼 상가 소유자들이 많거나 상가 소유자들이 정비사업에 반대하는 구역은 사업이 지연 혹은 좌초되는 경우가 많으므로 투자에 유의하여야 한다.

# PART 3

# 물건 고르는
# 안목을 길러라!
# 분양가 예측하기

# 01
# 감정평가액을
# 잘 받으려면

## 감정평가액이 매매대금이다

평범한 일상생활을 영위하며 자신의 부동산에 대해 감정평가를 받거나 더 나아가 감정평가사를 개인적으로 만날 일은 흔치 않다. 그러나 현실에서는 감정평가가 알게 모르게 매우 빈번하게 일어난다. 여러 가지 사정으로 소유자가 모르는 감정평가도 많이 발생하지만 '소유자가 알게 되는 감정평가', 즉 보상·소송·재개발 재건축·상속증여세·경매·담보·자산재평가 등의 이유로 감정평가를 받으면 한 번 결정된 감정평가금액이 부동산에 미치는 파급력이 매우 크다.

예를 들면 재건축사업 매도청구소송에서는 법원 감정인이 매도청구를 당한 부동산에 대해 감정평가액을 결정하면, 소유자(피고)는 그 금액을 받고 조합(원고)에 소유권을 이전해야 한다. 즉 소송을 당한 사람이 얼마를 받고 팔고 싶은가를 불문하고 감정평가액이 곧 매매대금이 된다. 재개발사업의 현금청산금 역시 감정평가사의 평가액으로 결정된다.

주택 구매자의 담보대출액은 해당 은행과 협약된 감정평가사가 감정평가를 하고 그 감정평가금액에 LTV(Loan to Value, 대출비율)를 적용하여 확정된다. 공익사업에 편입되는 토지 등에 대한 보상금도 마찬가지로 모두 감정평가금액으로 결정된다. 이처럼 부동산 감정평가금액을 기준으로 수많은 법률 효과가 발생하고 사실관계가 정리된다. 그러므로 감정평가와 그 결과의 중요성은 두말할 필요가 없다.


## 감정평가액을 높이는 2가지 능력

감정평가금액이 사건의 핵심이 되는 여러 사안에서 누구라도 본인에게 유리하게 감정평가를 받고 싶을 것이다. 감정평가를 잘 받고 싶다는 말은 결국 개인이 소유한 부동산의 가격을 높게, 혹은 상황에 따라 낮게 평가받고 싶다는 말일 것이다.

감정평가의 대상인 부동산은 크게 토지, 건물 그리고 구분건물(집합건물)로 나눌 수 있는데, 감정평가액을 높게 또는 사안에 따라 낮게 받고 싶다면 기본적으로 2가지 능력이 필요하다. 첫째는 감정평가의 대상인 부동산(목적물)에 대한 기본적인 물적 특성 파악 및 관련 서류의 발급을 통한 권리관계 분석 능력이고, 둘째는 유사 부동산의 가격자료 수집능력이다. 하나씩 구체적으로 살펴보자.


### 부동산의 기본적인 물적 특성 파악과 관련 서류의 발급

감정평가의 대상인 부동산에 대한 기본적인 물적 사항이란 그 부동산이 '토지'라면 지리적 위치 및 도로 조건, 국토의 계획 및 이용에 관한 법률상 용도지역, 면적, 형상, 경계 그리고 주위환경 등이다. '건물'이라면 구조, 규모, 사용승인일, 층별 이용 상태, 리모델링 현황 등이다. '구분건물'이라면 지리적 위치, 해당 구분호수의 층별 및 호별위치, 전용률, 대지지분의 크기 등이 중요하다.

이처럼 부동산의 종류에 따라 어떤 물적 사항이 중요한지 파악하고, 종국적으로는 유사물건과 비교했을 때 내 부동산이 어떤 점에서 더 나은지 감정인에게 설득력 있게 어필할 수 있을 정도로 물건의 특성을 파악해야 한다.

다음으로 권리관계에 대한 분석의 기초가 되는 관련 공적장부 발급 및 확인사항에 대한 숙지가 필요하다. 이 장에서는 부동산의 종류에 따른 공적장부의 종류와 각 공적장부의 발급처를 간단히 소개하며, 각 공적장부로부터 확인해야 할 내용에 대해서는 '감정평가액 산출연습' 부분에서 상세히 설명하겠다.


**부동산의 종류에 따른 공적장부**

- 토지: 토지등기사항전부증명서(통칭:등기부등본), 토지이용계획확인원, 토지대장, 지적도
- 건물: 건물등기사항전부증명서(통칭:등기부등본), 건축물관리대장 및 건축물현황도
- 구분건물: 집합건물등기사항전부증명서(통칭:등기부등본), 건축물관리대장(표제부 및 전유부) 및 건축물현황도


관련 공적장부는 시군구청 또는 주민센터를 방문하여 발급할 수 있다. 다음과 같은 인터넷 사이트를 활용해도 좋다.


- 정부24(www.gov.kr/portal/minwon): 토지이용계획확인원, 토지대장, 건축물관

리대장, 지적도

• 대법원 인터넷인터넷 등기소(www.iros.go.kr): 등기사항전부증명서

이와 같이 부동산과 관련된 기본적인 서류를 발급받고 그 내용을 알고 있어야 감정평가사에게 질문이 가능하다. 또한 내 물건을 평가해줄 감정인이 해당 물건에 대해 어떤 생각을 가지고 있는지 가늠해볼 수도 있으며 적극적으로 의견을 제시할 수 있다. 내 부동산의 가치가 결정되는 중요한 감정평가를 앞두고 있다면 적어도 소유한(또는 투자할) 부동산의 특성, 강·약점은 스스로 파악하고 있어야 한다.

### 유사 부동산의 가격 자료 수집

감정평가를 잘 받으려면 감정평가 대상의 물건과 비교 가능성이 높은 가격 자료를 수집하는 것이 중요하다. 2006년 1월 1일부터 시행되고 있는 부동산실거래가 신고제도를 적극 활용하고, 부동산 거래 및 시세와 관련된 다양한 사이트를 이용해 실제 거래된 가격과 가능하다면 유사 평가 선례 등을 확보하면 좋다. 경우에 따라 방매가격(중개업소 등에 매물로 나와 있는 가격)이나 세평가격(호가)을 많이 수집하는 것도 좋다. 광범위하게 자료를 수집해 내 부동산에 적절히 적용해내는 것이 관건이다.

정보가 홍수처럼 쏟아지는 시대를 살고 있는 현대인으로서, 온라인에 공개된 가격자료를 수집하지 못할 것도 없다. 다만 잘못된 정보는 잘못된 결론을 초래하므로 신뢰할 수 있는 가격자료, 내 부동산과 관련된 사안에 활용할 수 있는 가격자료를 선별하는 능력이 중요하다. 정확한 정보로 무장한 상황에서야 비로소 우위를 점할 수 있기 때문이다. 가격 자료 수집과 관련한 가장 기본적인 인터넷 사이트를 소개한다.

- 국토교통부 실거래가 공개시스템(rt.molit.go.kr)

- 부동산114(www.r114.com)

- 네이버부동산(land.naver.com)

- 지지옥션(www.ggi.co.kr): 경매감정평가액, 낙찰가액, 물건별 낙찰률

- 인포케어(www.infocare.co.kr): 경매감정평가액, 낙찰가액, 물건별 낙찰률

- 밸류맵(www.valueupmap.com): 전국 토지건물시세


## 감정평가사 컨설팅 활용

우리가 살펴본 내용은 부동산이라는 큰 자산의 감정평가를 앞두고 있는 소유자 또는 투자자의 기본소양에 해당한다. 그러나 결국 내 부동산에 대한 감정평가액은 해당 감정평가업무를 수행하는 감정평가사가 내 물건을 어떤 시각으로 보고 어떻게 평가할 것인가에 따라 결정된다. 이를테면 내 몸과 병력에 대해서 아무리 내가 잘 안다고 해도, 결국 의사가 어떤 약물을 쓸지 결정하고 수술을 하는 것과 같다.

# 02

# 감정평가의
# 기초 파악하기

## 감정평가의 기준시점 '이전' 자료 수집

감정평가금액과 관련하여 무엇보다 중요한 것은 감정평가의 기준이 되는 날짜를 확정하는 것이다. 이를 감정평가의 기준시점(가격시점)이라고 하는데, 기준시점 이후의 거래 자료는 평가 시 직접 고려하지 않기 때문이다. 따라서 어떤 부동산에 대한 가격조사를 시작하기 전에 기준시점부터 확정한 후 기준시점 이전의 자료를 수집해야 한다. 매우 중요한 부분이다.

예를 들어 재개발·재건축사업에서 종전자산 감정평가액을 추정하고 싶으면 종전자산감정평가의 기준시점인 '사업시행인가고시일'부터 알아야 한다. 시세 조사를 하는 날이 2019년 6월 20일이라고 하더라도 해당 사업의 사업시행인가고시일이 2018년 2월 20일이라면 2018년 2월 19일 이전으로 존재하는 가격자료를 수집해야 한다. 이 경우 2019년 5월에 매매된 실거래가 신고금액은 필요 없는 자료가 된다.

감정평가의 기준시점이 확정되었으면 통상 기준시점 이전 2년 정도 과거까지 거슬러 올라가며 인근 유사지역의 부동산시세, 실거래가 신고금액, 유사사업장의 종전자산평가금액 및 현금청산평가금액을 수집한다.


## 단독주택, 상가는 토지와 건물로 나누어 계산

### 시세조사방법

시세를 조사할 때는 대상 부동산과 최대한 비슷한 부동산의 범위를 결정한 후 가격조사를 시작하는 것이 중요하다. 유사한 부동산의 시세를 알고 내 부동산의 특징에 맞게 변형하여 적용해야 한다. 무조건 현장에 나가 발품으로 시작하는 것보다는 부동산 가격과 관련된 포털사이트(국토해양부 실거래가, 네이버부동산, 밸류맵 등)에서 개략적인 '가격 수준'을 조사한 후 가격에 대한 감을 잡고 현장조사를 실시하는 것이 효율적이다.

예를 들면 내가 관심 있게 보고 있는 ○○동 1990년대 초반에 지어진 20평형의 다세대주택과 유사한 부동산은 2억 2,000만~2억 5,000만 원이구나 하고 대략의 범위를 파악하는 식이다. 이처럼 가격의 범위를 알고서 현장으로 나가는 것이다. 부동산이 소재하는 지역에 실제로 방문하여 대상 물건과 주변 환경 등을 조사하는 것을 '임장활동'이라고 하는데, 부동산 가격과 관련한 조사를 하려면 반드시 임장활동이 필요하다.

제 아무리 로드뷰가 잘되어 있고 항공사진이 잘되어 있어도 그것은 평면적이고 시각적인 정보에 불과하다. 해당 부동산이 소재하는 지역까지 도달하는 데 걸리는 시간(의식적 시간, 실질적 소요시간)과 도로망 등 접근성, 주변의 환경 등은 조사자가 직접 확인하는 것이 중요하다.

또 현장조사를 나가면 인근의 공인중개사사무소, 때로는 동네 전봇대 등에서도 어떤 매물이 얼마에 나왔다는 광고를 보게 된다. 포털사이트 등에서 조사된 '과거에 맺어진 거래'가 아닌 현재 매물로 나와 있는 가격 수준을 살펴보고 공인중개사사무소를 방문하여 최근 매수, 매도 문의가 얼마나 있는지, 나와 있는 매물은 언제 나온 것인지, 월세나 전세는 얼마에 가능할지 등을 문의하는 것이 현장 분위기를 파악하는 데 큰 도움이 된다.

**평당 시세를 조사한 후 순수 토지 가치만 추정**

내가 조사하려는 부동산이 단독주택이나 상가라면 '평당 시세'에 숨겨진 의미를 이해해야 한다. 일반적으로 시장에서 평당 1,500만 원, 평당 2,000만 원이라고 할 때 '평당 얼마'라는 것은 '토지 가격 + 건물 가격'이 합산된 시세를 말한다. 그렇기 때문에 토지 50평 위에 존재하는 주택이나 상가건물이 매우 노후하여 경제적 가치가 거의 없는 경우의 평당 시세와 최근 신축한 다가구주택이 존재하는 경우의 평당 시세는 다른 금액이다.

다음의 경우를 살펴보자. 똑같이 토지 50평이 10억 원에 거래되었지만 토지 위에 60년 이상 경과하여 철거가 필요한 노후 주택이 소재했다면 총 부동산 가치 10억 원은 거의 모두 토지 가치에 귀속된다. 건물가치가 극히 희박하기 때문이다. 따라서 순수한 토지 평당 가치는 대략 2,000만 원이 된다. 그러나 똑같은 50평 토지에 약 4억 원의 가치를 가진 건물이 존재한다면 토지에 배당되는 평당 시세는

1,200만 원이 된다.

이처럼 평당 시세는 천차만별일 수 있다. 그러므로 처음부터 내가 조사하고자 하는 부동산과 유사한 부동산의 범위를 설정하여 가격 자료를 수집하는 것이 중요하다.

CASE 1 경제적 가치가 희박한 노후 건물 포함 시세 평당 2,000만 원

부동산 가격(10억 원) − 건물 가격(0원) = 토지 가격(10억 원)

부동산 평당 가격 = 2,000만 원, 토지 평당 가격 = 2,000만 원

CASE 2 4억 원 가치의 건물이 소재하는 경우 시세 평당 2,000만 원

부동산 가격(10억 원) − 건물 가격(4억 원) = 토지 가격(6억 원)

부동산 평당 가격 = 2,000만 원, 토지 평당 가격 = 1,200만 원

투자자는 투자 대상 부동산의 인근 가격을 조사하는 과정에서 평당 얼마 얼마라는 시세를 잡고 난 후 순수하게 토지가치가 얼마나 되는지 추정하는 것이 중요하다. 이를 감정평가에서는 부동산 가격을 토지와 건물로 각각 '배분'한다고 표현하며, 전체 부동산 가격에서 토지 가치만을 추려내는 데 건물가격을 '공제'하는 방법을 많이 활용한다. 왜냐하면 건물의 표준건축비는 토지에 비해 상대적으로 정형화되어 있어서 가격 산정이 용이하기 때문이다. 이처럼 토지 가치는 토지끼리 비교해야 정확한 비교 분석이 가능하다.

건물가격 구성의 4인방: 주구조, 용도, 사용승인일, 리모델링 확인

앞서 살펴본 바와 같이 전체 부동산 가격에서 건물 가격을 빼면 토지 가격의 추정이 가능하다. 그렇다면 건물의 가격은 어떻게 추정할까? 건물의 가격을 결정하는 가장 중요한 요소는 그 건물이 철근콘크리트조인지 벽돌조인지 등의 주요 구조와 상가인지 주택인지 등의 사용용도, 그리고 신축이 된 시점과 신축 후에 별도의 비용을 들여 건물을 개량했는지, 즉 리모델링을 했는지 여부이다.

주구조, 용도 그리고 사용승인일은 '일반건축물대장'에서 확인할 수 있다. 소유 여부와 무관하게 누구나 발급할 수 있고, 주민센터에 방문하여 건축물대장을 발급하거나 정부24(www.gov.kr)라는 사이트에서 확인해도 된다. 정부24를 이용하는 경우에는 별도 비용이 들지 않는다.

재개발지역에서는 1960~1970년대에 건축한 노후한 건물이 많아서 리모델링을 해서 쓰고 있지 않은 이상 건물가치는 거의 없는 경우가 많다. 아래의 표는 재개발·재건축 지역에서 주로 만나는 건물의 구조와 구조별 건물이 경제적인 가치를 갖는 연수를 기재한 것이다. 건축물대장에서 확인한 건물의 주구조와 사용승

| 주구조와 경제적 내용연수 |

| 주구조 | 경제적 내용연수 |
| --- | --- |
| 철근콘크리트조 | 50년(45~55년) |
| 조적(연와)조 | 45년(40~45년) |
| 철골조 | 40년(35~45년) |
| 목조 | 40년(35~45년) |
| 시멘트블록조 | 35년(30~40년) |
| 샌드위치패널조 | 35년(30~40년) |
| 철파이프조 | 25년(20~30년) |

인일을 확인하여 앞으로 사용할 수 있는 기간(잔존내용연수)을 계산해보아야 한다.

한편 건축물대장상에서 사용승인일이 1985년 3월 1일인 것을 확인하고 현장조사를 갔더니 35년이 지난 구축건물이 존재하는 대신 완전히 새로운 모습을 한 건물이 딱 서 있는 경우도 많다. 대수선 또는 전반적인 리모델링을 했기 때문이다. 아주 최근에 수선했다면 로드뷰에도 나오지 않는 경우가 많다. 이때 해당 부동산의 경제적(물리적) 내용연수는 건축물대장에 있는 사용승인일과는 별개로 연장된다. 현장에 가서 직접 두 눈으로 부동산을 확인해봐야 하는 이유이다.

# 부동산 스펙 파악을 위한
# 공적장부 확인사항

## 부동산 스펙부터 파악하라

재개발·재건축사업뿐만 아니라 일반 부동산 거래 또는 부동산 가격과 관련한 각종 분쟁이나 소송에 대응하기 위해서는 부동산의 기본적 물적사항(스펙)을 파악하는 것은 기본 중의 기본이다. 사안의 결론을 내기 위해서는 전제조건부터 똑바로 확정해야 하는 경우가 있다. 마찬가지로 부동산과 관련된 사안은 모두 해당 부동산의 스펙부터 확정되어야 그다음 단계로 나아갈 수 있다.

부동산의 기초를 파악하려면 공적장부를 발급받아야 하고 그 내용이 의미하는 바를 이해할 수 있어야 한다. 부동산의 유형을 토지, 건물, 구분건물(아파트, 빌라 등)로 나누어 각 유형별로 확인할 사항과 공적장부의 종류, 발급처를 살펴보겠다.

| 부동산 유형별 확인사항 |

| | 부동산 스펙<br>(물적사항 확인) | 확인 공적장부 | 공적장부<br>발급 사이트 |
|---|---|---|---|
| **토지** | 소재지<br>(지번주소) | 토지등기사항 전부증명서 | 정부24(www.gov.kr) |
| | | 토지(임야)대장 | 정부24(www.gov.kr) |
| | 용도지역 | 토지이용계획확인서 | 토지이용규제정보서비스<br>(www.eum.go.kr) |
| | 지목, 면적 | 토지(임야)대장 | 정부24(www.gov.kr) |
| | 도로조건 | 지적(임야)도 | |
| | 형상, 경계 | | |
| | 지세 | 항공사진, 로드뷰 | 다음지도, 네이버지도,<br>브이월드(3d지도) |
| **건물** | 소재지<br>(지번주소) | 건물등기사항 전부증명서 | 정부24(www.gov.kr) |
| | | 건축물대장 | |
| | 주구조, 규모, 용도 | 건축물대장 | |
| | 사용승인일 | | |
| | 호별용도 | | |
| | 전유면적, 공유면적 | | |
| | 대지권의 크기 | 건물등기사항 전부증명서 | 인터넷등기소(www.iros.go.kr) |
| **구분<br>건물** | 소재지<br>(지번주소) | 집합건물등기사항 전부증명서 | 인터넷등기소(www.iros.go.kr) |
| | | 집합건축물대장 표제부 | 정부24(www.gov.kr) |
| | 주구조, 규모, 주건물 용도 | 집합건축물대장 표제부 | |
| | 사용승인일 | | |
| | 호별용도 | 집합건축물대장 전유부 | |
| | 전유면적, 공유면적 | | |
| | 대지권의 크기 | 건물등기사항 전부증명서 | 인터넷등기소(www.iros.go.kr) |

## 공적장부 정보가 불일치하는 경우

부동산의 스펙을 파악하기 위해 하나의 부동산에 대한 여러 가지 공적장부를 발급받아 내용을 비교해보면, 의외로 공적장부의 정보가 서로 불일치하는 경우가 종종 있다. 이를테면 A시 B구 C동 123-4번지 토지등기사항전부증명서상 소유자는 '김○○'이고 지목은 '전'이며 면적은 200m²인데 똑같은 물건의 토지대장상 소유자는 '이△△'이고 지목은 '대'이며 면적은 220m²인 경우가 있다. 행정 처리가 동시에 이뤄지지 않기 때문에 종종 마주치는 경우이며 투자자 입장에서는 어떤 내용을 신뢰해야 할지 혼란스럽다.

공적장부 간 내용의 불일치가 있을 때 '소유권에 관한 사항'은 등기사항전부증명서를 기준으로 하고 소재지, 지목, 면적 등 '물적사항'은 대장을 기준으로 하면 된다. 위의 예시에서는 A시 B구 C동 123-4번지의 소유자는 등기사항전부증명서상 소유자인 '김○○'이고 지목 및 면적은 토지대장을 기준으로 하여 '대' 및 '220m²'를 해당 부동산의 물적사항으로 확정하면 된다.

|  | 등기사항전부증명서 | 토지대장 | 확정 |
|---|---|---|---|
| 소유자 | 김○○ | 이△△ | 김○○ |
| 지목 | 전 | 대 | 대 |
| 면적 | 200m² | 220m² | 220m² |

부동산의 물적사항 확정은 기본 중의 기본이니 부동산의 유형에 따라 무엇을 확인하고 어떻게 확인해야 할지 숙지해둘 필요가 있다.

# 04
# 감정평가액
# 추정하기

### 감정평가액 추정을 위해 기억해야 할 3가지

재개발·재건축사업에서 감정평가는 시간의 흐름에 따라 수차례 이뤄진다. 사업의 진행과 맞물려 실시되는 감정평가를 굵직하게 나열해보면 다음과 같다.

정비기반시설 감정평가(무상양도·무상양수) − 국·공유지 처분(매입) 감정평가 − 비례율 산정을 위한 종전(종후)자산평가 − 매도청구감정평가(재건축사업, 법원감정) − 현금청산 감정평가(재건축사업의 경우: 법원감정 / 재개발사업의 경우 협의보상) 감정평가(1) − 수용재결 감정평가(2) − 이의재결 감정평가(3) − 보상금증액청구소송 법원감정(4)

- 정비기반시설 감정평가(무상양도·무상양수)
- 국·공유지 처분(매입) 감정평가
- 비례율 산정을 위한 종전(종후)자산평가
- 매도청구감정평가(재건축사업, 법원감정)
- 현금청산 감정평가(재건축사업의 경우: 법원감정 / 재개발사업의 경우: 협의보상) 감정평가(1) → 수용재결 감정평가(2) → 이의재결 감정평가(3) → 보상금증액청구소송 법원감정(4)

현금청산자(재건축사업 조합설립 미동의자 포함)라는 가정하에 같은 부동산에 적게는 4번, 많게는 7~8번까지도 감정평가가 이루어진다. 시간이 경과할수록 하나의 부동산에 순차적으로 여러 개의 감정평가금액이 쌓여가는 구조이다.

첫 단추를 잘 꿰어야 한다는 말이 있듯이, 첫 감정평가를 잘 받아야 한다. 일련의 흐름 속에서 투자자 및 해당부동산 소유자(조합원)가 특히 관심을 가져야 할 감정평가는 종전자산평가와 현금청산을 위한 감정평가일 것이다.

현금청산을 위한 감정평가는 재개발과 재건축사업에서 성격과 평가목적 및 기법을 달리하는데 어느 경우에 있어서든지 감정평가액을 추정해보기 위해서는 공통적으로 다음 3가지를 기억하면 된다.

① 부동산 유형(토지, 건물, 구분건물)

② 감정평가의 목적

③ 감정평가의 시점

부득이 순번을 매겼지만, 이 항목들은 별개로 고려하는 것이 아니라 유기적으로 선후관계 없이 따져봐야 한다.

## 부동산 유형에 따른 감정평가액 추정

일반인들이 감정평가액의 추정방법으로 가장 쉽게 생각하는 것은 해당 지역의 '시세'다. 그러나 감정평가액은 평가의 목적과 기준시점에 따라 매우 다양하게 구분되기 때문에 어떤 시점의 정제되지 않은 시세로 접근하면 추정의 정확도가 상당히 떨어진다. 감정평가사에게도 어떤 부동산에 대한 감정평가액을 추정해달라는 요청이 어렵다. 감정평가전문가도 시간과 노력을 상당히 투입하여 조사를 하지만 어렵기 때문이다.

재개발·재건축사업에 편입되는 부동산의 유형은 크게 토지, 건물, 구분건물로 나눌 수 있고 각 유형에 따라 다른 기법으로 감정평가가 행해진다. 감정평가액을 추정하려면 가장 쉬운 방법은 궁금한 유형의 부동산, 즉 토지면 토지, 구분건물이면 구분건물에 대해 최대한 비교가능성이 높은 유사 감정평가금액을 수집하는 것이다. 감정평가의 전례(비교사례)를 수집한다고 표현할 수도 있겠다.

재개발·재건축사업이 단일구역으로 특정 동네만 나 홀로 진행되는 경우가 아닌 이상은 옆 구역에서 먼저 시행된 종전자산평가, 현금청산평가금액에 대해 인터넷 카페, 블로그, 인스타그램 등 검색을 통해 또는 해당 지역 부동산중개사사무소의 조력 등을 통해 어느 정도 기존 평가결과의 수집이 가능하다.

이때 '최대한 비교 가능성이 높은 유사 감정평가금액'이라는 부분에 유의해야 한다. 부동산의 유형에 따라 비교항목, 즉 체크리스트를 작성하여 자료수집의 모집단을 제대로 설정해야 한다. 공법에 따른 용도구역, 용도지역, 도로조건, 지목, 토지의 모양 등을 종합적으로 고려하여 비교 대상을 추출해야 한다는 것이다. 예를 들어 4미터 도로 폭에 접한 제2종 일반주거지역 내 단독주택 부지의 현금청산금액을 추정하면서 12미터 도로 폭에 접한 일반상업지역 내 상업용 부지의 현금청산금액을 비교 대상으로 삼아서는 곤란하다.


## 감정평가의 목적과 시점에 따른 추정

극단적으로 동일한 날짜에 동일한 물건을 감정평가한다고 해도 감정평가의 목적이 다르면 가격이 다르다. 이를 부동산학에서는 '가격다원론'이라고 한다. 하나의 부동산에 여러 가지 가격이 존재한다는 것이다. 따라서 추정하려는 감정평가의 목적이 무엇인지에 주목해야 한다. 종전자산평가, 현금청산평가 혹은 시가추정인지에 따라 조사해야 하는 가격의 모집단이 달라지기 때문이다. 재개발·재건축사업의 감정평가에서는 평가목적에 따라 개발이익을 배제하는 것인지, 포함하는 것인지 여부에 따라 분쟁이 크기 때문에 먼저 평가목적을 바로 세워야 한다.

또한 평가의 기준이 되는 시점의 확인이 중요하다. 감정평가 시 실거래가 신고금액, 유사 감정평가선례 등 가격자료는 평가의 기준시점 이전의 자료, 즉 과거의 자료만 활용할 수 있다. 따라서 평가의 시점이 2016년 5월 15일로 고정되어 있다면 2020년 5월 15일 현재의 시세는 아무 소용이 없다. 따라서 감정평가의 기준이 되는 시점을 명확히 하여 그 시점에 적용될 가격조사를 해나가야 감정평가금액을 제대로 추정해볼 수 있다.

# 05

# 최대 수익을 올릴 수 있는
# 시기 파악하기

## 싸게 사서 비싸게 팔 수 있는 시기를 찾아라

재개발·재건축 투자를 염두에 둘 때 과연 사업이 진행되는 과정 중 어느 시기에 투자하는 것이 가장 좋으며, 가장 높은 수익을 올릴 수 있을지 고려하게 된다. 재개발·재건축에 투자해서 수익을 낸다는 것은 개발이 되기 전 상태의 부동산을 싸게 사서 나중에 비싸게 팔아 그 차익을 갖는다는 의미일 것이다. 그렇다면 언제 가장 싸게 살 수 있고 어느 시점에 가장 비싸게 팔 수 있을 것인가에 대한 고민이 필요하다. 정답을 먼저 공개하면 사업의 가장 초기에 진입하면 최대 수익을 올릴 수 있다. 물론 사업이 진행되어야만 수익 실현이 가능하다.

재개발·재건축사업 자체가 진행될 것인지 말 것인지에 대한 불확실성이 클수록 부동산 가격은 싸다. 그리고 사업의 진행이 구체화되는 단계마다 부동산 가격은 급격히 상승한다. 시간이 흐르고 사업이 구체화될수록 위험이 낮아지는 대신에 수익도 낮아지게 된다. 따라서 투자자는 재개발·재건축사업의 구체적인 진행 단계를 파악하여 자신의 투자성향에 맞는 투자를 결정해야 한다.

## 조사관을 기억하자

재개발·재건축사업의 진행에 있어서 큰 의미를 갖는 중요한 3단계가 존재한다. 바로 조합설립인가, 사업시행인가, 관리처분계획인가이다. 실무자들은 이 3단계의 앞 글자만 따서 '조사관'이라고 간략하게 칭하기도 한다. 이 '조사관'의 제일 앞에는 사업의 초입단계인 정비구역 지정과 조합설립추진위원회 승인이 있고, 제일 뒤에는 마무리 단계인 분양 및 입주의 단계가 있다. 가장 굵직한 조-사-관 각 단계는 대체로 1~2년이 소요(총 5~6년)되고 준비단계와 마무리단계에 각각 3~4년 정도가 소요된다.

이처럼 사업의 수명(사이클)을 보면 재개발·재건축은 어떤 동네에 재개발·재건축이 될 것이라는 말이 나온 뒤 실제로 재건축 안전진단이 이루어지고 정비구역으로 지정이 된 이후에도 10년 이상 걸리기도 하는, 매우 오랫동안 진행되는 사업이다.

그래서 금방이라도 재개발·재건축이 진행될 것 같은 '안전진단통과! 정비구역 지정!' 등의 들뜬 동네 분위기에 휩쓸려 선뜻 큰돈을 투자했다가는 그 돈이 오랜 시간 묶이는 고통을 받을 수도 있다. 물론 적절히 수익을 내고 사업이 더 구체화되었을 때 다른 사람에게 팔고 나오는 탈출전략을 구사할 수도 있다. 하지만 아는 것이 힘이라고 하지 않던가. 재개발·재건축사업이 구체화되는 단계를 알아야 하고 대강이라도 각 단계별로 시간이 얼마나 걸리는지, 내가 수익을 언제쯤 실현할 수 있을지 가늠해보아야 한다.

## 사업이 구체화될수록 수익은 감소한다

재개발·재건축은 정해진 절차를 한 단계씩 거칠수록 사업의 확실성이 뚜렷해진다. 사업이 계획대로 진행될 가능성이 높을수록 사업 무산에 대한 위험은 점점 낮아진다. 따라서 사업의 진행이 확실해질수록 부동산 가격은 상승한다. 재개발·재건축사업이 진행될수록 아직 그 사업장에 진입하지 않은 투자자가 실현할 수 있는 수익은 낮아지는 것이다. 정리하면, 사업이 진행될수록 위험과 수익이 동시에 감소하고, 사업이 진행될 것인지 여부가 불투명할수록 위험도 수익도 높아지게 된다. 투자에 있어서 위험과 수익은 한 배를 탄 동료이다.

개개인의 개성이 다양한 것에 비하면 개인의 투자 성향은 상대적으로 단순하게 분류할 수 있다. 경제학에서는 개인의 위험에 대한 성향으로 투자 성향을 파악한다. 위험 성향은 일반적으로 위험 선호, 위험 중립, 위험 기피 세 가지로 나눈다.

위험 선호 성향의 투자자는 불확실한 상황에서 위험을 감수하는 대신 높은 수익을 추구한다. 투자에 있어서 고위험, 고수익을 선호하는 타입은 재개발·재건축 초기단계에 진입하려고 할 것이다.

위험 중립 성향의 투자자는 투자의 위험을 인식하고 수익이 보장된다면 어느 정도 손실도 감수할 수 있으나 일정 부분 투자의 확실성을 추구한다. 재개발·재건축의 사업시행인가단계는 사업의 확실성이 어느 정도 확보되는 단계이므로, 위험 중립 성향의 투자자에게 맞는 단계일 것이다. 한편 위험 기피 성향의 투자자는 안전한 수익을 추구하므로 재개발·재건축 진행의 위험이 최소화되는 후기단계에 진입하면 된다.

재개발·재건축사업이 구체화되고 현실화될수록 투자 수익과 위험이 동시에 낮아지는 것을 살펴봤다. 자신의 투자 성향과 위험에 대한 태도를 파악하고 개별 재개발·재건축사업의 단계를 살펴 '자신에게 맞는 최대 수익을 올릴 시기(진입 시기)'를 결정해야 할 것이다.

## 06

# 비례율, 권리가액을 계산하면
# 사업성이 보인다?

재개발·재건축사업에 관심 있는 지인들끼리 만나서 특정 지역 사업장에 대해 이야기할 때 절대로 빠지지 않는 질문이 있다. 바로 "거기 비례율이 몇 퍼센트인데?"라는 질문이다. 비례율이 몇 퍼센트라는 것이 과연 어떤 의미이기에 예비 투자자들이 빼놓지 않고 논의하는 것일까?

비례율에 대한 기본 개념과 비례율을 산정하는 제 필요한 구성요소와 공식, 권리가액을 계산하는 방법을 살펴보자. 비례율과 그에 따른 권리가액은 관심 있는 재개발·재건축사업구역에 투자 여부를 판단하는 중요한 기준이다.

## 비례율로 수익성 판단하기

비례율은 해당 정비구역의 이윤과 헌 집들(사실상 토지)의 가치에 대한 비율이다. 먼저 해당 사업장의 이윤을 구하기 위해서는 총수입에서 총비용을 빼야 한다. 재개발·재건축사업장에서 발생하는 총수입이라면 기존 건축물 등을 철거하고 새로 지어낸 아파트와 상가를 팔아(분양)서 벌어들인 수입일 것이다. 이를 '종후자산가격'이라고 한다. 총비용은 건축비 등 사업비이다. 헌 집들의 가치는 '종전자산가격'이라고 한다. 비례율을 공식으로 나타내면 다음과 같다.

---

비례율 = (종후자산가격 − 총사업비용) / 종전자산가격

---

재개발·재건축 조합에서는 비례율을 산정하기 위해 감정평가사에게 종후자산평가와 종전자산평가를 의뢰한다. 비례율의 공식에서 분모는 해당 사업장의 이윤이다. 투자자들이 비례율에 관심을 갖는 이유는 현존하는 헌 집들의 가치를 합한 것과 사업이윤을 비교해봤을 때 '1'이 넘는다면 해당 사업은 수익성이 있다고 판단하기 때문이다. 그러나 세상의 많은 일에 양면성이 존재하듯이 비례율에도 허와 실이 있으니 뒤에서 자세히 다루겠다.

## 조합원의 권리가액과 비례율

재개발·재건축사업장에서 말하는 '권리가액'은 정확히는 '조합원 권리가액'을 말하는 것이다. 국어사전에서 '조합원'을 검색하면 "조합에 가입한 사람"이라고 나온다. 우리가 논의하는 조합원에 대입하면 재개발·재건축 조합에 가입한 사람이

라고 생각하면 되겠다. 더 분명한 의미로는 해당 재개발·재건축사업에 동참하기 위해 가입한 사람이고 해당 사업의 진행에 동조하여 내놓을 종전자산을 보유한 사람이라고 보면 된다.

이들은 사업을 추진하는 단체(조합)의 일원으로서 해당 사업의 흥행 또는 참패와 운명을 함께한다. 사업성이 좋으면 그 혜택을 받게 되고 사업성이 악화되면 손해를 함께 부담해야 한다. 바로 여기서 권리가액이라는 개념이 나오는 것이다. 조합원의 권리가액은 해당 재개발·재건축사업장의 비례율에 의해 다음과 같이 산정된다.

A의 종전자산평가액은 5억 원이다. 비례율에 따라 변동하는 A의 권리가액을 살펴보자.

- 해당 재개발·재건축사업장의 비례율 110%인 경우
  500,000,000원 × 110% = 55,000,000,000원
- 해당 재개발·재건축사업장의 비례율 90%인 경우
  500,000,000원 × 90% = 450,000,000원

종전자산평가액은 5억 원인데 비례율이 몇 퍼센트냐에 따라 A의 권리가액이 변동한다. 위 예에서 1번의 경우 비록 A가 소유한 종전자산의 감정평가액은 5억 원이지만 해당 사업장 내에서는 5억 5,000만 원의 가치를 인정받게 된다. 반면 2번의 경우 5억 원의 종전자산금액은 내놓고도 해당 사업장에서는 4억 5,000만 원의 가치만 갖게 된다. 조합원의 권리가액은 다음 장에서 살펴볼 추가분담금과 연관

하여 큰 의미가 있다.


## 비례율, 권리가액을 계산하면 사업성이 보인다?

투자자들은 재개발·재건축사업의 비례율과 권리가액은 변동이 가능하다는 것을 염두에 두어야 한다. 사업 진행과 관련된 특정 시점에서 추정한 비례율과 권리가액이 그대로 이어진다면 얼마나 편할까? 그러나 현실에서도 볼 수 있듯이 주택도시보증공사(HUG) 분양보증문제로 조합에서 예정했던 분양가격보다 낮춰서 분양해야 하는 일이 빈번히 발생하고, 예상치 못했던 변수의 발생으로 사업이 지연되면서 사업비가 늘어나기도 한다. 분양가상한제 역시 조합 측에서 최초에 비례율과 권리가액을 산정할 당시 예상할 수 없었던 수익성 악화의 큰 요인이다.

그렇다면 '변동이 가능한 비례율과 권리가액에 대해 알아서 뭐하나?' 하는 생각도 들 것 같다. 하지만 시장 상황이 변하거나 사업의 변화에 따라 변화하는 비례율과 권리가액에 대해 알아야 대응방안을 모색할 수 있다. 또한 특정 사업장에 투자 여부를 검토할 때 비례율과 권리가액이 고정값이 아니라는 것을 아는 것 그 자체도 중요하다.

# 07

# 추가분담금,
# 얼마나 내야 할까

## 새 집을 받기 위해 정산하는 추가분담금

현재 내가 살고 있는 집을 헐고 그 자리에 새로 집을 짓는다고 가정하자. 편의상 현재 거주하는 내 집을 헌 집이라고 하고 신규로 공급되는 집을 새 집이라고 한다. 나는 헌 집을 내주고 새 집을 받고 싶다. 그렇다면 필히 헌 집은 얼마이고 새 집은 얼마인지 따져봐야 할 것이다. 대부분의 경우 헌 집의 가치와 새 집의 가치는 같지 않다. 헌 집이 10억 원이고 새 집이 12억 원이라면 2억 원만큼을 더 내야 헌 집을 내주고 새 집을 받을 수 있다. 여기서 헌 집을 주고 새 집을 받기 위해 정산해야 하는 돈이 바로 '추가분담금'이다.

추가분담금에 대한 예상은 해당 사업에 참여 여부 및 자금조달 계획과 직결되므로 재개발·재건축 물건의 투자 혹은 분양 신청 전, 미리 파악하는 것이 현명하다. 그럼 헌 집을 내놓고 새 집을 받기 위한 추가분담금은 어떻게 파악하면 될까?

## 권리가액과 신축아파트 분양가 비교

내가 내놓아야 할 헌 집의 가치는 감정평가로 결정되는데, 이를 '종전자산평가'라고 한다. 종전자산평가금액, 비례율, 새 집의 분양가격을 알면 추가분담금을 계산할 수 있다. 내가 가진 헌 집의 가치인 종전자산평가액에 비례율(해당 재건축 또는 재개발사업장의 사업이윤과 종전자산가액과의 비율을 말하며 이는 뒤에서 상세히 살펴보겠다)을 적용하면 나의 권리가액이 계산된다. 이 권리가액은 헌 집을 제공하며 해당 사업에 참여하는 조합원으로서 누리는 이익(혹은 손실)이 반영된 금액이라 할 수 있다.

○○재개발조합의 조합원인 A씨에게 발생하는 추가분담금을 추정해보자.

- 해당 재개발사업장의 비례율 105%
- A씨의 종전자산평가액 6억 원
- 신축아파트 분양가: 25평 7억 원 / 18평 5억 4,000만 원

A씨의 권리가액: 6억 원 × 105% = 6억 3,000만 원
- 25평 분양 신청 시: 7억 원(분양가) − 6억 3,000만 원(권리가액) = 7,000만 원의 추가분담금
- 18평 분양 신청 시: 5억 4,000만 원(분양가) − 6억 3,000만 원(권리가액) = 9,000만 원의 환급금

## 지분제 재건축사업에서는 무상지분율 파악

지분제를 선택하는 재건축사업의 경우 무상지분율과 관련해서 대지지분의 크기가 큰 이슈가 된다. 무상지분율이란 아파트 재건축사업에서 대지지분을 기준으로 하여 어느 정도 평형을 추가 부담금 없이(무상으로) 조합원들에게 부여할 수 있는지 나타내는 비율이다. 무상지분율은 개발이익을 평당 분양가로 나누어 환산된 무상지분면적을 다시 총 대지면적으로 나누어 백분율로 표시한 것이다. 지분제 재건축사업에서 신축 아파트를 분양받는 데 발생하는 추가부담금 혹은 환급금을 예상해보자.

A씨가 보유하고 있는 재건축 아파트의 대지지분은 15평이다. 지분제 재건축사업으로 진행된다고 하며, 무상지분율은 140%라고 한다. A씨는 신축아파트 30평을 분양받을지, 18평을 분양받을지 고민하고 있다. 각 평형별 추가분담금은 얼마나 발생할까?

노후한 아파트 대지지분 15평 × 무상지분율 140% = 신축아파트 분양평수 21평
- 신축아파트 30평 분양 신청: 30평 - 21평 = 9평에 대한 추가분담금
- 신축아파트 18평 분양 신청: 18평 - 21평 = 3평에 대한 환급금

이처럼 지분제 재건축사업에서는 대지지분과 무상지분율을 파악하면 추가부담금을 얼마나 내야 할지 혹은 환급금으로 얼마를 받을 수 있을지 대략적인 예측이 가능하다.

# 08

# 사업 보고서에서
# 놓치지 말아야 할 것들

## 사업보고서로 수익성 분석하기

투자를 할 만한 가치가 있는 정비구역인지 파악하기 위해서는 해당 정비사업의 수익성을 분석하는 것이 중요하다. 요즘은 정보가 넘쳐나는 시대이므로 재개발·재건축사업의 경우 조금만 정성을 들여 자료를 수집하면 누구라도 개략적인 사업성 정도는 파악할 수 있다. 이때 유용한 방법 중 하나는 관심 있는 재개발·재건축사업장의 조합이 발행하는 총회 책자, 이른바 사업보고서를 살펴보는 것이다.

그러나 조합의 사업 보고서를 확보했는데 그 두꺼운 책자 안에서 무엇을 살펴봐야 할지 막막하다면 이것 하나를 기억하면 된다. 모든 사업보고서는 수익과 비용을 비교하여 작성된다는 것! 조합 책자에 들어 있는 다소 복잡해 보이는 여러 가지 항목들을 수익항목과 비용항목으로 구분해서 살펴보자.

## 수익항목

해당 재개발·재건축사업을 진행하여 얻을 수 있는 총수익을 추산한 '수입추산액' 항목을 찾아본다. 이때 수입은 아파트 분양수익을 말하며, 이는 조합원분양수입과 일반분양수입으로 구성된다. 관리처분계획 책자에는 종후자산평가액이 있는데 이것이 총 분양수입 예상액이다.

조합 책자를 통해 예상분양수입을 확인했다면 이것이 타당한지 검토해보는 것도 중요하다. 해당 사업장의 주변에 있는 신축아파트의 시세 수준 또는 옆 동네 비슷한 사업장의 과거 분양가액 등을 조사하여 해당 사업장의 신규분양 세대수에 적용하는 것이다. 새 아파트의 분양수입은 분양 시점의 부동산 시장 상황에 좌우되므로 보수적으로 예측해보면 좋을 것이다.

한편 조합원분양가는 일반분양가에 비해 저렴하기 때문에 일반분양 세대가 많을수록 해당 사업장의 수익성이 높아진다. 사업보고서의 설계 개요에 있는 새로 지어질 아파트의 총 분양 예정 세대수에서 현재 조합원의 세대수를 빼서 대략적인 일반분양 세대수를 계산해보고, 조합원 세대수 대비 비율을 따져 사업성을 따져볼 수 있다.

## 비용항목

총비용은 정비사업비 예산서(안)을 보면 되는데, 총비용 중에 차지하는 비율이 높고 변동가능성도 높은 편이라 꼭 짚고 넘어가야 할 목록을 위주로 살펴봐야 한다. 건물을 짓는 데 드는 공사비용, 재개발사업의 경우 보상비와 금융비용이 중요하다.

### 공사비

비용 중에서도 특히 사업비 예산의 약 75% 수준으로 전체 사업비에서 가장 큰 비율을 차지하는 공사비 항목을 유의 깊게 봐야 한다. 평당 건축비의 변동 폭에 따라 총사업비가 크게 좌우될 수 있으므로 책정된 건축비가 사업 기간을 고려한 보수적이고 현실적인 수준인지 판단해야 한다. 공사비를 낮게 예측한 후 추후 상승시키면 비용 증가로 해당 사업장의 사업성이 낮아지기 때문이다. 합리적으로 예측한 평당 건축비라고 하더라도 시장 상황에 따라 변동이 가능하다는 사실도 유념해야 한다. 아파트 브랜드에 따라 차이가 나겠지만 필자는 경험상 공사비가 평당 450만~500만 원 수준이면 어느 정도 신뢰하는 편이다. 평당 건축비는 공사비를 설계 개요상 건축연면적으로 나누면 구할 수 있다.

### 보상비, 금융비용

아파트 분양을 포기하고 사업에서 빠지고 싶어 하는 사람들에게는 돈으로 보상해줘야 한다. 이것을 '보상비'라고 한다. 조합원의 지위를 포기하고 사업에서 이탈하는 사람들이 많아질수록 보상비가 높아진다. 따라서 유사 사업장 몇 개를 선정하여 분양신청률을 파악해보는 것이 의미가 있다.

재개발사업은 보상비에 재건축사업에는 없는 상가 등의 영업손실보상, 철거되는 주택세입자 주거이전비보상 항목이 더 있다. 금융비용은 조합이 해당 사업을 진행하기 위해 빌린 돈에 대해 내는 이자를 말한다. 크게 조합원 무상이주비대여에서 발생하는 이자비용과 정비사업대여금이자가 있는데, 통상 기간을 정해놓고 이자율을 약정하기 때문에 사업기간이 지연되면 금융비용도 늘어나게 된다.

# 09

# 토지 감정평가액
# 산출 연습

감정평가 전문가가 아닌 일반 투자자 입장에서는 전문영역의 업무가 어떠한 과정을 통해 이루어지는지 알 수가 없다. 그러나 그 결과가 개인에게 큰 영향을 미친다면 결과를 기다리는 동안 마치 어두운 산길을 걷는 것과 같이 답답할 것이고, 때론 두렵기도 할 것이다.

그리고 막상 결과를 받아보아도 무엇을 어떻게 해석해야 하는지, 자신의 예상과 달라도 어떻게 대처를 해야 하는지 모르는 것은 매한가지다. 감정평가가 어떻게 이루어지는지에 대해 쉽게 접근할 수 있는 '토지' 부분의 흐름을 간단히 살펴보자.

## 공시지가기준법의 적용

토지 감정평가는 관련법(감정평가 및 감정평가사에 관한 법률, 공익사업을 위한 토지 등의 취득 및 보상에 관한 법률 등)에 따라 '공시지가기준법'으로 이루어진다. 내 토지와 유사한 공시지가를 선정하여 내 토지에 맞게 변형시키는 방법이다.

---

토지감정평가액 =

<u>표준지공시지가(원/m²)</u> × 시점 수정 × 지역요인 × 개별요인 × 그 밖의 요인 보정치
     ①                  ②       ③      ④           ⑤

---

**| 공시지가기준법 감정평가 적용 예 |**

| 로안 | | | 개별요인 | | | | | | | 그밖의 요인 | 결정단가 (원/m²) |
| 공시지가 | 시점수정 | 지역요인 | 가로 | 접근 | 환경 (자연) | 획지 | 행정 | 기타 | 누계 | | |
|---|---|---|---|---|---|---|---|---|---|---|---|
| 14,400,000 | 1.01055 | 1.000 | 1.00 | 1.00 | 1.00 | 1.00 | 1.00 | 1.00 | 1.000 | 1.59 | 23,000,000 |
| 9,390,000 | 1.01055 | 1.000 | 1.00 | 1.02 | 1.00 | 1.02 | 1.00 | 1.00 | 1.040 | 1.43 | 14,100,000 |

## 대상 부동산의 스펙 확정

관련 공적장부의 확인을 통해 소재지, 용도지역, 면적, 지목, 이용현황, 개별공시지가, 도로조건, 형상 및 고저 등 감정평가액을 산정하려는 부동산의 기본 스펙을 확정한다. 이러한 항목들은 결국 부동산의 가치를 결정하는 중요한 부분으로, 직접 현장에 나가서 부동산을 조사하는 임장 활동 시에도 중요하게 체크해야 하는 부분이다. 대상 부동산의 스펙 확정 시 감정평가의 기준시점도 함께 확정한다. 실제 감정평가 시에도 대상 부동산의 기본 스펙을 먼저 확인 및 정리하며 주로 엑셀 프로그램을 이용한다.

## | 대상 부동산 스펙 확정 |

기준시점 : 2019.04.30

| 년도 | 소재지 | 지번 | 면적 | 지목 | 개별공시지가 | 이용상황 | 용도지역 | 접면 | 형상 | 고저 |
|---|---|---|---|---|---|---|---|---|---|---|
| 2018 | 종로구 00동 | 123-45 | 115.7 | 대 | 14,540,000 | 상업용 | 일반상업 | 세각(불) | 세장형 | 평지 |
| 2018 | 종로구 00동 | 678-9 | 62.7 | 대 | 9,390,000 | 상업용 | 일반상업 | 세로(불) | 부정형 | 평지 |

## 표준지공시지가 선정

대상 부동산 스펙이 확정되면 대상 부동산과 비교 가능성이 높은(스펙이 비슷한) 표준지의 위치 및 공시가격을 지도에 표시하면 좋다. 전국에 약 50만 필지의 표준지가 존재하며 부동산공시가격알리미(www.realtyprice.kr) 사이트에 전국의 모든 표준지가 공시되어 있다.

요즘은 포털사이트의 지도 서비스가 워낙 잘되어 있어서 일반인들도 쉽게 이용이 가능하다. 예를 들어 포털사이트 다음 지도에서 제공하는 카카오맵은 특정 부동산 주소를 치면 검색되는 지도의 우측 상당에 '지도/스카이뷰/로드뷰/레이어' 항목이 있다.

레이어를 클릭하고 지적편집도를 누르면 살펴보고자 하는 동네의 지적이 잘 나타난다. 필지별로 지번도 모두 표기가 되어 있다. 지적편집도에 본건을 표시하고 부동산공시가격알리미에서 확인한 해당 지역의 표준지를 표시하면 위치, 주위 환경 등 개별적으로 어떤 표준지가 특정 부동산에 적용되어야 할지 예측하기가 수월하다. 나만의 가격지도를 만드는 것이다.

출처: 다음 지도, 2019년

## 시점 수정(지가변동률)

감정평가액 산출 시 시점 수정은 시군구 용도지역별로 적용하면 된다. 한국감정원 부동산통계정보사이트(www.r-one.co.kr)에서 전국지가변동률조사 내용을 확인할 수 있다. 지가변동률을 적용해주는 것은 표준지공시지가의 공시기준일인 매년 1월 1일에서부터 추정하고자 하는 부동산의 기준시점까지의 시점 격차에 따른 보정을 위해 하는 것인데, 이는 부동산 가격이 고정·불변하는 것이 아니라 항상 변동한다는 것에 기인한다.

예를 들어 다음 엑셀시트에서는 서울시 종로구 상업지역의 2019년 1월 1일부터 2019년 4월 30일까지의 지가변동률을 조회하여 적용하면 되는 것이다. 계산은 상승식, 즉 월별 공시된 지가변동률을 곱하는 방식으로 한다. 지역 및 기간에 따라 지가변동률이 몇십 퍼센트씩 차이가 나는 경우도 있다. 따라서 분석하고자 하는 지역의 용도지역별 지가변동률이 얼마쯤 되는지 반드시 확인해봐야 한다.

## 개별요인

공시지가 적용법 산식에서 '지역요인'은 대체로 '1.00'인 경우가 많다. 표준지공시지가를 본건이 속한 지역 내에서 선정하기 때문에 그렇다. '개별요인'은 대체로 그 항목이 가로조건, 접근조건, 환경조건, 획지조건, 행정적조건, 기타조건으로 구분되며 부동산의 용도지대별로 상이한데, 재개발·재건축 투자와 관련해서는 주로 주거지대와 상업지대를 개별요인 항목으로 활용하는 경우가 많으므로 이를 숙지하면 좋다. 지대별 개별요인표상 비교할 항목, 세항목을 보고 본건과 표준지의 스펙을 비교하여 우열을 수치화하여 적용한다.

개별요인 항목별 수치를 얼마나 적용할 것인지는 평가자의 재량에 좌우되는 경향이 크다. 그래도 감정평가액 예측을 위해서 투자자들이 참고할 만한 통계자료가 있는데 바로 한국감정원에서 제공하는 토지·주택가격비준표 열람 서비스(sct.kab.co.kr:447/reading/landReading.do)이다. 이 사이트를 활용하면 지역 및 용도지역별 토지의 도로조건, 형상 등에 따른 통계적인 격차를 확인할 수 있다. 다만, 통계는 참고용으로 활용할 뿐이고 감정인의 전문적 식견 및 경험을 바탕으로 한 개별 감정평가에 그대로 반영할 수 있는 것이 아니다.

| 주거지대 개별요인 |

| 조건 | 항목 | 세항목 |
|---|---|---|
| 가로조건 | 가로의 폭, 구조 등의 상태 | 폭, 포장, 보도, 계통 및 연속성 |
| 접근조건 | 교통시설과의 접근성 | 인근대중교통시설과의 거리 및 편의성 |
| | 상가와의 접근성 | 인근상가와의 거리 및 편의성 |
| | 공공 및 편익시설과의 접근성 | 유치원, 초등학교, 공원, 병원, 관공서 등과의 거리 및 편익성 |
| 환경조건 | 일조 등 | 일조, 통풍 등 |
| | 자연환경 | 조망, 경관, 지반, 지질 등 |
| | 인근환경 | 인근토지의 이용상황, 인근토지의 이용상황과의 적합성 |
| | 공급 및 처리시설의 상태 | 상수도, 하수도, 도시가스 등 |
| | 위험 및 혐오시설 등 | 변전소, 가스탱크, 오수처리장 등의 유무 |
| | | 특별고압선 등과의 거리 |
| 획지조건 | 면적, 접면너비, 깊이, 형상 등 | 면적 |
| | | 접면너비 |
| | | 깊이 |
| | | 부정형지 |
| | | 삼각지 |
| | | 자루형 획지 |
| | 방위, 고저 등 | 방위 |
| | | 고저 |
| | | 경사지 |
| | 접면도로 상태 | 각지 |
| | | 2면획지 |
| | | 3면획지 |
| 행정적조건 | 행정상의 규제정도 | 용도지역, 지구, 구역 |
| | | 기타 규제(입체이용제한 등) |
| 기타조건 | 기타 | 장래의 동향 |
| | | 기타 |

| 개별요인 비교치 계산 예 |

| 본건/<br>표준지 | 가로조건 | 접근조건 | 환경조건 | 획지조건 | 행정적<br>조건 | 기타조건 | 계 |
|---|---|---|---|---|---|---|---|
| 격차율 | 1.10 | 1.00 | 1.00 | 0.95 | 1.00 | 1.00 | 1.045 |
| 의견 | 본건이 표준지에 비해 획지조건에서 열세(본건:표준지=부정형:가장형)하나<br>가로조건에서 우세(본건:표준지=소로한면:세로한면)하여 전반적으로 우세함. | | | | | | |

## 그 밖의 요인 보정치

토지 감정평가액 산출의 마지막 단계인 그 밖의 요인 보정치 산정을 위해서는 '거래사례'나 '평가전례'를 수집해야 한다. 표준지공시지가가 실제 시장에서 거래되는 가격과는 괴리, 격차가 있기 때문에 시세(또는 적정가격)를 현실화해주는 단계라고 이해하면 된다. 산식은 다음과 같다.

$$\text{그 밖의 요인 보정치} \fallingdotseq \frac{\text{평가전례(거래사례) 기준 표준지 가격}}{\text{표준지의 기준시점 현재가격}}$$

- 평가전례(거래사례) 기준 표준지 가격 ≒ 평가전례(거래사례) × (사정보정) × 시점 수정 × 지역요인 × 개별요인
- 표준지의 기준시점 현재가격 ≒ 비교 표준지 × 시점 수정

그 밖의 요인 보정치 산정을 위해서는 분자식에 적용될 평가전례(거래사례)를 선정하는 것이 핵심이다. 앞서 살펴본 '표준지공시지가 선정' 시 본건과 표준지를 표

기하기 위해 활용했던 지도(지적편집도)에 인근지역 거래사례와 평가전례를 조사하여 함께 표기하면 대략적인 가격수준을 파악하는 데 유용하다.


| 그 밖의 요인 보정치 산정 예 |

| 구분 | 평가전례 (원/m²) | 시점 수정*1 | 지역요인*2 | 개별요인*3 | 산출금액 (원/m²) | 격차율 |
|---|---|---|---|---|---|---|
| | 14,700,000 | 1.03734 | 1.000 | 0.894 | 13,632,515 | 1.437 |
| | 표준지공시지가(원/m²) | | 시점 수정 | | 산출금액(원/m²) | |
| | 9,390,000 | | 1.01055 | | 9,489,065 | |

| 산정 내역 | *1시점 수정 | 서울특별시 중구 상업지역(2018. 3. 7~2019. 4. 15) | | | | | | |
|---|---|---|---|---|---|---|---|---|
| | *2지역요인 | 표준지와 평가사례는 인근지역 내에 위치하여 지역요인 대등(1.000) | | | | | | |
| | *3개별요인 | 가로 조건 | 접근 조건 | 환경 조건 | 획지 조건 | 행정적 조건 | 기타 조건 | 격차율 |
| | | 0.97 | 0.97 | 1.00 | 0.95 | 1.00 | 1.00 | 0.894 |
| | | 표준지는 평가사례 대비 가로조건(가로의 폭 등), 접근조건(상가와의 접근성 등) 및 획지조건(형상 등)에서 열세 | | | | | | |


최근 많은 사람들이 사용하는 밸류맵(www.valueupmap.com)이라는 사이트에서는 내가 원하는 지역의 실거래가(거래 사례)와 경매사례(감정평가액 및 낙찰가액)까지 확인이 가능하다(다음 페이지 그림 참고). 부동산의 유형, 용도지역 및 거래년도 등을 지정하여 가격검색을 하고 선별하여 내가 만들고 있는 가격지도에 표기하면 된다. 여기에 인근지역 종전자산평가, 현금청산평가 등 유사 평가전례까지 첨가되면 금상첨화다. 그중 가장 비교 가능성이 높은 사례를 선정하여 공식에 맞춰 그 밖의 요인 보정치를 산정한다.

출처: 밸류맵 2019

이상으로 토지감정평가액 산출연습을 위한 일련의 절차를 살펴보았다. 최대한 간략하게 축약한 내용이지만 일반 투자자 입장에서는 다소 어려울 수 있을 것이다. 하지만 쉬운 사례를 놓고 연습해보면 패턴을 익힐 수 있을 것이며, 감정평가와 관련하여 어느 정도 감을 잡는 것에 의미를 두면 좋겠다. 감정평가는 전문적인 분야이지만 대략적인 흐름이라도 아는 것과 모르는 것에는 큰 차이가 있기 때문이다.

# PART 4

# 저평가된 물건을 찾아라!
# 사업성 분석하기

# 01

# 재개발 · 재건축사업 투자 시
# 중요 체크항목

재개발 또는 재건축사업구역 내 30년쯤 경과한 노후한 아파트, 다세대주택 등이 보다 쾌적한 주거환경을 갖춘 인근의 10년쯤 경과한 비교적 새 아파트보다 오히려 비싸게 거래되는 가격 역전현상을 흔하게 본다. 개발이 임박한 노후화된 아파트에 실거주하려는 목적이나 월세수익을 기대하는 것보다는 앞으로 지어질 새 아파트의 개발이익에 대한 기대가 더 크게 가격에 반영되기 때문이다.

이와 같이 개발이 임박한 부동산은 일반 부동산 거래와는 다르게 가격이 형성되는 특징이 있다. 그렇다면 재개발·재건축사업에 투자하기 전에 특히 어떤 점을 체크해야 할까?

## 대지지분, 대지지분, 대지지분!

부동산을 볼 때 가장 중요한 것이 무엇인지 물으면 많은 사람들이 'Location, Location, Location!'이라는 문장을 떠올린다. 물론 지리적 위치, 이른바 입지가 매우 중요한 것은 두말할 필요가 없다. 그런데 재개발·재건축 시장에서는 입지만큼이나 가격을 결정하는 핵심적인 요소가 있다. 바로 대지지분이다.

대지지분이란 아파트(혹은 다세대주택)단지의 전체 대지면적을 세대수로 나눠서 등기사항전부증명서에 표시한 면적이다. 전체 아파트(다세대주택) 토지면적에 각 세대당 갖는 토지지분이라고 생각하면 쉽다. 토지의 크기는 정해져 있으니 세대수가 적을수록 나눠 가질 대지지분이 커질 것이다. 그리고 대지지분이 클수록 노후아파트(다세대주택)를 철거하고 맨땅에 신축할 때 더 많은 아파트를 지어낼 수 있다. 그러면 조합원에게 분양을 하고도 남는 일반분양 세대수가 많아진다. 이는 곧 해당 정비사업의 수익성이 높아짐을 의미한다. 이에 개별 부동산 등기사항전부증명서를 통해 개별 대지지분의 크기 및 해당 사업장의 평균 대지지분을 확인해야 한다.

## 갈등상황에서는 다수파를 선택하는 것이 안전하다

재개발·재건축사업은 여러 사람이 다양한 형태의 부동산을 내놓고 하는 것이기 때문에 각자의 이해관계에 따라 필연적으로 갈등이 발생한다. 투자하기 전 사업구역 내 조합원들 간 갈등의 구조를 미리 파악하여 다수파를 선택하는 것이 안전하다. 예를 들면 한강 조망권이 확보된 단지 내 몇 안 되는 대형평수 세대와 다수파가 많이 몰린 중간평형, 중간적 위치의 세대가 각자의 이해관계를 걸고 분쟁이 발생하면 다수파에게 유리하게 흘러갈 가능성이 높다. 또 소수에 불과한 구역 내 대로변의 수십억 대 상가소유자는 해당 구역 내 소형 오피스텔 다수파의 의사결정에 따라 자신의 이익에 맞지 않는 방향으로 끌려가기도 한다.

재개발·재건축사업구역 조합원들 사이에 생길 수 있는 갈등의 양상을 개략적으로 정리하면 다음과 같다.

- 아파트 단지 내 상가조합원 vs 아파트조합원
- 대형평수 아파트(빌라) 조합원 vs 소형평수 아파트(빌라) 조합원
- 상가 지하층조합원 vs 1층 조합원 vs 2층 이상 조합원
- 전면 대로변 상가조합원 vs 후면(골목길) 주택/상가조합원
- 교회, 유치원, 공장, 주유소 등 특수부동산 vs 주택
- 신축건물(올수리, 리모델링 포함) 조합원 vs 노후주택 조합원
- 대지지분이 넓은 조합원 vs 건물면적이 넓은 조합원
- 한강변(골프장)이 보이는 아파트 조합원 vs 안 보이는 아파트 조합원
- 자가 거주자 조합원 vs 임대사업자 조합원
- 단독주택 소유 조합원 vs 아파트(빌라)소유 조합원
- 투자자 외지인 vs 구역 내 원주민
- 아파트 재건축 옆 단지와 함께 사업하는 경우 각자 단지끼리(단지의 규모, 위치, 대지면적 크기 등 기여도)
- 일반상업지역 토지소유 조합원 vs 제2종일반주거지역 토지소유 조합원

재개발·재건축사업의 진행과정에서 많은 의사결정이 다수결로 이루어지기 때

문에 안전한 투자를 위해서는 나와 이해관계가 맞는 사람들이 많이 포진되어 있는 파를 선택하는 것이 유리하다.


## 사업의 진행 정도와 프리미엄

신축아파트가 빽빽이 들어선 지역을 차를 타고 지나가다 눈에 띄는 저층아파트 단지에 '경축 ○○아파트 재건축 추진'이라는 현수막이 걸린 것을 본 적이 있다. 수도권 내 좋은 위치에 있던 5~6층 아파트여서 문득 관심이 생겨 인근 공인중개사사무소에 들어가 재건축사업이 구체화된 것인지 문의를 했다. 소장님은 아직 정비구역도 지정되기 전이라고 하면서도 현수막 효과인지 최근 매수 문의도 많고 거래도 많이 이뤄졌다고 했다. 그리고 이미 가격이 많이 올랐는데 매도자들이 매물을 거둬들이고 있다고 했다.

실거래가 신고가격을 찾아보니 정말로 수년간 요지부동이었던 아파트 가격이 불과 몇 개월 사이에 30% 이상 올라서 거래되고 있었다. 그런 가격 자료를 보니 갑자기 막차 떠나기 전에 올라타야 할 것 같은 기분이 들었다.

하지만 그 아파트는 재건축 연한이 5년 정도 남아 있었다. 정비구역이 지정되고 나서도 새 아파트 입주까지 10년 이상 걸리기도 하는 것을 감안하면 재건축사업을 보고 투자를 하기에는 아직 사업이 전혀 진행되지 않은 초기단계였다. 물론 사업이 구체화되는 단계에 프리미엄을 받고 팔아서 투자수익을 남길 수도 있을 것이다.

어느 경우든 재개발·재건축사업에 투자하기 전에 해당 사업이 어느 정도까지 진행된 것인지 알아보고, 앞으로 얼마나 더 걸릴 것인지 파악해야 한다. 결국 필자는 그 아파트에 대한 투자를 포기했다. 너무 짧은 시간에 급격하게 상승한 30%의 프리미엄을 사업의 초기단계에 지불하면서 몇 년을 기다릴 자신이 없었기 때문이다.

# 02
# 저평가된
# 물건의 특징

부동산의 가치를 평가하는 감정평가업을 하며 수많은 부동산을 분석하고, 부동산 투자를 하는 과정에서 부동산 가격에 대해 내린 결론이 2가지 있다. 첫 번째는 세상에 이유 없이 싼 물건은 없다는 것이고, 두 번째는 있어도 나한테까지는 안 온다는 것이다.

조금 회의적인 발상일 수도 있겠지만 큰 자금이 들어가는 부동산 투자이니 돌다리도 다시 두드려보는 자세로 접근해야 한다. 재개발·재건축사업구역에서 어떤 부동산이 시세에 비해 싸다면, 즉 저평가되었다면 먼저 그 이유를 파악해야 한다. 만약 어떤 문제를 발견한다면 그것이 해결 가능한 수준인지도 검토해야 한다. 재개발·재건축구역 내 시세에 비해 저렴(저평가)했던 부동산의 몇 가지 케이스를 소개한다. 이런 경우는 의외로 흔하다.

## 대지의 일부가 현황 도로인 경우

재개발지역에 싼 물건이 매물로 나와 있는 경우 투자자는 해당 물건의 토지대장, 토지등기사항전부증명서를 확인한다. 예를 들어 그 토지의 지목은 대지, 면적이 100평이라고 나와 있다고 가정하자. 재개발·재건축사업의 투자자는 관련 서류도 확인했겠다, 추후 감정평가도 당연히 100평 모두 대지로 평가될 것으로 기대할 것이다.

인근 부동산 시세가 평당 700만 원이라, 시세로 치면 7억 원이지만 10% 저렴한 6억 3,000만 원에 급매물로 나온 그 물건을 산다. 그런데 나중에 나온 감정평가액을 보니 5억 8,300만 원(통상 재개발·재건축 감정평가액은 시세대로 평가결과가 나온다고 가정)이다. 25평 정도가 대지의 33% 수준으로 평가된 것이다. 그리고 이유는 100평의 대지 중에 25평 정도가 현황상 도로라는 것이다.

---

- 100평 모두가 대지인 경우 시세 :

  평당 700만 원 × 100평 = 7억 원
- 100평 중 75평만 대지, 25평은 현황 도로인 경우 적정가격 :

  평당 700만 원 × 75평 + 평당 700만 원 × 1/3 이내 × 25평 = 약 5억 8,300만 원
- 구매액 : 7억 원의 10% 할인된 가격 6억 3,000만 원
- ▶ 매수인의 생각 : 7억 원 − 6억 3,000만 원 = 7,000만 원 이득
- ▶ 실제 손실금액 : 6억 3,000만 원 − 약 5억 8,300만 원 = 약 4,700만 원

---

토지의 지목이 대지이고 토지대장, 토지등기사항전부증명서상 면적이 100평이라고 하더라도 토지의 일부가 현실적으로 타인의 통행을 금지시킬 수 없는 도로로 쓰이고 있다면, 도로 부분만큼은 대지의 1/3 이내로 감정평가한다. 정말 조

심해야 할 부분이다. 이렇게 전체가 대지인 줄 알았는데 토지의 일부가 현황도로 부분으로 판정되어 추후 종전자산평가금액이 낮아지면 고스란히 추가분담금의 상승으로 이어진다.

그럼 이 물건이 얼마에 나와야 진짜 싼 것일까? 이 사례에서 100평 중 75평은 대지, 25평은 도로라면 대지로 정상적으로 평가되는 부분은 75%고 대지의 1/3 수준으로 감액 평가되는 부분이 25%다. 따라서 도로가 포함된 이 대지는 정상적인 시세의 83% 수준 이하, 즉 5억 8,300만 원 이하일 때만 투자 여부를 고려해봐야 한다. 정상 시세보다 10% 정도 싸게 나온 저평가된 물건이라고 기뻐하며 투자했다가는 손해를 보는 물건인 것이다.

---

- 5%(대지비율) × 100%(정상평가) + 25%(도로비율) × 1/30이내(도로감액평가) ≒ 83%
- 5억 8,300만 원 ÷ 7억 원 × 100% ≒ 83%

---

이런 일을 방지하기 위해서는 해당 지번의 지적도를 발급받아 지적도상 도로 라인을 살펴봐야 한다. 현장답사를 하기 전에 해당 대지에 일부 도로 침범이 있는지 확인해보는 것이다. 아래 3-3번지를 보자. 현황 도로에 노란색을 칠해보았다. 3-3번지만 지적도상 도로가 뚝 끊겨 있는 것을 알 수 있다.

이 경우 다음지도, 네이버지도 등에서 해당 지번을 검색한 위성사진을 보면 도로는 계속 연결되어 있다. 로드뷰를 보거나 현장답사를 가면 역시 도로가 3-3번지 좌측을 지나며 계속 연결됨을 확인할 수 있다. 그렇다면 3-3번지 대지의 일부는 현황상 도로라는 것이 명확해진다. 2-2번지의 우측 일부도 현황상 도로인 것으로 추정된다. 아래 지적도에 3-3번지의 현황상 도로 부분을 주황색으로 표시했다.

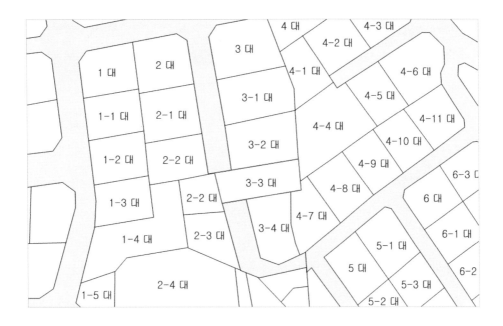

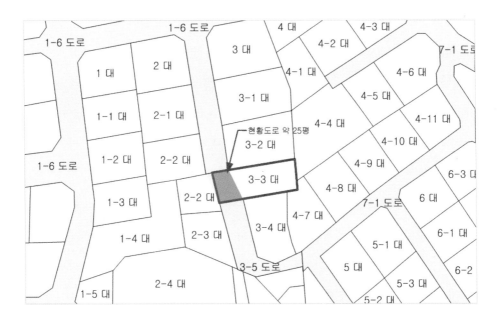

노후·불량한 주택 등이 밀집해 있는 재개발구역 또는 단독주택 재건축구역은 토지의 경계가 불분명한 경우가 많다. 원래 도로선보다 도로가 야금야금 확장되어 대지를 침범하는 경우도 있고, 별다른 개발행위(건축허가 등) 없이 오랜 세월 살아오다 보니 소유자들도 토지의 일부가 도로인지 잘 모르는 경우도 많다. 대지의 일부가 현황 도로인 것은 실제로 현장에서 상당히 많이 보게 되는 사례다. 따라서 재개발·재건축 투자를 하기 전에 꼭 확인해보아야 한다.


## 비상구, 복도 등 건물의 공용부분을 전유면적처럼 사용하는 경우

오래된 집합건물의 경우 이따금씩 비상구나 복도 등 공용부분으로 되어 있는 부분까지도 벽을 허물어서 특정 호수에서 독점적으로 사용하고 있는 경우가 있다. 해당 호수의 전유부분처럼 활용하는 면적이 넓어지는 것이다. 이 호수를 편하게 101호라고 칭하자.

바로 옆의 102호는 전유면적 10평에 2억 원, 평당 2,000만 원 수준으로 매물이 나와 있다. 그런데 공용부분 4평까지 독점으로 쓰고 있는 101호도 2억 원이다. 101호가 독점하여 쓰는 전체 평수 14평(전유 10평+공용 4평)을 고려하면 평당 1,400만 원이다. 저평가된 물건일까? 집합건물의 감정평가는 전유면적을 기준하기 때문에 실사용 면적이 모두 전유면적인지 확인해야 한다.

먼저 101호의 집합건축물 대장상 전유부의 면적(10평)과 공용면적(대체로 복도, 주차장, 계단, 비상구 등, 사례의 경우 4평)을 확인한다. 그리고 건축물 현황도면을 준비해서 현장을 방문하여 직접 눈으로 보는 부분이 건축물 현황도면(호별 배치도면)과 같은지 비교하면 유용하다. 도면상 확인할 수 있는 가로 세로의 길이와 실제 101호 내

부의 가로 세로 길이를 비교해보는 것이다. 과연 내가 보고 있는 부분이 모두 전유부분인지, 불법으로 확장해서 공용부분까지 쓰고 있지는 않은지 파악해야 한다. 불법 확장 부분이 있는지 확인하기 위해서는 해당 건물 관리사무소나 공인중개사사무소를 통해 적극적으로 탐문하는 것도 필요하다.

03

# 비례율을
# 맹신하지 마라

## 비례율에 대한 일반적인 인식

재개발·재건축사업 투자자의 초미의 관심사는 단연 해당 사업의 수익성이다. 정비사업에 편입된 토지소유자 역시 사업의 수익성에 따라 분양신청을 할지, 현금청산을 받을지 양 갈래 길목에 서서 고민한다. 이때 비례율을 의사결정의 지표로 삼는 경우가 많은데, 일반적으로 비례율이 높으면(100% 이상이면) 사업성이 괜찮아 투자할 만한 가치가 있는 사업장이라고 인식하기 때문이다.

네이버 지식백과에서 비례율을 검색하면 다음과 같은 내용이 나온다.

재개발 사업이 완료되었을 때 대지 및 건축시설의 총 가액에서 총 사업비용을 뺀 금액을 재개발 이전의 대지 및 건축시설의 총 평가액으로 나눈 금액을 말한다. 각 조합원의 토지나 건물의 지분 평가액에 이 개발이익 비례율을 곱하면 조합원의 권리가액이 된다. 따라서 비례율이 높을수록 각 조합원에게 돌아가는 금액이 커지므로 개발가치가 높아진다.

– 출처: 네이버 지식백과, 개발이익 비례율(부동산용어사전, 2011. 5. 24., 방경식)

비례율이란 재개발 사업으로 분양하는 아파트와 상가의 총 분양가액에서 총 사업비용을 뺀 금액을 조합원들이 보유한 종전자산의 총 평가액으로 나눈 금액을 말한다. 각각 조합원의 토지나 건물의 지분 평가액에 비례율을 곱하면 조합원 권리가액이 된다. 재개발 사업성을 나타내는 지표로 100%보다 높으면 사업성이 좋다고 분류할 수 있다. 비례율이 높을수록 조합원에게 돌아가는 이익이 커지므로 개발가치가 높아진다.

– 출처: 네이버 지식백과, 비례율(매일경제, 매경닷컴)

요약하면 '비례율이 높을수록 개발가치가 높다'라는 것인데 과연 그럴까?

## 비례율 변경은 가능할까?

재개발·재건축 투자시장에서 비례율이 높아야 일반적으로 사업성이 괜찮고 투자가치가 있는 사업장이라고 판단된다면, 사업을 신속하게 진행하기를 희망하는 조합 입장에서는 비례율을 높이는 방향을 찾으려고 할 것이다.

비례율이 과연 사업성을 반영하는지, 정말로 비례율이 높을수록 개발가치가 높은 것인지 따져보자. 비례율을 산정하는 공식은 다음과 같다.

비례율(%) = (총분양가(종후자산평가액) − 총사업비용) ÷ 종전자산의 총평가액

권리가액 = 종전자산평가금액 × 비례율

이 공식에서 비례율을 올리려면 어떤 방법이 있을까? 단순하게 접근하여, 분자를 올리거나 분모를 낮추면 될 것이다. 이를 항목별로 나누면 다음과 같다.

• 총분양가를 높인다.
• 총사업비(공사비 등)를 낮춘다.
• 종전자산평가액을 낮춘다.

이 중 한 가지 이상을 달성하면 비례율을 올릴 수 있다. 사업시행자 입장에서는 어떤 방법을 쓸 수 있을까?

먼저, 분양가를 올리면 정말 좋겠지만, HUG(주택도시보증공사) 분양보증 문제와 시장에서 팔리지 않을 위험이 있다. 그럼 공사비를 낮추는 방법은 어떨까? 건설사에 공사비를 좀 싸게 해달라고 해야 할 텐데 건축비처럼 표준화된 분야에서 과연 적정 수준 이하의 공사계약이 현실성이 있을지 의문이다.

결국 위의 두 가지 모두 현실적으로 어렵다면 남은 방법은 한 가지이다. 바로 분모인 종전자산평가금액을 낮추는 것이다.

실제로 종전자산평가금액을 낮추면 그 계산식으로 봤을 때 현실적으로도 충분히 비례율의 조정이 가능할 것 같다. 그런데 이때 조합원들이 "내 재산을 헐값으로 평가한 것 같은데 피해가 없겠는가?"라고 질문하면 조합의 답변은 대체로 이렇다. "종전자산을 낮춰도 조합원들 간의 상대적인 배분비율의 조절적 측면에서 이루어지는 평가이니만큼 아무런 문제가 없다."

이 답변은 조합원 100%가 분양신청을 한다는 가정이 충족될 때에는 맞는 답변이다. 물론 현실에서는 잘 발생하지 않는 일이다. 과연 비례율이 높다는 것 그 자체가 사업성을 담보하는지 숫자로 살펴보자.


## 숫자로 살펴보는 비례율의 허와 실

같은 조건하에 종전자산평가액에 따른 비례율의 변화를 살펴본다.


### 조건

- 조합원 10명, 1인당 토지 50평씩 균등하게 보유
- 종후자산(아파트) 33평형 총 15세대(10세대 조합원분양, 5세대 일반분양) 공급
- 분양가: 평당 2,000만 원(세대당 6.6억 원, 15세대 총 99억 원)
- 건축비 및 사업비: 평당 800만 원(총 39.6억 원)


이러한 조건으로 비례율을 산정하는 산식의 분자는 99억 원(종후자산평가액) − 39.6억 원(총사업비용) = 59.4억 원으로 결정된다. 이제 분모인 종전자산평가액을 넣어보자.

사례 1: 종전자산평가금액 토지 평당 1,000만 원

토지 평당 1,000만 원으로 종전자산 평가를 하면 조합원 1인의 종전자산평가금액은 5억 원이며 종전자산평가 전체 금액은 50억 원이다. 이때의 비례율은 118.8%, 조합원의 권리가액은 5.94억 원으로 계산된다.

---

비례율 = 59.4억 원(종후자산평가액 – 총사업비용) / 50억 원(종전자산평가액)

     = 118.8%

권리가액 = 5억 원 × 118.8% = 5.94억 원

---

사례 2: 종전자산평가금액 토지 평당 2,000만 원

토지 평당 2,000만 원으로 종전자산평가가 2배로 상승하면 비례율과 권리금액은 어떻게 변할까? 조합원 1인의 종전자산평가금액은 10억 원이며 종전자산 전체 금액은 100억 원이 된다. 이 경우 비례율은 59.4%로 종전자산평가금액이 평당 1,000만 원이었을 때보다 반절 수준으로 떨어지지만 권리가액은 비례율이 118%일 때와 똑같이 5.94억 원이다.

---

비례율 = 59.4억 원(종후자산평가액 – 총사업비용) / 100억 원(종전자산평가액)

     = 59.4%

권리가액 = 10억 원 × 59.4% = 5.94억 원

---

사례 2의 경우 종전자산평가금액에 비해 권리가액이 한참 낮은 경우로, 아무도 분양신청을 하지 않을 것이다. 현금청산(10억 원)을 받고 조합에서 이탈하는 것이 현명한 상황이 된다. 왜? 10억 원의 재산을 투입하여 5.94억 원 가치의 부동산

과 교환할 사람은 없기 때문이다. 그러므로 조합 측에서 보면 조합원들의 이탈을 방지하고 외부 투자자들에게 어필하기 위해서는 비례율을 올리는 것이 좋겠고 비례율 산식의 분자항목은 효과적인 조정이 어려우니 종전자산평가금액을 낮추는 것이 가장 이익이 나는 시나리오다.

현실적으로 재개발·재건축사업장에는 종전자산평가금액이 시세에 비해 혹은 부동산의 내재가치에 비해 턱없이 낮다고 의아해하거나 강력히 항의하는 조합원들이 매우 많다. 비례율이 곧 사업성이라는 인식에 부합하는 비례율을 만들기 위해 어느 정도 종전자산평가금액의 조정이 있지 않을까 생각해볼 수 있다. 또 그렇다면 무조건 비례율이 높을수록 개발가치가 높다고 단정할 수 없을 것이다. 따라서 투자자들은 비례율만 믿고 사업성을 판단해서는 안 되고 여러 종합적인 사항을 고려하여 최종적인 투자 여부를 판단해야 한다.

# PART 5

# 정보가 돈이다!
# 남보다 한 발 먼저
# 정보 파악하기

# 클린업시스템에서 정비사업 진행단계 파악하기

## 서울시 재개발·재건축 정보

서울시에서는 재개발·재건축 과정에서 발생할 수 있는 여러 가지 문제점을 최소화하고 정비사업을 투명하게 관리하기 위해 클린업시스템을 운영하고 있다. 서울시 전역의 재개발·재건축정비구역을 통합적으로 관리하고, 도정법에 의한 정보공개 사항에 대해 투명하게 관리함으로써 조합 임원들의 비리를 차단하고 조합원들의 이익을 극대화하기 위해 운영하는 시스템이다. 자치구별로 각 사업장을 검색하여 진행단계를 알 수 있고, 전반적인 사업개요와 조합원 수, 재건축 후 탄생할 새 아파트의 규모, 조감도, 배치도 등도 미리 알아볼 수 있다.

다만 클린업시스템에서 제공되는 각 정비구역에 관한 정보 중 조합 소식 같은 핵심정보는 조합원만 볼 수 있도록 되어 있다. 이는 조합 내부 사정이 외부로 노

출되었을 때 조합원들에게 돌아올 불이익 등을 방지하기 위해서인 듯하다. 그런데 정확한 정보를 통해 투자를 결정하고자 하는 일반인 입장에서는 세밀한 정보까지 볼 수 없어서 아쉬운 면이 있다.

다음 사진은 반포의 신반포3차, 경남아파트 통합 재건축정비조합(재건축 완공 후 래미안원베일리) 사이트다. 그림에서 보는 것처럼 신반포3차, 경남아파트 재건축은 2021년 2월 현재 철거를 완료하고 지하 주차장 공사가 한창이다. 재건축사업에 관련된 소식뿐 아니라 자유게시판을 통해 조합원들 간의 의견교환 등도 활발히 이루어지고 있다. 투자하기 위해 매수를 고려할 때에는 꼼꼼히 따져야 할 사항들이 많은데, 공인중개사를 통한 정보 취합, 등기사항증명서 등의 공적인 문서 확인 외에 상세한 사항은 조합에 문의하는 것이 가장 정확하다.

이번엔 신반포3차경남재건축의 사업개요를 찾아보자. 기존 조합원수와 정비구역 전체의 면적 등이 표시되어 있다. 또 향후 새로 완공될 새 아파트의 세대수와 주민을 위한 편의시설 건축 계획도 나와 있다. 이렇게 클린업시스템에서는 서울 전역의 재개발·재건축사업에 관한 정보를 통합적으로 관리함으로써 기존 조합원에게 조합 운영사항을 투명하게 공개하고, 매수를 고려하는 투자자에게도 투자 판단을 위한 객관적인 정보를 제공하고 있다.

🏠 HOME › 사업현황 › 사업개요

## 사업개요

### ⚙ 정비사업개요

| | | | |
|---|---|---|---|
| 정비구역 명칭 | 신반포3차 경남아파트 주택재건축 정비사업 | 사업유형 | 일반 |
| 사업구분 | 재건축 | 추진위수행 여부 | 수행 |
| 정비구역 위치 | 서울시 서초구 반포동 1-1 일대 | 공공지원 대상여부 | 대상 |
| 정비구역 면적(㎡) | 146,915.8 | 조합원 수 | 2,560명 |
| 토지등 소유자수 | 2,557명 *재건축의 경우 조합원인 토지등소유 자수 포함 | 세입자 수 | 0명 |

### ⚙ 도시계획 사항

| | |
|---|---|
| 용도지역 | 제3종 일반주거지역 |
| 용도지구 | 아파트지구 |

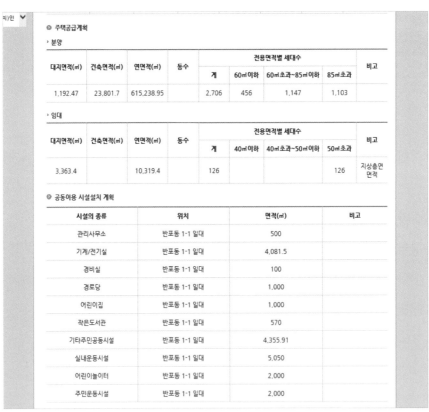

### ⚙ 주택공급계획

#### › 분양

| 대지면적(㎡) | 건축면적(㎡) | 연면적(㎡) | 동수 | 전용면적별 세대수 | | | | 비고 |
|---|---|---|---|---|---|---|---|---|
| | | | | 계 | 60㎡이하 | 60㎡초과~85㎡이하 | 85㎡초과 | |
| 1,192.47 | 23,801.7 | 615,238.95 | 2,706 | 456 | 1,147 | 1,103 | | |

#### › 임대

| 대지면적(㎡) | 건축면적(㎡) | 연면적(㎡) | 동수 | 전용면적별 세대수 | | | | 비고 |
|---|---|---|---|---|---|---|---|---|
| | | | | 계 | 40㎡이하 | 40㎡초과~50㎡이하 | 50㎡초과 | |
| 3,363.4 | | 10,319.4 | 126 | | | | 126 | 지상층연면적 |

### ⚙ 공동이용 시설설치 계획

| 시설의 종류 | 위치 | 면적(㎡) | 비고 |
|---|---|---|---|
| 관리사무소 | 반포동 1-1 일대 | 500 | |
| 기계/전기실 | 반포동 1-1 일대 | 4,081.5 | |
| 경비실 | 반포동 1-1 일대 | 100 | |
| 경로당 | 반포동 1-1 일대 | 1,000 | |
| 어린이집 | 반포동 1-1 일대 | 1,000 | |
| 작은도서관 | 반포동 1-1 일대 | 570 | |
| 기타주민공동시설 | 반포동 1-1 일대 | 4,355.91 | |
| 실내운동시설 | 반포동 1-1 일대 | 5,050 | |
| 어린이놀이터 | 반포동 1-1 일대 | 2,000 | |
| 주민운동시설 | 반포동 1-1 일대 | 2,000 | |

## 지자체 재개발·재건축 정보 확인하기

클린업시스템 외에도 각 지자체마다 시청 홈페이지에 도시재생 분야 카테고리에서 해당 지역의 재개발·재건축에 관한 정보를 제공하고 있다. 다음 사례는 서울 서남권의 업무지구인 여의도, 마곡지구의 배후 주거단지 역할을 하는 광명시의 재건축재개발정비구역 정보이다. 광명시청의 부동산/도시개발 카테고리에서 볼 수 있으며 각 정비구역의 사업개요와 조합 연락처 등이 등재되어 있다.

다음은 최근 GTX-C노선의 수원역 경유가 확정되면서 관심을 받고 있는 수원시의 뉴타운재개발 정보다. 수원시 역시 도시 분야 카테고리에 각 정비구역의 정보를 게재하여 정비사업을 투명하게 관리하려고 노력하고 있다. 다만 클린업시스템처럼 모든 정비구역의 홈페이지를 만들어 정보공개 등을 통합적으로 관리하고 있지는 않으며, 정보를 단순 취합하는 정도여서 아쉬운 점이 있다.


## 객관적 정보로 리스크 최소화하기

투자의 정답은 늘 현장에 있다. 따라서 현지의 공인중개사들이 가장 많은 정보를 가지고 있는 것이 사실이다. 하지만 공인중개사의 말만 믿고 투자하는 것은 위

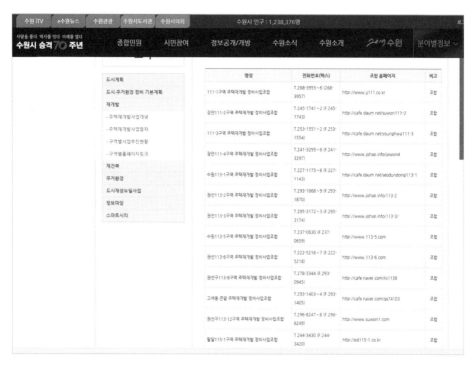

| 명칭 | 전화번호(팩스) | 조합 홈페이지 | 비고 |
|---|---|---|---|
| 111-1구역 주택재개발 정비사업조합 | T.268-3955~6 (268-3957) | http://www.jj111.co.kr | 조합 |
| 장안111-2구역 주택재개발 정비사업조합 | T.245-1741~2 (F.245-1743) | http://cafe.daum.net/suwon111-2 | 조합 |
| 111-3구역 주택재개발 정비사업조합 | T.253-1551~2 (F.253-1554) | http://cafe.daum.net/younghwa111-3 | 조합 |
| 장안111-4구역 주택재개발 정비사업조합 | T.241-3295~6 (F.241-3297) | http://www.johap.info/jowon4 | 조합 |
| 수원113-1구역 주택재개발 정비사업조합 | T.227-1175~6 (F.227-1143) | http://cafe.daum.net/seodundong113-1 | 조합 |
| 권선113-2구역 주택재개발 정비사업조합 | T.293-1868~9 (F.293-1870) | http://www.johap.info/113-2 | 조합 |
| 권선113-3구역 주택재개발 정비사업조합 | T.295-3172~3 (F.295-3174) | http://www.johap.info/113-3/ | 조합 |
| 수원113-5구역 주택재개발 정비사업조합 | T.237-0630 (F.237-0659) | http://www.113-5.com | 조합 |
| 권선113-6구역 주택재개발 정비사업조합 | T.222-5216~7 (F.222-5218) | http://www.113-6.com | 조합 |
| 권선구113-8구역 주택재개발 정비사업조합 | T.278-3344 (F.293-0945) | http://cafe.naver.com/ks1138 | 조합 |
| 고색동 큰말 주택재개발 정비사업조합 | T.293-1403~4 (F.293-1405) | http://cafe.naver.com/gs74103 | 조합 |
| 권선구113-12구역 주택재개발 정비사업조합 | T.296-8247~8 (F.296-8249) | http://www.suwon1.com | 조합 |
| 팔달115-1구역 주택재개발 정비사업조합 | T.244-3430 (F.244-3420) | http://pd115-1.co.kr | 조합 |

**구역별홈페이지링크**

HOME > 도시 > 도시 > 재건축 > 구역별홈페이지링크

| 명칭 | 전화번호(팩스) | 조합 홈페이지 | 비고 |
|---|---|---|---|
| 111-5구역 | T.256-6555 | http://cafe.naver.com/ymd1115 | |
| 115-12구역 | T.255-5561 | http://www.sbeswapt.com/ | |
| 권선1,3차 | T.235-1741 | http://www.gs13apt.com | |
| 대우연립 | T.241-0590 | http://cafe.naver.com/omc12345 | |

수원시청이 창작한 구역별홈페이지링크 저작물은 "공공누리" 출처표시 조건에 따라 이용 할 수 있습니다.

만족도 조사 : 현재 열람하신 페이지의 정보에 만족하십니까?

○ 매우만족 ○ 만족 ○ 보통 ○ 불만족 ○ 매우불만족

험하다. 정비사업은 긴 시간이 걸리는 일이고 그 긴 시간 속에 수많은 위험이 도사리고 있다. 때로는 아예 정비구역에서 해제되어 정비사업이 좌초되고, 투자한 원금조차 회수하기 어려운 경우도 있다.

인간의 경제활동은 이기심에 기초한다. 공인중개사도 마찬가지다. 공인중개사는 결코 고객의 이득을 위해 일하지 않으며 본인의 이익을 위해 일할 뿐이다. 따라서 거래를 성사하기 위해 리스크에 대한 정보는 최소로 제공하고 장밋빛 미래만을 강조하는 경우가 많다. 그들이 명백한 허위사실을 말해서 고객(투자자)을 기망하지 않는 한 고객의 투자와 수익에 대한 최종 책임은 없다. 늘 책임은 투자자 본인에게 있다.

그러므로 공인중개사를 통해서 장밋빛 비전을 들었다 해도 리스크를 최소화하는 것은 본인 몫이다. 본인이 스스로 투자하고자 하는 정비구역에 대한 정확한 정보, 진행단계, 사업성 등 여러 정보를 파악해서 판단해야 한다. 클린업시스템, 각 지자체의 시청 홈페이지에 게재되어 있는 정비구역에 대한 객관적인 정보를 잘 활용하도록 하자.

# 02

# 투자 분석하기 :
# 용산 지역

## 다시 용트림을 시작하는 용산의 한남재정비촉진지구

그렇다면 실제로 투자를 위한 지역 분석을 해보자. 용산 지역을 예로 들어 간단히 살펴보자.

용산구는 서울 지도를 펼쳐놓고 보면 정중앙에 위치한다. 조선시대의 문헌《신증동국여지승람》에 따르면 '산형이 용이 있는 형국이라 생긴 이름'이라고 한다. 이 용산구의 대표 부촌이 바로 한남동이다. 한남동은 접근성이 매우 좋다. 뒤로는 남산을 등지고 앞으로는 한강을 보고 있어 전형적인 배산임수(背山臨水)의 명당이다.

그래서 그런지 한남동은 삼성, 현대 등 대기업의 사주들이 많이 사는 것으로 유명하다. 그뿐만 아니라 외국의 대사관과 대사관저가 많아서 외교타운이라 불리기도 했다. 유엔빌리지가 한남동의 고급주택을 대표하는 빌라단지다. 2011년 단국대 부지에 들어선 한남더힐은 25평형 23억 원~100평형 75억 원에 이르는 대한민국 최고급 아파트다. 최근 2019년에 입주한 나인원한남은 분양 보증문제로 4년 임대 후 분양으로 전환되었다. 평당 평균분양가는 6,300만 원으로 정한 상태인데 2023년이면 상당한 시세차익이 발생할 것으로 예상된다. 한남동 고급 아파트의 시세는 반포에 버금가며 60평형 이상의 대형 평형은 오히려 반포보다 더 비싸다.

한남동은 한남대교, 반포대교를 사이에 두고 압구정, 반포와 마주 보고 있어서 강남 접근성이 좋다. 또 도심 업무지구인 종로와 광화문과도 근거리다. 한남동 인근에는 개발 계획이 많다. 과거 용산 미군기지 자리에 서울의 허파 역할을 할 대규모 공원이 조성될 예정이고, 서울역에서 한강로 일대로 이어지는 용산 마스터플랜 등 개발 호재가 많다. 또 신분당선이 강남역에서 신사역을 거쳐 동빙고로 이어지면서 지하철을 통한 강남 접근성도 더욱 좋아질 것이다.

이처럼 한남동은 명실상부한 대한민국 최고의 부촌이지만 노후도가 심각한 단독주택 밀집지역도 공존한다. 이 노후 주거지역은 2003년 정비구역으로 지정되었지만 지분 쪼개기 등으로 사업성이 좋지 않아 진행이 지연되고 있다가 최근에 속도를 내고 있다. 한남재정비촉진지구(한남뉴타운)는 전체 5구역인데 1구역은 2018년에 정비구역이 해제되었다. 나머지 4개 구역 사업이 마무리되면 한남재정비촉진지구에는 약 1만 2,000세대의 고급 주거타운이 형성된다.

한남재정비촉진지구는 재개발구역 중 입지가 가장 좋다. 그래서 한남뉴타운을 '황제뉴타운'이라고 한다. 반포와 압구정의 한강뷰는 북측 조망이다. 한남동은 정남향으로 한강을 내려다볼 수 있는 남측 한강뷰다. 진정한 리버뷰라고 할 수 있다. 한남뉴타운 정비사업이 완성되면 12,000여 세대의 신도시가 탄생하는 셈이며 앞으로 반포를 능가하는 가격을 형성할 것이다. 아무리 보수적으로 보아도 반포의 80% 정도는 될 것으로 예상된다. 반포의 신축아파트 아크로리버파크 84m²(34평형)가 평당 1억 원을 넘었는데, 5~10년 후 한남뉴타운이 완성되면 과연 반포를 능가할지, 강북이라는 한계로 그에 못 미칠지 지켜볼 만하다.


## 한남2구역

한남2구역은 이태원역과 가까워 지하철 이용에 편리하다. 관광특구로 지정되어 있는 이태원역 주변의 각종 상가 등 편의시설을 이용할 수 있는 것이 큰 장점이다. 2구역에는 보광초등학교가 있어서 사업이 마무리되면 초품아(초등학교를 품은 아파트) 단지가 될 예정이다.

**| 한남2구역 조감도 계획안 |**

**위치**: 용산구 보광동
272-3번지 일대
**진행단계**: 건축심의
**면적**: 11만 5,000m²
**조합원**: 909명
**건립세대수**: 1,538세대
(임대 239세대 포함)

## 한남3구역

한남3구역은 한남재정비촉진지구 중 사업 진행 속도가 가장 빠르다. 2020년 6월 21일에 시공사 선정총회에서 현대건설(디에이치 한남)이 가장 많은 표를 얻어 시공권을 따냈다. 현대건설은 단지 내에 현대백화점, 전문학원가 조성 등의 조건을 내걸어 조합원들의 가장 큰 호응을 받았다.

한남3구역은 공사비가 약 1조 8,000억 원에 달하며 규모 면에서도 으뜸이다. 사업 후 건립 세대수는 5,757세대. 이는 왕십리뉴타운(텐즈힐1, 2단지, 센트라스 총 5,600여 세대) 전체보다 더 많은 세대수다. 한남3구역은 남저북고의 구릉지에 위치하고 있는데, 남산과 인접하여 고도제한이 있어 최고층은 22층이다.

| 한남3구역 조감도 |

위치: 용산구 한남동 686번지 일대
진행단계: 시공사 선정(현대건설)
면적: 38만 6,000m²
조합원: 3,880명
건립세대: 5,757세대(임대 876세대 포함)

## 한남4구역

　한남4구역은 한강 조망이 가능한 단지다. 신분당선이 연장되는 동빙고역이 단지 바로 앞에 들어설 예정이어서 6호선 이태원역을 끼고 있는 2구역과 함께 역세권 단지가 된다. 또 오산중고등교가 단지 바로 앞에 있어 학세권 아파트가 될 예정이다. 4구역은 대지가 큰 단독주택이 대부분이어서 3구역에 비해 평당 가격은 싼 편이지만 초기 투자금이 많다.

| 한남4구역 조감도 |

**위치**: 용산구 보광동 360번지 일대
**진행단계**: 건축심의
**면적**: 16만 2,030m²
**조합원**: 1,207명
**건립세대**: 1,965세대(임대 335세대 포함)

## 한남5구역

한남5구역은 한강변 바로 앞에 위치한다. 완공 시 대부분의 세대에서 한강 조망이 가능하다. 다른 구역이 구릉지인 데 비해 5구역은 평지에 가까우며, 4구역과 마찬가지로 대형 단독주택이 대부분이기 때문에 초기 투자자금이 많이 들어간다.

| 한남5구역 조감도 |

**위치:** 용산구 동빙고동 60번지 일대
**진행단계:** 건축심의
**면적:** 16만 2,030㎡
**조합원:** 1,542명
**건립세대:** 2,359세대(임대 403세대 포함)

# 03

# 등기사항증명서에서
# 지분 확인하기

## 인터넷 등기소 활용하기

재개발·재건축뿐 아니라 일반적인 부동산 매매나 전월세 거래에서 해당 부동산의 소유권과 기타 권리의 제한 사항을 확인하는 가장 기본적인 공적인 문서는 부동산 '등기사항전부증명서'다. 통상 '등기부등본'이라고 칭하는데, 현재 정식 명칭은 등기사항전부증명서로 바뀌었다(이하 등기사항증명서). 등기사항증명서는 대법원인터넷등기소(www.iros.go.kr)에서 열람할 수 있다.

요즘은 휴대전화 스마트폰 어플을 이용해서 언제 어디서든 열람이 가능하다. 부동산 등기는 크게 토지, 건물, 집합건물로 분류된다. 예를 들어 재개발지역에서 단독주택을 매수하려고 할 때는 '토지+건물'을 선택해서 열람해야 한다.

## 토지 지분이 중요하다

재개발 투자에서 중요한 것은 건축물보다 토지 등기사항이다. 다음 그림의 박스 부분에 보이는 것처럼 표제부에는 단독주택 토지 지분이 표시되어 있다. 재개발에서는 권리가액이 거의 토지 가격이다. 일반 건축물의 경우 토지와 건물가격

[집합건물] 서울특별시 서초구 반포동 1127외 3필지 에이아이디차관주택 제1동

| 【 표 제 부 】 ( 전유부분의 건물의 표시 ) | | | | |
|---|---|---|---|---|
| 표시번호 | 접 수 | 건물번호 | 건 물 내 역 | 등기원인 및 기타사항 |
| 1 (전 1) | 1974년7월5일 | 제2층 제201호 | 철근콩크리트조 72.51㎡ | 도면편철장 제4책제308장 |

| ( 대지권의 표시 ) | | | |
|---|---|---|---|
| 표시번호 | 대지권종류 | 대지권비율 | 등기원인 및 기타사항 |
| 1 (전 1) | 1, 2, 3, 4 소유권대지권 | 734분의 18.35 | 1993년10월27일 대지권 1993년11월20일 |

| 【 갑 구 】 ( 소유권에 관한 사항 ) | | | | |
|---|---|---|---|---|
| 순위번호 | 등 기 목 적 | 접 수 | 등 기 원 인 | 권리자 및 기타사항 |
| 4 | 소유권이전 | 2003년9월26일 제65190호 | 2003년8월26일 매매 | 소유자 |

| 【 을 구 】 ( 소유권 이외의 권리에 관한 사항 ) | | | | |
|---|---|---|---|---|
| 순위번호 | 등 기 목 적 | 접 수 | 등 기 원 인 | 권리자 및 기타사항 |
| 1 | 근저당권설정 | 2003년5월30일 제33365호 | 2003년5월30일 설정계약 | ~~채권최고액 금372,000,000원~~ ~~채무자~~ 근저당권자 주식회사우리은행 |
| 1-1 | 1번근저당권변경 | 2003년11월21일 제82030호 | 2003년11월21일 계약인수 | 채무자 |

이 비슷한 비율로 감정평가가 되지만 재개발·재건축에서는 건물이 노후되어 있기 때문에 건물의 평가액은 미미한 수준이다.

재건축 아파트를 매수하려고 할 때도 역시 토지 지분이 매우 중요하다. 일반 아파트의 경우 현재 사용가치가 중요하므로 건물의 면적이 더 중요하지만 재건축 아파트의 경우 건물은 사용가치가 거의 없고 토지의 면적대로 조합원 감정평가액과 권리가액이 정해지기 때문에 토지 지분이 중요한 것이다. 등기사항증명서에 토지 면적 표시는 대개 제곱미터(㎡)로 되어 있다.

다음 페이지의 사진은 이제 막 재건축의 첫걸음을 내딛은 반포미도1차의 등기
사항증명서이다.

[집합건물] 서울특별시 서초구 반포동 60-4 반포미도아파트 제309동

| ( 대지권의 표시 ) | | | |
|---|---|---|---|
| 표시번호 | 대지권종류 | 대지권비율 | 등기원인 및 기타사항 |
| 1 (전 1) | 1 소유권대지권 | 75777분의 58.6 | 1987년6월17일 대지권 1987년6월27일 |

| 【 갑 구 】 ( 소유권에 관한 사항 ) | | | |
|---|---|---|---|
| 순위번호 | 등 기 목 적 | 접 수 | 등 기 원 인 | 권리자 및 기타사항 |
| 1 (전 23) | 소유권이전 | 2020년10월6일 제175562호 | 2020년5월23일 매매 | 공유자 지분 100분의 20  서울특별시 서초구 서초중앙로29길  지분 100분의 80  서울특별시 서초구 서초중앙로29길  거래가액 금1,770,000,000원  등기기록 파다로 인하여 부동산등기법 제33조의 규정에 의하여 순위 제1번 등기를 이기 2021년4월14일 |

| 【 을 구 】 ( 소유권 이외의 권리에 관한 사항 ) | | | |
|---|---|---|---|
| 순위번호 | 등 기 목 적 | 접 수 | 등 기 원 인 | 권리자 및 기타사항 |
| 1 (전 42) | 전세권설정 | 2019년10월15일 제156160호 | 2019년9월27일 설정계약 | 전세금 금550,000,000원 범 위 건물전부 존속기간 2019년09월27일부터   2021년09월26일까지 전세권자  서울특별시 서초구 서초중앙로29길 |

## 대지 지분 확인하기

그런데 때로 대지지분이 평으로 환산되어 표시되어 있는 경우가 있다. 대표적
인 예가 바로 반포주공1단지 3주구(반포 에이아이디차관주택)가 그렇다. 그리고 반포
주공 3주구의 경우 아파트는 22평형으로 단일 평형으로 구성되어 있는데 동마다

지분이 모두 다르다. 이런 경우 지분의 크기에 따라 나중에 감정평가액과 권리가액이 달라지므로 반드시 등기부에서 대지 지분을 확인한 다음 매수를 해야 한다.

169쪽 등기사항증명서의 표제부에 표시되어 있는 대지권의 비율 18.35는 단위가 제곱미터가 아니라 평이다. 우리나라는 면적을 표시하는 표준 단위로 제곱미터를 사용하고 있기 때문에 대부분의 공적 문서에 면적을 제곱미터로 사용하고 있다. 하지만 때로는 단순 비율화하여 평으로 적는 경우도 있으므로 유의해야 한다.

# 04
# 부동산 중개업소
# 활용하기

## 급매물 선점하는 가장 간단한 방법

요즘은 네이버 등 부동산 어플, 블로그 유튜브 등의 SNS들이 발달하여 직접 현장에 가지 않고도 부동산 매물을 검색해볼 수 있다. 그만큼 정보가 많고 다양해서 투자자들에게 환경이 유리해졌다고 할 수 있다. 그런데 과도한 경쟁으로 인해 모바일로 검색하는 매물은 허위 매물인 경우가 많고, 이미 거래된 경우도 많다. 그러므로 아무리 매체가 발달했어도 부동산은 '현장이 답이다'라는 말을 명심해야 한다.

현재의 낡은 아파트나 빌라를 보고 재개발·재건축에 투자하는 것이 아니고 미래에 '아름답게' 건축될 새 아파트를 소유하기 위한 것이라 해도 해당 지역에 익숙해져야 투자할 때에 마음이 편해진다. 이후 투자 기간에도 애착을 가지고 새 아파트가 완성되는 긴긴 인고의 시간을 버틸 수 있다.

현장에 익숙해지라는 것은 단순히 그 동네를 자주 가라는 것이 아니다. 그 지역에 관한 정보를 충분히 수집하여 정확한 판단을 하라는 것이다. 투자를 고려하고 있는 지역에 있는 공인중개사 사무실에 방문하여 이런저런 얘기를 듣다 보면 현장의 생생하고 빠른 소식을 들을 수 있다. 옛날 복덕방만큼은 아니지만 여전히 부동산 사무실은 지역의 작은 사랑방 또는 플랫폼 역할을 한다. 다양한 사람들이 그곳에 들러 소식을 남겨놓는다.

재개발·재건축 지역은 집만 오래된 것이 아니다. 그곳에서 중개업을 운영해온 공인중개사들 중에도 오래된 분들이 많다. 재건축이 진행되는 아파트는 연령이 최소 30년 이상인데, 재건축단지에 가보면 30여 년 전 그 아파트가 처음 입주할 때부터 중개업을 해오신 분들이 종종 있다.

이분들은 2000년대 들어서 급격하게 발달한 인터넷뿐 아니라 블로그, 유튜브 등을 이용해 마케팅하는 법은 잘 모른다. 여전히 옛날 방식으로 마케팅하지만, 그 힘이 무척이나 강력하다. 한자리에서 30년을 영업해왔기 때문에 인적인 네트워크(소위 말해 오프라인 바이럴 마케팅)를 통해 다양한 매물을 확보하고 있다. 그리고 그동안의 거래 경험으로 소유자들과의 인간적 유대관계도 돈독하다. 같은 매물이어도 다른 중개업자보다 가격 조정 능력이 뛰어나다는 말이다.

이런 공인중개사를 찾아야 '급매물'을 선점할 수 있다. 이런 사무실에 나오는 급매물은 인터넷을 아무리 뒤져봐야 찾을 수가 없다. 위에서도 말한 것처럼 인터넷이나 SNS에 익숙지 않기 때문에 급매물이 나오면 본인의 기존 고객에게 먼저 추천한다. 그래서 정말 좋은 매물은 알음알음으로 오프라인에서 일찌감치 소진되는 경우가 생각보다 많다.

한 장소에서 30년 이상을 영업해온 공인중개사 혹은 중개인은 대개 투자를 통해서 본인도 꽤 큰 부를 이룬, 그 지역의 유지인 경우가 많다. 이런 분들은 급매물 등의 다양한 매물을 확보하는 능력이 있을 뿐만 아니라 종종 조합에서도 영향력이 있다. 오랜 영업력과 지역 커뮤니티를 통해 조합원들과 유대관계를 유지하기 때문에 조합 소식에 빠르다. 조합의 건축심의 통과와 같은 좋은 소식이 있을 때는 가족에게 추가 매수를 권할 수도 있고 사업 진행이 지연되는 등 나쁜 소식이 있을 때는 더 좋은 투자처를 찾아 과감하게 매도할 수도 있다.

## 인생 부동산 발굴하기

중개업은 서비스업이다. 그런데 그 서비스의 폭이 넓다. 거래한 부동산의 단순한 수리, 인테리어, 세무 법률 상담, 자산 관리 및 투자 상담 등 다양한 부분에서 도움을 주는 경우가 많다. 따라서 이런 폭넓은 능력이 있는 중개업자를 만나면 정말 인생 친구 이상으로 좋은 투자 파트너가 된다. 반면 요즘은 중개 자체만 하는 중개업자는 경쟁에서 밀릴 수밖에 없다.

물론 자산을 다루는 일이기 때문에 본인이 직접 나서서 모든 것을 하는 것이 제일 좋다. 그런데 우리는 몹시 바쁘다. 재개발·재건축 대상의 집은 대개 노후도가 심각하다. 게다가 투자처가 거주지로부터 먼 경우는 세입자의 수리 등 요구사항을 들어주기 위해 매번 현장에 가는 것이 어려울 수 있다. 그럴 때 거래하는 중개업자에게 이런 일들을 부탁하면 된다. 특별한 경우가 아니라면 거절하는 사람은 없다.

이렇게 중개업자와 지속적인 유대관계를 유지하면 현장에 있지 않아도 조합

소식이나 주변의 상황을 전해 들을 수 있다. 또 생업에 바빠 시간을 내어 투자처를 직접 찾기 어려울 때는 나를 대신해 좋은 투자처를 추천해줄 수도 있다. 주말에 좋은 곳에 나들이를 가거나 가족과 시간을 보내는 것도 좋지만, 한 달에 한 번은 관심 있는 지역에 있는 부동산 공인중개사 사무실을 방문하여 재개발·재건축 투자를 성공적으로 안내해줄 '인생 부동산'을 발굴하기를 적극 추천한다.

# 부동산 중개업소에서
# 꼭 확인해야 할 것들

## 반드시 넣어야 할 특약 문구

재개발·재건축 구역에서 부동산을 매수하는 목적은 조합원의 지위를 갖고 정비사업 완성 후에 신축 아파트를 받는 것이다. 그런데 법적으로 하자가 있어서 조합원의 지위를 얻지 못하거나 아파트를 받지 못한다면 재산상 큰 손실을 볼 수밖에 없다. 따라서 정비구역에 투자를 결정하고 매매 계약을 할 때에는 반드시 매매 계약서에 다음과 같은 특약을 넣어야 한다.

본 매매는 매수자가 재개발 재건축으로 인한 신축아파트(상가)의 분양권을 얻고자 하는 계약으로서, 매도인은 동 정비사업구역의 정당한 조합원의 지위를 가지며 이를 매수인에게 온전하게 승계한다. 또한 동 구역 내에 매도인과 동일 세대 내의 모든 세대원이 본건 부동산

외의 다른 물건이 없음을 확인하며 추후 문제될 경우 (계약취소, 손해배상 등의) 책임을 지기로 한다.

재개발·재건축 전문 중개사라면 당연히 이러한 특약 문구를 넣겠지만, 중개사무소가 재개발·재건축 구역에 위치하고 있지 않거나 이러한 사정에 어두운 경우에는 넣지 않을 수도 있다. 더욱 분명하게 확인하려면 매매 계약을 체결하기 전에 조합 사무실을 방문하자. 매수 의사와 사정을 밝힌 후 문의하면 해당 조합원의 조합원 지위 여부를 확인해줄 것이다.

매도자가 일부러 속이고자 하는 것이 아니라 매도자 본인도 법 규정(도시정비법 제39조 1항3호)의 제한을 모르는 경우가 허다한 것이다. 이 조항에 대하여 광주고등법원은 제한적 해석을 하고 있으나 아직은 확립된 판례가 없으므로, 계약 시에는 보수적으로 해석하여 위와 같은 특약을 두어야 한다.

**도시 및 주거환경정비법**

**제39조(조합원의 자격 등)** ①제25조에 따른 정비사업의 조합원은 토지등소유자로 하되, 다음 각 호의 어느 하나에 해당하는 때에는 그 여러 명을 대표하는 1명을 조합원으로 본다.
3. 조합설립인가 후 1명의 토지등소유자로부터 토지 또는 건축물의 소유권이나 지상권을 양수하여 여러 명이 소유하게 된 때

## 다물건 보유 상태가 되지 않아야 한다

위와 같이 설명하면 금방 이해되고 쉬운 것 같지만, 실제 거래에서 일어나는

사례를 보면 매우 복잡하고 미묘한 사례들도 발견된다. 다시 말해 어떤 사람이 자신이 보유한 1개의 물건을 팔고 나서 그다음에 같은 구역 내의 물건을 매수하려고 할 때 종전 물건의 잔금은 다 받았으나 등기 이전이 늦어지고, 새로이 매수한 물건의 등기가 먼저 진행됨으로써 법률적으로 순간적인 다물건 보유 상태가 될 수도 있다.

매도인이나 매수인 모두 이런 점을 의식하지 않은 상태에서 거래하다가, 나중에 관리처분단계에서 이러한 문제점이 지적되는 수가 있다. 만일 이렇게 되어 매수자의 입주권이 사라지면, 매수자는 매도인을 상대로 계약을 취소하고 지급한 돈을 반환받아야 한다. 하지만 매도인이 순순히 돈을 돌려주지 않을 것이므로 대개 재판 절차를 거치게 되는데 재판은 보통 1~3년 걸리기에 매우 피곤한 과정을 거쳐야 한다.

또한 어느 구역의 물건 소유자가 같은 구역에서 물건을 소유하고 있던 부모님으로부터 동 물건을 상속받는 수도 있다. 상속은 그로 인한 상속등기를 하지 않더라도 부모님이 돌아가시는 순간 자동 상속이 되므로 그 자녀는 법률적으로 다물건 보유자가 된다. 그러한 상속이 조합설립인가 이후에 일어났다면 구역 내의 전체적인 입주권의 숫자는 추가로 늘어나는 것이 없어서 상속분의 매도는 가능하고 매수자는 독자적인 입주권을 가진다는 논리 구성이 가능하다. 그러나 조합설립인가 이전에 상속이 일어나버리면 매우 곤란해지며 구제가 힘들다. 따라서 재개발·재건축 조합설립인가 이후에 투자하는 매수자는 반드시 위와 같은 특약 문구를 매매계약서에 넣어야 한다. 이러한 문제는 매매뿐만 아니라 경매에서도 발생한다.

경매에서는 정해진 매각조건을 받아들이느냐 마느냐만 있을 뿐 위와 같은 특약을 따로 넣는 절차가 없기 때문에, 낙찰받으려는 사람이 사전에 매도인(채무자)

에게 탐문하거나 조합사무실 등을 방문하여 다물건 보유자인지 여부를 확인해보는 수밖에 없다. 물론 다물건 보유자가 돈이 없어서 하나의 물건을 경매당한다는 것은 생각하기 어렵지만, 세상일이란 수많은 변칙적인 일이 일어날 수 있으므로 경험에만 의존해서는 안 된다.

# 06

# 경매로 재개발 · 재건축
# 투자하기

## 무료 경매사이트 활용하기

재건축이나 재개발이 추진 중인 정비구역에도 가끔 경매물건이 나온다. 꼭 그런 것은 아니지만, 대개 경매는 시세보다 싼 값에 원하는 부동산을 살 수 있다. 재개발·재건축과 경매에 대한 어느 정도의 지식만 있으면 누구나 투자가치 높은 정비구역 안의 조합원 자격을 시세보다 싼 비용으로 취득할 수 있다.

경매 물건은 대법원 경매사이트(www.courtauction.go.kr)에 가면 누구나 볼 수 있다. 대법원에서 운영하는 법원경매정보는 무료지만 권리 분석과 현황 조사 등은 온전히 본인의 몫이다. 권리 분석에 능숙한 사람이라면 법원경매정보를 통해 경매 정보를 파악하면 된다. 하지만 등기사항증명서, 건축물대장 등의 문서에 익숙하지 않다면 유료 경매 정보 사이트를 이용하면 좋다. 대표적으로는 굿옥션, 지지

옥션 등이 있다. 다만 비용이 생각보다 비싸다. 굿옥션의 경우 전국 경매정보 1개월 이용료가 119,000원이고 지지옥션은 131,000원이다. 네이버부동산에서 제공하는 경매정보를 이용하는 사람도 많은데, 한 달 동안 한 아이디당 3건을 무료로 볼 수 있으며 그 이상은 유료다. 참고로 네이버는 한 개인당 3개의 아이디를 만들 수 있으니 9건의 정보를 무료로 볼 수 있는 셈이다. 네이버 경매정보는 대략의 권리 분석과 현황 조사 등이 되어 있어서 경매 물건을 검색하는 데 무척 편리하다.

## 재개발·재건축 경매가 더 쉽다

경매 전문가가 아닌 일반인이 경매를 할 때 가장 어려운 점은 명도다. 명도란

거주자나 점유자로부터 부동산을 인도받는 것을 말한다. 한마디로 살고 있는 사람을 내보내는 일인데, 그 과정이 쉽지 않다. 그런데 재개발·재건축 구역이나 관리처분이 난 정비 구역의 경우 명도가 필요 없다. 조합과 조합에서 정한 법무법인에서 일괄적으로 처리해주기 때문이다.

필자의 지인이 성북구 장위5구역의 대지 물건 경매에 입찰한 적이 있었다. 이 물건은 이미 재개발이 많이 진행되어 완공(래미안 장위하이퍼스트, 2019년 9월 입주)이 얼마 남지 않은 상태였다. 25평형을 신청한 조합원입주권이었는데 감정가의 92%인

## 2015타경        서울특별시 성북구 장위동

| 소 재 지 | 서울특별시 성북구 장위동 197-11 | | | | | | | |
|---|---|---|---|---|---|---|---|---|
| | | | | | 오늘조회: 1 2주누적: 0 2주평균: 0 | | | |
| 물건종별 | 대지 | 감 정 가 | 원 | 구분 | 입찰기일 | 최저매각가격 | | 결과 |
| | | | | | 2016-03-07 | 442,786,782원 | | 변경 |
| 토지면적 | 40㎡(12.1평) | 최 저 가 | (80%) 557,917,000원 | 1차 | 2016-05-30 | 133,920,000원 | | 유찰 |
| | | | | 2차 | 2016-07-04 | 107,136,000원 | | 유찰 |
| 건물면적 | | 보 증 금 | (10%) 55,791,700원 | | 2016-08-22 | 85,709,000원 | | 변경 |
| | | | | 3차 | 2019-04-22 | 697,396,159원 | | 유찰 |
| | | | | **4차** | **2019-05-27** | **557,917,000원** | | |
| 매각물건 | 토지 매각 | 소 유 자 | 정수훈 | 낙찰: **641,200,000원** (91.94%) | | | | |
| 개시결정 | 2015-09-03 | 채 무 자 | 정수훈 | (입찰4명,낙찰: 차순위금액 612,623,000원) | | | | |
| | | | | 매각결정기일 : 2019.06.03 - 매각허가결정 | | | | |
| 사 건 명 | 강제경매 | 채 권 자 | 김우석 외 1 | 대금지급기한 : 2019.07.12 | | | | |
| | | | | 대금납부 2019.07.10 / 배당기일 2019.08.14 | | | | |
| | | | | 배당종결 2019.08.14 | | | | |
| 관련사건 | 2016타경   (병합), 2018타경   (중복) | | | | | | | |

### 매각토지.건물현황( 감정원 : 경인감정평가 / 가격시점 : 2019.03.08 )

| 목록 | 지번 | 용도/구조/면적/토지이용계획 | ㎡당 단가 (공시지가) | 감정가 | 비고 |
|---|---|---|---|---|---|
| 토지 | 장위동 197-11 | 도시지역, 제2종일반주거지역,가축사육제한구역<가축분뇨의 관리 및... | 대 40㎡ (12.1평) | (3,196,000 원) | 원 |
| 감정가 | 토지: | | 합계 | 원 | 토지 매각 |
| 현황 위치 | *      중학교 북서측 인근에 위치하며, 부근은 신축중인 대단위 아파트단지, 공동주택, 근린생활시설, 각급 학교 등이 혼재되어 형성된 지역으로 제반 주위환경은 보통시 됩니다.<br>* 본건까지 차량출입 가능하며, 인근 도로변에 노선버스정류장이 소재하는 등 제반교통상황은 보통시 됩니다.<br>* 대체로 평탄하며, 아파트용 건부지 상태입니다.<br>* 본건을 포함한 주택재개발 아파트 사업부지는 외곽으로 각각의 단지외 포장도로에 접하고 있습니다. | | | | |
| 참고사항 | * 장월로37길     취하됨.<br>* 감정서에 의하면, 본건은 장위5구역 주택재개발 정비사업구역 내 토지 중 일부로서 동 지상에 철근콘크리트조 신축아파트를 건설 중이며, 본건 토지( .   소유)는 조합원아파트             (전용면적:59.99㎡, 공급면적:84.17㎡, 대지권:30.61㎡)<br>를 배정받았다고 함 | | | | |

### 임차인현황 ( 말소기준권리 : 2006.05.19 / 배당요구종기일 : 2015.11.18 )

| 임차인 | 점유부분 | 전입/확정/배당 | 보증금/차임 | 대항력 | 배당예상금액 | 기타 |
|---|---|---|---|---|---|---|
| | 주거용 일부(4층 방2칸) | 전입일자: 2002.05.04<br>확정일자: 2002.05.04<br>배당요구: 2015.09.23 | 보65,000,000원 | | 소액임차인 | |
| | 주거용 1층일부 | 전입일자: 2015.04.21<br>확정일자: 미상<br>배당요구: 없음 | 미상 | | 배당금 없음 | |
| | 점포 1층일부 | 사업등록: 미상<br>확정일자: 미상<br>배당요구: 없음 | 보5,000,000원<br>월300,000원 | | 배당금 없음 | |
| 기타사항 | 임차인수: 3명 , 임차보증금합계: 70,000,000원, 월세합계: 300,000원 | | | | | |

**토지등기부** ( 채권액합계 : 983,852,000원 )

| No | 접수 | 권리종류 | 권리자 | 채권금액 | 비고 | 소멸여부 |
|---|---|---|---|---|---|---|
| 1(갑1) | 1997.03.21 | 소유권이전(매매) | | | | |
| 2(갑11) | 2006.05.19 | 가압류 | | 973,852,000원 | 말소기준등기 2006카단 | 소멸 |
| 3(갑16) | 2010.01.20 | 가압류 | | 10,000,000원 | 2010카단 | 소멸 |
| 4(갑17) | 2015.04.08 | 압류 | 서울특별시성북구 | | | 소멸 |
| 5(갑18) | 2015.09.03 | 강제경매 | | 청구금액: 40,000,000원 | 2015타경15757 | 소멸 |
| 6(갑20) | 2018.03.22 | 강제경매 | | 청구금액: 100,000,000원 | 2018타경    , 서울보증보험주식회사 가압류의 본 압류로의 이행 | 소멸 |
| 주의사항 | ▶2018타경     사건의 2018. 4. 20.자 장위5구역 주택재개발정비사업조합의 제출문건에 의하면, 매수인(경락인)이 조합원의 지위를 승계취득하며, 미정산금이나 분담금은 없다고 함. | | | | | |

6억 4,000만 원에 낙찰되었다. 당시 인근 래미안 장위포레카운티의 25평형 매매 시세가 6억~6억 5,000만 원이었던 것을 감안하면 매우 높은 낙찰가다. 그러나 그럴 만한 이유가 있었다. 이 조합원의 경우 권리가액이 25평형 조합원분양가보다 많아서 약 7,000만 원 정도 환급(청산)받을 예정이었다. 따라서 시세대로 낙찰을 받았어도 약 7,000만 원 싸게 산 것이나 다름없다.

지인은 아깝게도 2등을 해서 아파트를 낙찰받는 것에 실패했다. 1등 입찰자보다 약 8,000만 원 낮게 써낸 것이다. 그동안 조합에도 여러 번 방문하고 인근의 부동산 사무실도 탐문하면서 이 물건에 대한 권리 내역과 시세 등을 열심히 조사했지만 조금 과한 욕심을 부린 것이 패인이었다.

## 조합원 지위 승계

재개발·재건축 투자에서 중요한 쟁점은 조합원 지위 승계이다. 재개발정비구역은 조합설립 이후에도 관리처분인가까지 조합원의 지위가 승계된다. 대법원 법원경매정보나 유료 경매 사이트에서는 이런 것에 대한 정보까지 제공하지는 않는다. 그렇다면 이것을 어떻게 알아내야 할까? 제일 좋은 방법은 현장에서 답을 찾는 것이다.

필자는 흑석뉴타운에 관심을 가지고 있던 중 우연히 경매 물건에서 흑석뉴타운3구역의 빌라(다세대)물건을 발견하였다. 이 물건은 이미 관리처분인가가 2017년 8월 22일에 난 상태였다. 따라서 원칙적으로는 매수자에게 조합원의 지위가 승계되지 않고 현금청산이 될 수도 있다. 그런데 도시 및 주거환경정비법(제39조 2항, 동법 시행령 제37조제2항제5호)에 따르면 국가, 지방자치단체 및 금융기관에 대한 채무를 이행하지 못하여 경매 또는 공매되는 경우 조합원의 지위 승계가 가능하다. 이러한 내용을 근거로 권리 분석과 현장 답사를 마친 후 과감히 흑석뉴타운3구역 조합원이 되려고 마음먹고 입찰을 준비했는데 아쉽게 포기했던 사례다.

당시 경매사이트에서 제공하는 정보에는 재개발구역이라는 표시가 없었지만 지도 검색을 하던 중 재개발구역인 것을 알고 현장을 방문했다. 재개발지역이 대개 그렇듯이 차도 진입이 안 되는 좁은 길을 따라 주소지에 찾아가서 본 해당 물건과 주변은 이미 사람들이 다 이사 나간 흉가 같은 모습이었다. 다음으로 해당 매물의 권리 관계를 더 명확히 파악하기 위해서 조합 사무실에 방문하였다. 사무장님은 의외로 친절하게 소유주가 조합원 자격이 있는지, 몇 평형을 신청하였는지 등에 대해 흔쾌히 답해주었다. 권리가액에 대해서도 물었지만 개인 사유재산에 관한 것이라 답해줄 수 없다고 완곡히 거절했다.

조합 사무실을 나와 두 곳의 공인중개사 사무실에 들렀다. 첫 번째 사무실 사장님은 아예 경매가 나온 것에 대해 모르고 있었다. 두 번째 들렀던 J부동산의 소장님이 그 조합원을 잘 안다고 했다. 그런데 안타깝게도 그 경매는 취하될 것이라고 했다. 채무금액을 법원에 공탁할 예정이라는 것이었다. 그래서 입찰을 포기했

느데 입찰 당일 경매가 진행되었고, 최고가 낙찰자까지 결정되어 공고된 걸 보고 놀라서 당시에는 J부동산 소장을 원망했다. 그런데 정말로 며칠 후 그 경매 물건은 '기각' 결정이 난 것이 공고되었다.

## 경매로 조합원 되기

경매로 시세보다 싸게 조합원이 되는 사례는 재건축정비구역에도 많다. 주택 가격이 치솟던 2018년 8월 전후 반포, 잠원 지역 재건축단지에 경매가 나와서 화제가 된 적이 있다. 반포동의 경남한신3차통합재건축단지와 신반포4지구에서 조합원입주권이 경매에 나온 것이다.

　신반포3차의 35평형이 2018년 6월에 약 18억 원에 낙찰되었다. 이 시기에 한신3차 실거래가는 이보다 훨씬 비싼 가격이었다. 2018년 7월에 한신3차 35평 실거래가격은 24억 원이었다(실거래가는 국토교통부 실거래가 공개시스템을 통해 확인할 수 있다). 약 6억 원, 즉 25%나 싸게 산 셈이다. 이때 이 단지는 이미 관리처분인가를 받은 상황이었고 10월부터 이주가 예정되어 있어 경매에서 가장 힘든 작업인 현장답사와 거주자 명도를 걱정할 필요가 없는 상황이었다.

비슷한 시기에 잠원동의 신반포4지구에도 47평형이 경매에 나왔다. 낙찰가는 약 27억 원이었는데 이 시기의 이 아파트 실거래가격은 32억 원이었다. 따라서 5억 원, 약 15% 싸게 산 경우다. 2018년 여름은 주택가격이 급상승하는 시기였고 시중에는 아예 매물이 없어서, 비싼 값에 매물을 사고 싶어도 살 수가 없는 상황이었다.

07

# 재개발 · 재건축 투자에도
# 파생상품이 있다

## 이주수요 투자

서울 핵심지역의 재건축에 투자하려면 상당한 거액이 필요하다. 초기 단계의 재건축 아파트에도 8억~9억 원 정도의 투자금액이 필요하고, 반포나 압구정의 재건축 투자금은 15억~30억 원 정도의 금액이 필요하니 웬만한 현금 부자가 아니면 접근하기 쉽지 않은 상황이다. 이는 재개발구역도 마찬가지이다. 예전에는 재개발 투자가 적은 돈으로 큰 수익을 낼 수 있는 좋은 투자처였다. 그런데 최근에는 서울 강북 지역도 아파트 가격이 크게 오르면서 미래의 새 아파트를 선점할 수 있는 재개발구역 조합원입주권도 대략 5억 원 이상의 초기 투자금이 필요한 실정이다. 이러한 거액은 평범한 서민들에게는 마련하기 쉽지 않은 금액이다. 그래서 재건축이나 재개발 투자가 자산을 늘릴 수 있는 좋은 투자처라는 것을 알면서도 투자할 엄두가 나지 않는다. 그림의 떡인 셈이다.

그렇다면 우리는 부자들이 부동산 투자를 통해 더욱 많은 자산을 형성하고 더 큰 부자가 되는 것을 먼 산 보듯 바라만 보고 있을 것인가. 이가 없으면 잇몸을 쓰고, 꽃가게 앞에 화분가게를 내듯이 대안이라도 찾아야 한다. 바로 대단위 재건축 단지가 밀집되어 있는 바로 옆의 구축 아파트나 재개발 밀집 지역 바로 옆의 빌라에 투자하는 것이다.

재건축에 투자하여 5~10년 정도 시간을 거치면 거의 두 배 이상 가격이 오른다는 것은 누구나 직간접적으로 경험하여 알고 있다. 하지만 종잣돈이 부족하여 투자할 수 없으니 참으로 안타까운 일이다. 그렇다면 우리 상황에 맞는 투자상품을 찾아야 한다. 그것이 바로 이주 수요 투자다. 필자는 이것을 재개발·재건축의 '파생상품'이라 칭한다.

정비구역마다 사정은 다르지만 대개 사업시행인가가 나고 빠르면 1년, 대개는 3년 안에 관리처분인가를 거쳐 이주단계가 된다. 해당 구역 안의 모든 집을 멸실하고 다시 짓기 위해 거주 중이던 조합원과 세입자는 다른 곳으로 이사해야 한다. 재개발·재건축을 원활히 하기 위해 대략 감정평가액의 40~60%에 해당하는 금액을 이주비 명목으로 조합원에게 대출해준다. 이렇게 조합원에게 지급된 돈은 새 아파트가 완공될 때까지 살 집을 마련하기 위해 전세보증금 또는 주택 매수 자금으로 다시 인근의 부동산으로 흘러들어간다. 이때 대부분의 사람들은 본인이 살던 곳에서 크게 벗어나지 않고 인근에 있는 곳으로 이사하게 된다. 이러한 점에 착안하여 사업시행인가 전후로 주변의 구축 아파트나 빌라 등의 집을 사두면 좋다. 이주가 본격적으로 시작되면 이주하는 사람들이 한꺼번에 집을 찾아나서기 때문에 전세가가 상승하고, 전세가가 결국 매매가도 밀어올리게 된다.

고가의 재개발·재건축 투자가 어려우면 이렇게 간접투자를 하는 것도 방법이다. 실제로 반포의 대장주 아크로리버파크가 된 신반포1차가 이주할 때 인근 혹 석동이나 방배동 등으로 많이 이주해갔다. 또 방배동 재건축 주택이 이주할 때도 인근 서래마을 빌라의 전세가와 매매가가 많이 올랐다. 서울에서 구축 아파트는 3억~4억 원 정도로도 투자할 수 있는 곳이 꽤 있고, 빌라의 경우 3,000~5,000만 원 정도로도 투자할 수 있는 곳이 아직도 많다. 경기도는 이보다 더 적은 돈으로도 투자할 수 있다.

다만 싸다고 무조건 투자할 것이 아니라 서울과의 접근성, 학군 등을 면밀히 검토하고 지역을 잘 골라야 하는 것은 기본이다. 구축은 안 오른다거나 빌라는 살 때부터 가격이 내려간다는 것은 편견이다. 생각을 유연하게 하면 우리의 자금 사정에 맞는 투자처는 얼마든지 있으며, 생각보다 적은 자본으로도 투자를 시작할 수 있다. 앞서 살펴보았듯이 서울시 클린업시스템에는 각 정비구역의 진행단계가 나와 있다. 성남시, 광명시 등의 수도권 재개발지역에 대한 정보도 해당 시청 홈페이지에 가면 잘 나와 있다. 지도 검색 등을 통해서 앞으로 이주가 예정되어 있는 지역을 찾아 손품, 발품을 팔면 적은 자본금으로도 부자가 되는 투자자의 첫걸음을 뗄 수 있다.


## 일시적 1세대 2주택을 이용한 양도세 감면

소득세법 시행령 제156조의2에서 일시적 1세대 2주택으로서 기존 주택의 9억 원 이하 금액에 대하여 양도소득세 감면 혜택을 받으려면 새로 주택을 취득한 후 규제 지역에 따라 1년에서 3년 이내에 기존 주택을 처분해야 한다. 그러나 새로 취득한 주택이 재개발·재건축 조합원입주권일 경우에는 조합원입주권을 취득한 후 이 기간을 경과하여 기존 주택을 처분하여도 일정한 요건을 갖추면 기존 주택에 대해 일시적 1세대 1주택을 적용하여 9억 원 이하 금액에 대한 양도소득세를 감면해준다.

---

**소득세법 시행령**

**제156조의2** ④ 국내에 1주택을 소유한 1세대가 그 주택을 양도하기 전에 조합원입주권을 취득함으로써 일시적으로 1주택과 1조합원입주권을 소유하게 된 경우 조합원입주권을 취득한 날부터 3년이 지나 종전의 주택을 양도하는 경우로서 다음 각 호의 요건을 모두 갖춘 때에는 이를 1세대 1주택으로 보아 제154조제1항을 적용한다.

1. 재개발 사업, 재건축 사업 또는 소규모재건축 사업의 관리처분계획등에 따라 취득하는 주택이 완성된 후 2년 이내에 그 주택으로 세대전원이 이사하여 1년 이상 계속하여 거주할 것
2. 재개발 사업, 재건축 사업 또는 소규모재건축 사업의 관리처분계획 등에 따라 취득하는 주택이 완성되기 전 또는 완성된 후 2년 이내에 종전의 주택을 양도할 것

---

## 대체주택 투자

재개발이나 재건축을 하려면 기존 주택을 허물고 새로 집을 지어야 하기 때문에 관리처분인가 후 이주 단계에서 완공 시까지 3~4년 정도는 다른 곳에서 살아야 한다. 앞에서 설명했듯 이 기간 동안 임시로 거주할 곳을 마련하라는 명목으로 조합에서는 이주비를 대출해준다. 이 이주비를 가지고 전세나 월세를 사는 대신 주택을 매수해서 임시로 거주하다가 매도하는 것도 또 하나의 투자 방법이다. 이를 '대체주택'이라 한다.

그런데 2018년 9월 13일 발표한 9.13대책으로 규제지역 내 1주택을 보유한 세대가 주택 구입자금을 대출하는 것을 금지하여 이주비로 대체주택을 매수하는 것은 현재로는 불가능하다. 이주비 대출 시 추가 주택 구입을 하지 않겠다는 약정을 체결해야 하며 이를 위반한 경우 대출을 즉시 회수하고 3년간 주택관련 대출을 제한한다. 다만 본인이 보유한 자금으로 대체주택을 구입하는 것은 무관하다.

---

**소득세법 시행령**

**제156조의2** ⑤ 국내에 1주택을 소유한 1세대가 그 주택에 대한 재개발 사업, 재건축 사업 또는 소규모재건축 사업의 시행기간 동안 거주하기 위하여 다른 주택(이하 이 항에서 "대체주택"이라 한다)을 취득한 경우로서 다음 각 호의 요건을 모두 갖추어 대체주택을 양도하는 때에는 이를 1세대 1주택으로 보아 제154조제1항을 적용한다. 이 경우 제154조 제1항의 보유기간 및 거주기간의 제한을 받지 아니한다.

1. 재개발 사업, 재건축 사업 또는 소규모재건축 사업의 사업시행인가일 이후 대체주택을 취득하여 1년 이상 거주할 것
2. 재개발 사업, 재건축 사업 또는 소규모재건축 사업의 관리처분계획 등에 따라 취득하는 주택이 완성된 후 2년 이내에 그 주택으로 세대전원이 이사하여 1년 이상 계속하여 거주할 것
3. 재개발 사업, 재건축 사업 또는 소규모재건축 사업의 관리처분계획등에 따라 취득하는 주택이 완성되기 전 또는 완성된 후 2년 이내에 대체주택을 양도할 것

---

이 대체주택은 조정대상지역의 일시적 1세대 2주택 양도소득세 감면조건인 2년 보유, 2년 거주 요건을 충족하지 않아도 된다는 점에서 매우 유리하다. 소득세법 시행령 제156조의2 내용 중 대체주택 비과세 요건을 다시 요약하면 다음과 같다. 이때 다음 4가지 조항을 모두 충족해야 한다.

① 반드시 사업시행인가일 이후에 대체주택을 취득해야 하며 1년 이상 거주해야 한다.

② 재개발·재건축사업 완료로 아파트가 준공되면 2년 이내에 세대 전원이 이사하여 1년 이상 거주해야 한다.

③ 새로운 주택이 준공되기 전 또는 준공 후 2년 이내에 대체주택을 양도해야 한다.

④ 관리처분인가일 전부터 조합원 지분을 보유하고 있다가 입주권을 득한 원조합원에게만 적용된다.


## 시간을 돈으로 바꾸자

이처럼 일시적 1세대 2주택, 혹은 대체주택 투자로 재개발·재건축 기간 동안 거주할 집을 통해서도 얼마든지 투자수익을 올릴 수 있다. 우리에게 시간과 돈은 언제나 투자할 기회를 준다. 이주비 명목으로 받는 대출금과 긴 재개발·재건축 시간을 이용해 시간과 돈을 자산으로 바꿀 수 있는 적극적인 투자를 해야 한다.

투자에서 시간은 굉장히 소중한 요소다. 우리가 어떤 작업에서든 결과를 얻으려면 시간이 필요하다. 씨앗 1개를 심어 10배 100배의 알곡을 수확할 때까지 우리의 노동력과 여러 가지 자연환경도 그 일련의 생산과정에 참여한다. 그런데 이런 모든 과정은 결국 시간을 견디는 것이다. 우리에게 주어진 시간을 그냥 흘려보내지 말고 시간을 돈으로 바꾸어내는 것이 훌륭한 투자다. 재개발·재건축은 장기투자다. 성격이 급한 사람에게는 힘들 수도 있다. 그렇지만 그 기다리는 시간마저 또 다른 투자를 하는 시간으로 활용하면 수익을 극대화할 수 있다.

# 08

# 투자 타이밍을
# 잡아라

## 부동산 투자의 기본 원칙

여러 매체를 통해서 부동산 전문가를 자처하는 사람들이 부동산 가격을 전망하고 팔 시기, 살 시기 등을 운운하며 일반인들을 많이 현혹한다. 그들 중에는 강의 형태를 빌려 수강생들을 모집하고 자신들의 투기 작업에 투자자들을 이용하는 악덕 사기성 가짜 전문가도 있다.

필자는 경제활동을 시작한 20대 중반 이후 20여 년간 줄곧 부동산 시장에 지대한 관심을 가지고 늘 시장을 지켜보았고, 중개업과 직접 투자로 부동산 투자 한복판(주로 주택 분야)에 서 있었다. 필자가 대학을 졸업할 무렵인 1997년에 닥친 IMF 외환위기로 우리 한국경제는 그야말로 70년대부터 90년대까지 숨 가쁘게 이루어 온 경제발전이 몰락하는 분위기였고, 부동산 경기 역시 패닉 상태였다. 그런데 그로부터 2~3년 후 전세 가격이 폭등하더니 노무현 정부 들어서서는 불과 1~2년 사이 수도권의 체감 집값은 2배가 되었다.

그러다가 2008년 미국발 서브프라임모기지 사태로 전 세계는 다시 금융위기에 직면했다. 이번에도 여지없이 집값은 폭락했다. 2009년과 2010년 강남권을 중심으로 잠시 회복되는가 싶었지만 2013년까지 최악의 부동산 경기였다. 다들 이제 부동산은 끝났다고 생각했다.

그런데 강남권에서는 이미 2012년 말부터 그동안 적체되었던 매물들이 소진되기 시작했고 2014년부터는 서울 전역으로 매수세를 회복되면서 2021년 현재까지 상승세가 이어지고 있다. 특히 2016년부터는 본격적인 상승세를 보였고 2017년 문재인 정부가 들어서면서부터는 과열 양상을 띠어, 현재까지 부동산 정책 및 공급대책이 총 24회 발표되었다.

우리나라 부동산 경기를 이렇게 장황하게 설명한 이유는 부동산 투자의 기본 원칙은 장기투자라는 말을 하고 싶어서이다. 외부의 충격이나 경기 상황에 따라 부동산이 잠시 침체에 빠지면 사람들은 심리적으로 버티지 못하고 투매에 나서거나 부화뇌동한다. 그러나 대한민국의 경제 체질 자체가 완전히 망가지지 않는 한 결국 부동산은 안정화되고, 수급 상황과 유동성의 양에 따라 가격이 상승하게 되어 있다.

## 갈아타기

부동산 투자는 본인이 동원할 수 있는 최대한의 자본을 끌어모아 가장 좋은 입지에 투자하여 오랫동안 보유하는 것이 가장 바람직하다. 다만 경제활동의 성과로 소득이 늘거나 보유하던 부동산의 가격이 상승하여 더 좋은 입지로 투자처를 이동할 때는 과감하게 갈아타기를 하는 것도 필요하다.

본인이 현재 보유하고 있는 부동산의 목표 가격에 초점을 맞추면 진입하고자 하는 상급지의 투자 희망 부동산의 가격이 더 오르는 경우가 많다. 예를 들어 마포에 있는 34평형의 아파트를 매도하고 반포에 있는 34평형의 아파트로 이동하고자 할 때는 마포의 아파트 매도가격을 시세보다 높게 잡고 거기에 초점을 맞추면 오히려 반포에 있는 아파트를 더 비싸게 사야 하는 확률이 높다. 마포 아파트가 1억 원 오르면 대개의 경우 반포에 있는 아파트는 2억 원 정도 오를 가능성이 많기 때문이다.

2018년 9.13 대책 직전 전화 상담만으로 당일에 반포에 있는 아파트의 계약금 일부를 입금한 30대 초반의 고객이 있었다. 필자와 상담 후 그 고객은 바로 본인이 가지고 있던 수서의 아파트 목표 가격을 과감하게 수정해서 팔았다. 2019년 부동산 경기가 잠시 주춤할 때 그 고객이 구입했던 반포 아파트가 구매 가격보다 2억 원 정도나 싸게 매매되는 것을 보고, 고객에게 손해를 입힌 게 아닌가 걱정이 되기도 했다. 그러나 2년이 지난 지금 수서 아파트는 약 3억 원 상승하였고 반포 아파트는 약 6억 원 상승하였다.

당시 그 고객은 가격이 비슷한 신축 25평형과 재건축 초기 단계의 34평형을 놓고 고민을 했는데, 필자는 후자를 추천하였다. 장기적으로 볼 때 재건축 아파트가 이익이 많이 남을 것이라 판단했기 때문이다. 2021년 현재 그 신축 25평형은 최고가가 21억 원이고 재건축 34평형은 23억 원이다.

투자의 기본 원칙은 언제나 같다. 리스크가 높으면 수익률도 높고, 안전하게 갈수록 그 반대인 것이다. (하지만 겉보기에는 리스크가 높은 것 같아도, 잘 따져보면 리스크가

의외로 낮은 곳을 찾아내는 것이 진정한 투자일 것이다.) 재개발·재건축은 무척 오래 걸린다. 또 단계별로 사업이 진행될수록 사업이 성공할 확률이 높아진다. 따라서 일찍 투자할수록 수익률은 높지만, 중간에 차질이 생길 가능성도 높다. 반면 사업이 이미 많이 진행된 상태에서 늦게 투자할수록 수익률은 낮지만 개발이 성공적으로 마무리될 확률이 높아진다.

## 사업 초기 정비구역을 찾아라

서울에서 주요 재건축의 경우 전세를 끼고 사더라도 투자금이 10억~20억 원이 훌쩍 넘어가고 재개발의 경우에도 5억~10억 원 이상이 필요하다. 그런데 이렇게 거액을 여유자금으로 가지고 있는 사람은 많지 않다. 이렇게 초기자금이 부족할 경우는 정말 위치가 좋고 확실히 개발될 것 같은 사업 초기 정비구역을 찾아서 투자하는 것도 좋은 방법이다. 정비구역 지정-추진위원회 승인-조합설립인가-관리처분인가 등의 단계마다 리스크가 줄어드는 대신 가격이 계단식으로 상승한다.

초기자금이 부족한 투자자라면 신림뉴타운, 상계뉴타운 등 초기자금이 적은 재개발구역을 추천한다. 2년 전만 해도 신림뉴타운과 상계뉴타운의 지상권(뚜껑) 물건이 1억 원 전후였는데 지금은 4억~5억 원 정도다.

투자금이 10억~15억 원 정도라면 강남권 주변의 흑석뉴타운, 한남뉴타운이나 반포동 재건축 초기단계인 미도1차, 2차를 추천한다.

## 매수자와 매도자의 타이밍은 동일하다

자신의 투자금에 맞는 좋은 투자처를 찾아서 어느 정도 투자수익을 얻었다면 매도 타이밍은 언제로 잡아야 할까? 매수자의 매수 타이밍과 매도자의 매도 타이밍은 같다. 매수자 입장에서 정비사업절차가 한 단계 진행되어 리스크가 없어졌을 때가 매수 타이밍이면, 매도자 입장에서는 바로 그때가 매수자들의 매수세가 집중되는 시기이기 때문에 매도자 우위의 가격 협상력을 가지고 고가에 매도할 수 있는 좋은 타이밍이다.

흔히 조합설립인가 때 한 번, 관리처분인가 때 또 한 번, 그리고 입주 때 크게 한 번 오른다고 한다. 꼭 팔아야 한다면 이런 시기를 기다렸다가 파는 것이 좋다. 그러나 재건축의 경우 조합설립 이후, 재개발의 경우 관리처분인가 이후에는 조합원 지위를 양도하는 것이 원칙적으로 금지되어 있어 매도가 자유롭지는 않다. 그런데 여러 예외규정이 있으므로 굳이 팔려면 이 시기에 예외규정의 조건에 맞추어 파는 것이 좋다.

그러나 앞에서도 언급했듯이 확실하게 더 좋은 투자처나 매도금액의 사용처(자녀 증여, 사업 자금 등)가 있는 것이 아니라면 그냥 보유하는 게(버티는 것) 이기는 것이라고 생각한다. 정비사업이 완성되면 대개는 집값이 올라서 대출을 통해 추가분담금을 대체할 수 있고, 직장 등의 이유로 해당 집에 입주할 수 없다면 전세나 월세 등을 놓아 추가분담금을 감당하면 된다.

필자의 경험으로는 부동산은 사서 모으는 것이지, 파는 것이 아니다. 이렇게 말하면 부동산 투기를 조장한다고 질타하는 독자가 있을 수 있다. 현재 정부의 정책과도 반한다. 탈법이나 불법을 행하라는 것이 아니다. 부동산 투자 자체가 악은 아니다. 불법과 탈법이 문제다. 부동산 투자를 해서 수입을 올린다면 성실히 세금을 납부하여 정부 재정과 복지정책에 보탬이 되면 된다. 국민으로서 성실하게 납세의 의무를 다하면서 투자하라는 것이다.

## 귀한 물건이 뜨면 신속하게 판단을 내려라

투자에 왕도는 없다. 평소에 공부를 해두어야 귀한 물건이 나왔을 때 신속하게 의사 결정할 수 있다. 조합설립인가가 있고 나서 사는 것도 괜찮다. 그런데 투기 과열지구에서 재건축의 경우 조합설립인가 이후 매수하면 분양권(신축 건물을 받을 수 있는 권리)이 없으므로 사서는 안 된다. 조합설립인가 이후에는 재건축을 한다는 것이 명확해지므로 그 이후의 투기를 막겠다는 것이 입법 취지다. 그러나 이러한 경우에도 해외 이주, 질병 치료 목적의 지방 이주 등 불가피한 사정이 있을 수 있으므로 이때에는 매매가 허용되며, 매수자는 분양권이 생긴다.

이렇듯 예외적으로 분양권이 주어지는 부동산이 시장에서 불쑥 튀어나올 경우가 있는데, 이런 귀한 물건이 떴다면 신속하게 투자 판단을 내려야 한다. 귀중하고 값싼 물건은 시장에 나오자마자 곧바로 사라진다. 이때 곧바로 투자 결정을 하려면 평소에 상당한 정도의 공부가 되어 있어야 한다. 자기가 잘 모르는 곳에 투자하려는데 위치가 좋은지를 알고 싶다면, 발품을 팔아 중개사들이나 주민들에게 물어보아야 한다. 비싼 곳은 나름의 이유가 있으므로, 네이버 부동산 어플과 지도 등을 통해 주변 지역과의 상대적인 시세 등을 비교해 보면 살기 편한 곳인지를 확인할 수 있을 것이다.

중개사가 이런 물건을 소개했다면, 전문 변호사에게 분양권을 받을 수 있는 물건인지 상담해보는 것이 좋다. 그런데 재개발·재건축과 관련하여 분양권이 있는

지 없는지 판단할 수 있는 변호사는 우리나라에 극히 적다. 10명 내외가 아닐까? 물론 일반 변호사도 몇 날 며칠 연구하면 알아내겠지만, 바쁜데 그렇게 할 수는 없는 노릇이고 1시간 이내에 답을 찾아낼 수 있어야 전문가라고 할 것이다.

# 09

# 시유지, 국공유지에 집이 있어도
# 조합원입주권을 준다?

재개발지역에는 시유지나 국공유지에 무허가로 집을 짓고 사는 주민들이 꽤 있다. 시유지는 시 소유의 토지이고 국공유지는 대한민국 정부나 공공기관이 소유하고 있는 토지를 말한다. 이 경우도 재개발이 진행될 때 '토지등소유자'로서 조합원입주권을 분양받는 경우가 있다. 재개발 현장에서는 이를 '뚜껑'이라는 용어로 칭한다.

뚜껑이란 무허가건물로 그 지반토지의 소유권을 확보하지 못한 상태를 말한다. 즉 본체는 없고 뚜껑(무허가건물)만 있다는 의미이다.

통상적으로 토지와 건물은 소유자가 같고 한 묶음으로 거래되는 게 원칙이며, 재건축에서는 그러한 경우에만 조합원 자격을 부여한다. 그러나 재개발에서는 토지소유권이 없는 건물의 소유만으로도 조합원 자격이 인정되는데, 그 건물이 무허가인 경우에도 일정한 조건하에 조합원 자격이 인정되는 것이다.

뚜껑은 토지가 없이 건물만 있으므로 적은 금액으로도 투자가 가능하다. 찌그러져가는 판잣집이라 실제가치는 단돈 500만 원도 안 되지만, 분양권을 받을 수 있는 기초자산으로 기능할 수 있기에 거래가치는 몇 억 원을 호가한다. 그래도 토지건물이 붙어 있는 물건을 사는 것보다는 투자금액이 적다. 다만 무허가건물 중에서도 모두 다 조합원 자격이 주어지는 게 아니니 족보(무허가건물대장, 재산세 납입증명, 항공사진)를 잘 챙겨봐야 한다. 상술하면 다음과 같다.

도시 및 주거환경정비법에 의하면 토지등소유자는 재개발구역과 재건축구역이 약간 다르다.

---

**제2조(정의)** 9. "토지등소유자"란 다음 각 목의 어느 하나에 해당하는 자를 말한다.
    가. 주거환경개선사업 및 재개발 사업의 경우에는 정비구역에 위치한 토지 또는 건축물의 소유자 또는 그 지상권자
    나. 재건축 사업의 경우에는 정비구역에 위치한 건축물 및 그 부속토지의 소유자

---

위 조항에 따르면 재건축사업에서의 토지등소유자는 간단하다. 주택과 그 부속토지의 소유자다. 즉 집과 토지 모두 가지고 있어야 토지등소유자에 해당한다. 대개 아파트 밀집 지역이기 때문에 간단한 것이다. 그런데 재개발구역의 경우에는 토지등소유자로서 앞으로 조합원이 될 수 있는 사람이 다양하다.

① 토지만 보유하고 있는 사람
② 건물만 소유하고 있는 사람

③ 건물과 토지 모두 소유하고 있는 사람

④ 지상권이 있는 사람

위 경우 모두 재개발구역의 토지등소유자가 될 수 있다. 여기서 언급하려는 것은 '② 건물만 소유하고 있는 사람'의 경우와 '④ 지상권이 있는 사람'이다. ②의 경우는 대개 뚜껑이라고 하지 않는다. 타인의 토지 위이기는 하지만 건물에 대한 소유권을 온전하게 가지고 있는 사람이다.

문제는 ④의 경우다. 재개발지역에는 국공유지에 무허가로 집을 짓고 사는 주민들이 꽤 있다. 이 경우도 재개발이 진행될 때 토지등소유자로서 조합원입주권을 분양받을 수 있는 경우가 있고, 이것이 이른바 '뚜껑'이다.

그런데 모든 무허가건축물의 소유자가 조합원입주권을 분양받는 것은 아니다. 서울시 도시정비조례에서는 '기존무허가건축물'은 분양자격이 있지만 '신발생무허가건축물'은 분양자격이 없다고 규정하고 있으므로, 이 기준에 대해 명확히 인지하고 투자에 나서야 한다.

서울시 조례에 따른 '기존무허가건축물'로서 조합원분양자격이 있는 무허가건물은 다음과 같이 정하고 있다. 지상권자가 점유하고 있는 토지가 시유지인지, 국공유지인지는 투자자 입장에서 큰 차이는 없다. 다만 매수(전에는 '불하'라는 단어를 사용하였으나 요즘은 사용하지 않음) 신청하여 매수대금 납부 방법이 국유지는 15년 분할납부, 시유지는 20년 분할납부 정도의 차이가 있다.

제46조(위반건축물조사 및 정비계획) ② 구청장은 제1항에 따른 조사 및 정비계획을 수립하는 경우 다음 각 호의 어느 하나에 해당하는 기존무허가건축물에 대하여는 시장이 따로 정하는 바에 따른다. 〈신설 2011. 5. 26.〉

1. 1981년 12월 31일 현재 무허가건축물대장에 등재된 무허가건축물

2. 1981년 제2차 촬영한 항공사진에 나타나 있는 무허가건축물

3. 재산세 납부대장 등 공부상 1981년 12월 31일 이전에 건축하였다는 확증이 있는 무허가건축물

4. 1982년 4월 8일 이전에 사실상 건축된 연면적 85제곱미터 이하의 주거용건축물로서 1982년 제1차 촬영한 항공사진에 나타나 있거나 재산세 납부대장 등 공부상 1982년 4월 8일 이전에 건축하였다는 확증이 있는 무허가건축물

입주권 분양 자격 유무는 해당 구청에서 무허가건물확인원을 발급받아 확인하면 된다. 답은 현장에 있고, 해당 구역 내에서 활동하고 있는 공인중개사가 그 지역의 사정을 제일 잘 안다. 하지만 공인중개사 말만 믿고 계약하면 낭패를 볼 수 있다. 항상 계약 전에는 일차적으로는 조합 사무실에 확인하고, 다음으로 구청의 주택정비과 등에 확인하고 진행해야 한다.

| 무허가건물 확인원 | | | | 처 리 기 간 | |
|---|---|---|---|---|---|
| | | | | 즉 시 | |

발급번호 : 2012-214

| 무 허 가 건 축 물 | 소 유 자 | 주 소 | 서울특별시 송파구 오금동 | | |
|---|---|---|---|---|---|
| | | 도로명주소 | | | |
| | | 주민등록번호 | 840909-1****** | 성 명 | 장진혁 |
| | 건축물 및 토지 | 소재지 | 서울특별시 동대문구 용두동 대지 | | |
| | | 건물면적 | 26.4464 m² | 건물구조 | 목조 |
| | | 건물등재번호 (Code No) | 11230-등재-205 | 토지현황 | 토지에 관한 사항은 별도 확인 |
| | 사 용 용 도 | | 용두5구역 주택재개발 정비사업구역 | | |

위에 기재한 건축물이 기존무허가건축물 대장에 등재되어 있음을 확인하여 주시기 바랍니다.

2012년 02월 09일

신 청 인 :                    (인)

서울특별시 동대문구청장 귀하

본 확인서는 아파트 입주권과 무관합니다.

| 구비서류 | 수수료 | 확인·발급자 | | |
|---|---|---|---|---|
| | | 소속·부서명 | 성명 | 전화번호 |
| 없음 | 수입인지 첨부 | 동대문구청 | 김애영 (인) | 2127-4679 |

위와 같이 확인합니다.

2012년 02월 09일

# 서울특별시 동대문구청장 (직인)

# 재개발·재건축 정보를 알 수 있는 사이트

SNS의 발달로 부동산 분야의 정보도 차고 넘친다. 공인중개사 사무실에서도 해당 지역의 개발 정보 등에 대해 꽤 자세하게 정보를 꾸준히 업데이트하므로 관심 있게 찾아보면 좋은 정보들이 많다. 재개발·재건축 정보나 뉴스에 대해 가장 많은 정보를 제공하는 곳으로 '하우징헤럴드'를 추천한다. 재개발·재건축에 관한 일반적인 동향, 법령부터 각 조합들의 진행단계와 소식까지 다양한 정보가 있다.

하우징헤럴드에서는 도시정비사업 전문가 과정도 운영한다. 이 과정에는 일반 투자자뿐 아니라 재개발·재건축 전문 분야 변호사, 법무사 등의 전문가 강사진과 조합의 임원과 투자자, 시행전문가들이 참여하므로 정비사업을 진행하고자 하는 사람들에게 매우 유익한 강의다.

재개발·재건축 분야에서 또 하나 유명한 정보 제공처로는 '도시개발신문'이 있다. 서울시나 각 지방자치단체에서 공고하는 고시 공람들을 이곳에 가면 빠르고 쉽게 확인할 수 있다. 30년 이상 정비사업 분야에 종사한 대표가 운영하는 신문이어서 그 전문성이 뛰어나다. 도시개발신문도 도시정비 전문가 과정을 운영하고 있다. 이러한 과정을 활용하면 다양한 지역에 투자 경험과 정비사업 경험을 가진 사람들과 정보 교류도 가능하다.

최근에 가장 접속자와 이용시간이 많은 매체는 단연 유튜브다. 재개발 분야에서 많은 정보를 접할 수 있는 유튜브로 '붇옹산', '투미부동산', '100억부동산스토리' 등이 있다. 붇옹산과 투미부동산은 주로 서울 지역의 재개발지역에 관한 정보가 많다. 100억부동산스토리는 경기도 광명 재개발·재건축 정보가 많다.

이러한 정보들에 늘 관심을 가지고 지켜봐야 한다. 하지만 해당 지역에 대한 최고의 전문가는 그 해당 정비구역에서 오랫동안 일해온 공인중개사와 조합 사무실이라는 사실을 잊지 말기 바란다. 또한 최종 판단은 언제나 투자자 자신이 해야 한다는 점을 명심하자.

# PART 6

# 모르면 크게 손해 본다!
# 투자 주의사항

# 01

# 여러 주택을 보유한 사람의 주택을
# 매수하면 입주권도 여러 개?

## 여러 물건을 소유하고 있어도 입주권은 오직 하나

재개발·재건축 투자에서 가장 유의하여야 할 부분이 바로 속칭 '다물건 소유자'로부터의 매수다. 다물건 소유자란 '하나의 재개발·재건축 구역 내에 부동산을 2개 이상 보유한 조합원'을 말한다. 예를 들어 어느 지역의 ○○아파트라는 곳이 재건축구역으로 지정되었다고 했을 때 그 아파트 내의 101동 203호를 소유한 이가 동시에 같은 아파트 103동 306호를 소유하고 있을 수 있다. 바로 이런 사람을 '다물건 보유자'라고 한다.

이때 반드시 주의해야 할 점은 이 사람이 소유한 부동산은 2개이지만 나중에 재건축 뒤에 받는 입주권은 1개라는 점이다. 이는 도시정비법 제76조제1항제6호에서 '1명이 여러 개의 주택 또는 토지를 소유한 경우에도 1주택만 공급'하도록 규정하고 있기 때문이다.

> **도시 및 주거환경정비법**
>
> **제76조(관리처분계획의 수립기준)** ① 제74조제1항에 따른 관리처분계획의 내용은 다음 각
> 호의 기준에 따른다. 〈개정 2017.10.24.〉
> 　6. 1세대 또는 1명이 하나 이상의 주택 또는 토지를 소유한 경우 1주택을 공급하고, 같은
> 　　세대에 속하지 아니하는 2명 이상이 1주택 또는 1토지를 공유한 경우에는 1주택만 공
> 　　급한다.

　이처럼 여러 개의 물건을 소유한 조합원에게 그 물건 수에 해당하는 만큼의 입주권을 주지 않고, 1개의 입주권만을 주는 것은 투기를 방지하고, 재개발·재건축에서도 가급적 1세대 1주택 원칙을 관철시키려는 입법 의도로 파악된다. 그렇다면 이러한 다물건 소유자는 "내가 가진 두 채의 부동산이 어차피 1개의 입주권만 주어진다면, 그중 한 채를 팔아버리자"라는 생각을 하게 될 것이다. 그러나 이러한 시도마저 막아버리는 것이 바로 도시정비법 제39조제1항제3호다. 이 중 한 채를 매수한 사람에겐 독자적인 입주권이 주어지지 않는 것이다.

> **도시 및 주거환경정비법**
>
> **제39조(조합원의 자격 등)** ①제25조에 따른 정비사업의 조합원은 <u>토지등소유자로 하되, 다</u>
> <u>음 각 호의 어느 하나에 해당하는 때에는 그 여러 명을 대표하는 1명을 조합원으로 본다.</u>
> 　3. <u>조합설립인가 후 1명의 토지등소유자로부터 토지 또는 건축물의 소유권이나 지상권을</u>
> 　　<u>양수하여 여러 명이 소유하게 된 때</u>

　즉 도시정비법 제39조제1항제3호는 다물건 보유자로부터 하나의 부동산을 매

수한 사람은 독자적인 입주권을 가지지 못하고, 종전 소유자와 합하여 하나의 단체를 이루고 그중에서 대표조합원을 선정해야 한다. 즉 이 조항으로 도시정비법이 달성하려는 목적은 '하나의 정비구역(재개발·재건축 구역) 내에 여러 채의 부동산을 소유한 조합원의 입주권은 오직 하나이며, 이는 그가 보유한 부동산을 매도하든 그대로 보유하든 여전히 마찬가지이다'라는 것이다.

이는 투자 시 매우 중요하게 고려해야 하는 사항이므로 여러 물건을 소유한 경우 입주권 수에 대해 조금 더 살펴보겠다.

당해 정비구역 내에 1인이 주택을 여러 개 보유하거나 주민등록등본 등재 세대 내의 세대원들이 여러 개의 물건을 가지고 있는 경우에는 그중 1인에게만 조합원 자격이 인정된다. 정확히 말하자면 이들 전원을 하나의 단체로 하여 그 단체에 1개의 분양권이 부여되고, 그 단체를 대표하는 자 1인을 대표조합원으로 뽑아 그가 분양권을 행사하게 된다. 배우자의 경우 주민등록이 각각 따로 되어 있어도 같은 세대로 보아 부부가 각각 해당 구역 안에 부동산을 소유하고 있어도 1개의 조합원 자격만 인정된다.

이러한 사람으로부터 그중 하나의 부동산을 매수하는 경우에도 분양권의 숫자는 증가하지 않고 여전히 1개의 분양권이 된다. 즉 매수자는 독자적인 분양권을 가지지 못하고 매도인과 합하여 하나의 분양권만 인정되는 것이다. 다시 말하자면 매도자와 공유자가 되어 각각의 부동산의 권리가액을 합해 비율대로 지분을 소유하게 되므로 단독으로는 온전한 아파트를 분양받을 수 없다.

참고로 2020년에 광주고등법원에서 이런 경우에도 매수자에게 독자적인 분양권이 있다고 판시한 바 있고 대법원에서 그대로 확정된 경우가 있지만, 이는 조합에서 상고취하를 하고 원고의 상고만 유지된 상태의 판결이라 이것이 대법원의 확립된 의견이라고 보기는 어렵다. 실제로 그 후 부산고등법원에서는 광주고등법원과는 다른 판결을 하여 매수자에게 독자적인 분양권이 없다고 판시하였다. 부산고등법원의 판결은 상고되어 현재 대법원에 계류 중이다.

그리고 인터넷과 시중의 다른 서적에서 '분양권'은 일반분양자의 경우에, '입주권'은 조합원인 경우에 쓰는 용어라고 설명하는 경우도 있는데, 반드시 그렇지는 않다. 오히려 도시정비법에서는 조합원의 경우에 '분양신청'이라는 말을 쓰고 있기 때문에 조합원에게 '분양권'이라는 표현을 쓰는 것이 더 적절하다. 이 책에서는 분양권과 입주권을 혼용해서 사용할 것이다. 그냥 그때그때 일반분양인지 조합원분양인지만 구별하면 될 것이다.

## 조합설립인가 이전에 매수하면 입주권을 받을 수 있다

그러나 위와 같은 제한도 '조합설립인가 후'에만 작용한다. 즉 조합설립인가 이전에는 다물건 보유자로부터 매수해도 독자적인 입주권이 주어질 수 있다.

따라서 창립총회를 하는 등 조합설립이 임박한 정비구역의 다물건 보유자는 자신이 가진 여러 채의 물건 중 일부를 조합설립인가 이전에 매각해야 한다. 그래야만 매수자에게 독자적인 입주권이 주어지므로 매수자가 생긴다. 재개발·재건축 지역에서 부동산을 매수하는 사람은 그 구역에서 헌 집을 사서 새 집을 받으려는 것이다. 그렇게 새 집을 싼값(조합원분양가)에 받아, 입주 후 추가적인 프리미엄을 누리고자 하는 것이다. 그런데 새 집을 받을 권리(입주권)가 없다면 이는 투자의 기본 목적에서 이탈하는 매우 심각한 문제다.

이러한 도시정비법 조항은 2011년경부터 존재했는데, 당시 무척 심한 혼란을 겪었고, 피해자가 속출했다. 다물건 보유자로부터 매수한 자들이 입주권이 없다는 것을 알고 낙담하고 데모까지 벌였다. 우여곡절 끝에 법령이 개정되고 소급하여 구제를 했지만, 현재는 경과 기간이 지나 더 이상의 구제는 없으며 엄격히 적용된다.

## 예외규정

주택 수만큼 조합원입주권을 공급하는 경우

> 과밀억제권역에 위치하지 아니한 재건축 사업의 토지등소유자(도시 및 주거환경정비법 제76조 제1항 7호 나)

위 경우 토지등소유자는 소유한 주택 수만큼 조합원입주권을 받을 수 있다. 예를 들어 전주시 효자동의 ○○단지의 경우 아파트를 5채 보유한 조합원은 조합원입주권(새 아파트)을 5개 공급받을 수 있다. 다만 강제규정이 아니기 때문에 조합의 정관과 관리처분계획에 의하여 새로 공급하는 조합원입주권의 수를 5개 이하로 제한할 수 있으므로, 이 또한 조합사무실에 정확히 확인해야 한다.

조합원입주권을 3개 받을 수 있는 경우(과밀억제 내의 비투기과열지구와 비조정대상지역)
과밀억제권 내라고 해도 투기과열지구나 조정대상 지역이 아니면 3개까지는 입주권을 받을 수 있다. 예를 들어 인천시 동구 송현동 ○○재건축아파트의 경우 조합원이 4채의 아파트를 보유하고 있으면 조합원이 원할 경우 3개의 조합원입주권을 받고 나머지 1개는 현금청산이 된다. 이 예외규정 역시 강제조항이 아니며 각 조합의 정관이나 관리처분에 따라 공급하는 조합원입주권 수를 따로 정할 수 있으므로 구체적인 것은 조합에 확인하는 것이 필수다(인천시의 경우 2020년 6월 19일에 조정대상지역이 되었기 때문에 원칙적으로 입주권이 1개지만 구역마다 달리 적용받을 수 있다).

**조합원입주권 2개를 공급받는 경우(과밀억제권 내의 투기과열지구와 조정대상지역)**

'도시정비법 제76조제1항 7호 다'에는 조합원입주권 2개를 공급받을 수 있는 경우를 규정하고 있는데 소위 말하는 1+1 조합원분양권을 말한다.

제74조제1항5호에 따른 가격의 범위 또는 종전 주택의 주거전용면적의 범위에서 2주택을 공급할 수 있고, 이 중 1주택은 주거전용면적을 60제곱미터 이하로 한다.

다만, 60제곱미터 이하로 공급받은 1주택은 제86조제2항에 따른 이전고시일 다음 날부터 3년이 지나기 전에는 주택을 전매(매매·증여나 그 밖에 권리의 변동을 수반하는 모든 행위를 포함하되 상속의 경우는 제외한다)하거나 전매를 알선할 수 없다.

위의 경우 조문에서와 같이 가격이나 주거전용면적의 범위에서 2채를 분양받을 수 있는데 대표적인 예가 반포주공1단지 1, 2, 4주구의 1+1 조합원입주권이다. 반포주공1단지 1, 2, 4주구는 2018년 12월에 관리처분계획인가를 득하고 현재 이주 및 철거를 준비하고 있다. 조합원이 원할 경우 32평은 25평과 32평, 42평의 경우 25평과 46평, 60평의 경우 25평과 67평 새 아파트(조합원입주권)가 공급된다.

참고로 과밀억제권역은 수도권정비계획법 제6조 시행령 제9조에 다음과 같이 규정하고 있다.

---

1. 서울특별시

2. 인천광역시[강화군, 옹진군, 서구 대곡동·불로동·마전동·금곡동·오류동·왕길동·당하동·원당동, 인천경제자유구역(경제자유구역에서 해제된 지역을 포함한다) 및 남동 국가산업단지는 제외한다]

3. 의정부시

4. 구리시

5. 남양주시(호평동, 평내동, 금곡동, 일패동, 이패동, 삼패동, 가운동, 수석동, 지금동 및 도농동만 해당한다)

6. 하남시

7. 고양시

8. 수원시

9. 성남시

10. 안양시

11. 부천시

12. 광명시

13. 과천시

14. 의왕시

15. 군포시

16. 시흥시[반월특수지역(반월특수지역에서 해제된 지역을 포함한다)은 제외한다]

---

# 02

# 재당첨
# 제한

## 일반분양의 재당첨 제한

이명박·박근혜 정부가 노무현 정부에서 실시했던 대부분의 규제를 풀어줌으로써 2014년부터는 침체되었던 부동산 경기가 회복세로 돌아섰다. 그러나 2016년 박근혜 정부의 후반기에서는 우려할 정도의 부동산 과열 조짐이 나타났고, 다시 규제쪽으로 일부 정책의 방향이 바뀌었다. 2016년 11월 3일에 발표한 대책의 주요 내용은 분양권 전매제한, 재당첨제한, 일반분양자들의 중도금 대출 제한 등이 주요 내용이다. 이 중 핵심내용이 조정대상지역에서의 재당첨 제한이었다(2016년 11.3 대책).

| 실수요 중심의 시장 형성을 통한 주택시장의 안정적 관리방안 |

| 실수요자 당첨기회 확대<br>(국지적 시장과열 완화) | | 실수요자<br>금융지원 | 주택시장의 투명성 제고 | |
|---|---|---|---|---|
| 맞춤형 청약제도<br>조정 | 과도한 투자수요<br>관리 | 자금지원 및<br>금융부담 완화 | 정비사업<br>제도 개선 | 청약시장 불법행위<br>근절 |
| **대상 지역**<br>• 서울 전 지역, 경기·부산 일부 지역, 세종특별자치시<br>**택지 유형**<br>• 지역에 따라 공공 또는 민간 또는 모두 | | **정책모기지 지속 공급**<br>• 디딤돌대출 등 모기지 차질없이 공급<br>• 적격대출의 은행별 한도 추가배정 등<br><br>**LH 분양 중도금 조정**<br>• 1회차 납부 시기 4~8개월 연기하고, 중도금 비율 등 축소 | **경쟁입찰 확대 및 용역비 공개**<br>• 일반 경쟁 원칙, 민간수요자 전자조달시스템 사용 의무화 등<br><br>**금품·향응 수수행위 신고 활성화**<br>• 신고포상금 및 자진신고제 도입<br><br>**정비사업 대출보증 요건 강화**<br><br>**정비사업 조합 운영실태 점검** | **청약시장 불법행위 상시점검팀 운영**<br>• 정기점검 외 과열이 발생한 지역은 불시점검 실시<br>• 각 호별 분양권 및 주택 거래내역 파악시스템 구축<br><br>**신고제도 활성화**<br>• 신고포상금 및 자진신고제 도입<br><br>**부적격 당첨자 청약 제한기간 연장**<br>• 3개월 → 1년 |
| **청약제도 조정**<br>• 전매제한 기간 강화 : 1년 연장 또는 소유권 이전등기시<br>• 1순위 제한 : 대상 주택 청약 시 2주택 이상 소유자 제외 등<br>• 재당첨 제한 : 1~5년간 재당첨 제한 | **투자 수요 관리**<br>• 중도금 대출보증 발급요건 : 계약금 5 → 10%<br>• 2순위 청약 시에도 청약통장 필요<br>• 1순위 청약일정 분리 : 당해/기타 구분<br>• 청약가점제 비율 유지(40%) | | | |

---

## 주택공급에 관한 규칙

**제54조(재당첨 제한)** ① 다음 각 호의 어느 하나에 해당하는 주택에 당첨된 자의 세대(제47조의3에 따른 당첨자의 경우 주택공급신청자 및 그 배우자만 해당한다. 이하 이 조에서 같다)에 속한 자는 제2항에 따른 재당첨 제한기간 동안 다른 분양주택(분양전환공공임대주택을 포함하되, 투기과열지구 및 청약과열지역이 아닌 지역에서 공급되는 민영주택은 제외한다)의 입주자로 선정될 수 없다. 〈개정 2017. 11. 24, 2018. 5. 4, 2018. 12. 11.〉

1. 생략

2. 제47조에 따라 이전기관 종사자 등에 특별공급되는 주택

3. 분양가상한제 적용주택

4. 분양전환공공임대주택

5. 토지임대주택

6. 투기과열지구에서 공급되는 주택

7. 청약과열지역에서 공급되는 주택

② 제1항에 따른 재당첨 제한기간은 다음 각 호의 구분에 따른다. 〈신설 2017. 11. 24.,
2018. 5. 4.〉

1. 당첨된 주택이 제3호에 해당하지 아니하는 경우로서 85제곱미터 이하인 경우

　가.「수도권정비계획법」제6조 제1항에 따른 과밀억제권역(이하 "과밀억제권역"이라
　　한다)에서 당첨된 경우에는 당첨일부터 5년간

　나. 과밀억제권역 외의 지역에서 당첨된 경우에는 당첨일부터 3년간

2. 당첨된 주택이 제3호에 해당하지 아니하는 경우로서 85제곱미터를 초과하는 경우

　가. 과밀억제권역에서 당첨된 경우에는 당첨일부터 3년간

　나. 과밀억제권역 외의 지역에서 당첨된 경우에는 당첨일부터 1년간

3. 당첨된 주택이 다음 각 목의 어느 하나에 해당하는 경우: 당첨일부터 5년간

　가. 생략

　나. 토지임대주택 〈개정 2017. 11. 24.〉

## 조합원분양의 재당첨 제한

'주택공급규칙'에서의 재당첨 제한은 일반분양에 관한 것으로, 재개발·재건축
의 조합원입주권에는 적용이 안 되는 규제였다. 그러나 문재인 정부가 들어서고
부동산 경기의 과열현상이 뚜렷해지자 국토교통부에서는 2017년 8월 2일에 투기
과열지구를 지정하면서 투기과열지구 내의 재개발·재건축 정비사업 모든 분양권
(조합원+일반분양)에 대해 재당첨 제한 규제를 신설하였다(2017년 8.2 대책).

> **도시 및 주거환경정비법**
>
> **제72조(분양공고 및 분양신청)** ⑥ 제3항부터 제5항까지의 규정에도 불구하고 투기과열지구의 정비사업에서 제74조에 따른 관리처분계획에 따라 같은 조 제1항제2호 또는 제1항제4호가목의 분양대상자 및 그 세대에 속한 자는 분양대상자 선정일(조합원분양분의 분양대상자는 최초 관리처분계획인가일을 말한다)부터 5년 이내에는 투기과열지구에서 제3항부터 제5항까지의 규정에 따른 분양신청을 할 수 없다. 다만, 상속, 결혼, 이혼으로 조합원 자격을 취득한 경우에는 분양신청을 할 수 있다. 〈신설 2017. 10. 24.〉

2017년 8.2 대책 이전에는 재건축이나 재개발정비구역 내에 주택이나 토지 등의 부동산을 보유한 상태에서 추가로 다른 정비구역에 있는 주택을 매수해도 5년 내에 모두 조합원입주권을 분양받을 수 있었다. 그러나 8.2대책 이후 새로 투기과열지구 내 정비구역 안에서 매수한 주택으로는 5년 내에 조합원분양을 두 번 받지 못하게 된 것이다.

도시정비법의 위 내용은 2017년 10월 24일부터 시행되었는데 부칙 제4조에서 이 규정의 시행 이전에 보유하고 있던 투기과열지구 내의 재개발·재건축 주택에 대해서는 예외를 규정하고 있다.

> **도시 및 주거환경정비법 부칙 제4조(투기과열지구 내 분양신청 제한에 관한 경과조치)**
> 이 법 시행 전에 투기과열지구의 토지등소유자는 제46조제3항의 개정규정에도 불구하고 종전의 규정을 적용한다. 다만, 다음 각 호의 어느 하나에 해당하는 경우에는 그러하지 아니하다.
> 1. 토지등소유자와 그 세대에 속하는 자가 이 법 시행 후 투기과열지구의 정비사업구역에

소재한 토지 또는 건축물을 취득하여 해당 정비사업의 관리처분계획에 따라 제48조제1항 제3호가목의 분양대상자로 선정된 경우(조합원분양을 받은 경우)

2. 토지등소유자와 그 세대에 속하는 자가 이 법 시행 후 투기과열지구의 정비사업의 관리 처분계획에 따라 제48조제1항제3호나목의 분양대상자로 선정된 경우(일반분양을 받은 경우)〈신설 2017. 10. 24.〉

사례 1 : 법 시행 이전에 보유하던 주택은 재당첨 제한이 없다

A는 서울 서초구 반포동의 재건축 아파트를 2005년부터 보유하고 한남동의 재개발 아파트를 2012년부터 보유하고 있는데, 반포동 아파트는 2018년 12월에 관리처분인가가 나고 한남동 아파트는 2020년에 관리처분인가가 난다고 해도 A는 제한 없이 조합원입주권을 분양받게 된다.

사례 2 : 상속 등으로 조합원 자격을 취득한 경우에 예외로 재당첨 가능하다

B는 강남구 개포동에 2008년부터 재건축 아파트를 보유하고 있었는데, 2017년 12월에 아버지가 돌아가셔서 아버지가 보유하고 있던 서초구 방배동의 재건축 주택을 상속받았다. 개포동의 아파트는 2017년 10월에 관리처분인가가 났고, 방배동의 재건축 주택은 2019년 11월에 관리처분인가가 났다. 이 경우 B는 방배동 주택을 도시정비법 개정 시행 이후인 2017년 12월에 취득했고, 앞서 조합원분양을 받은 지 5년이 경과되지 않은 상태에서 재당첨이 되었지만 상속으로 인한 취득이기 때문에 제한이 없다.

사례 3 : 도시정비법 개정 시행 이후 취득한 주택으로 인한 조합원분양권 재당첨은 제한된다

C는 서초구 반포동의 재건축 아파트를 2012년부터 보유하고 있었다. 그런데 재건축에 대한 규제가 심해지자 재개발은 규제가 덜하다는 지인의 말을 듣고 성동구 성수동의 재개발 주택을 2018년 2월에 매수하였다. 반포동 아파트는 2017년 12월에 관리처분인가가 나서 조합원입주권 상태이고 성수동의 빌라는 2021년 10월에 관리처분인가가 날 예정이다. 그렇다면 C는 성수동 주택으로 조합원입주권을 받을 수 있을까?

안타깝게도 성수동 주택은 현금청산 대상이다. 성수동 주택은 도시정비법 개정 시행(2017. 10. 24.) 이후인 2018년 2월에 매수하였고 반포동 아파트로 조합원입주권을 받은 지 4년밖에 경과하지 않았기 때문이다. C의 경우 성수동의 재개발사업이 지연되어 2022년 12월 이후(5년 경과 후)에 관리처분인가가 난다면 오히려 성수동에서도 조합원입주권 분양을 받아 투자에 성공하게 될 것이다.


사례 4 : 도시정비법 개정 시행 이후 일반분양에 당첨되면 재당첨이 제한된다

D는 2018년 9월에 용산구 한남동에 있는 재개발지역의 작은 빌라에 3억 원을 투자하여 전세보증금 2억 원을 끼고 총 5억 원에 매수 계약을 하였다. 잔금은 3개월 뒤인 2019년 1월이었다. D는 2018년 10월에 서초동의 한 재건축 아파트의 일반분양 25평형이 주변 아파트의 시세보다 3억~4억 원 정도 싸게 나와서 당첨만 되면 로또라는 언론의 보도를 보고, 10여 년간 가지고 있던 청약통장을 이용해 청약을 하였고 당첨이 되었다. 현금이 7억 원 정도 있어야 해서 부담스러웠지만 부모님이 중도금 등을 빌려준다고 해서 계약을 하였다. D가 투자한 한남동의 재개

발에서도 조합원분양권을 받을 수 있을까?

이 경우 한남동 재개발주택이 2023년 10월 이내(5년 내)에 관리처분인가를 받으면 조합원입주권이 주어지는 게 아니라 현금청산 대상이 된다. 만일 D가 한남동 재개발 주택을 2017년 10월 24일 이전부터 보유하고 있었다면 어떻게 될까? 이 경우 역시 한남동재 개발 주택은 조합원분양을 받지 못하고 청산 대상이 된다. 도시정비법 부칙 제4조 2호의 제한사항에 해당되기 때문이다.


## 재당첨 제한 내용 숙지

요즘은 유튜브 등의 매체를 통해 전문가를 자처하는 강사들의 재개발과 재건축 투자에 관한 강의를 쉽게 접할 수 있고, 부동산 투자에 대한 일반인의 관심이 높아지면서 재개발과 재건축에 적극적으로 나서는 투자자들이 늘어났다. 월급만으로 부자가 될 수 없다는 인식이 강해진 영향이 크다.

재건축과 재개발은 장기 투자이긴 하지만 순차적으로 진행하기만 하면 가격이 수직상승하는 것이 특징이다. 그렇다고 무턱대고 투자할 것이 아니라 도시정비법에서 규정하는 재당첨 제한 등을 자세히 숙지한 후 투자에 나서야 한다.

A는 서초구 반포동의 재건축 아파트를 보유하고 있고 2018년 12월에 관리처분인가가 난 상태여서 조합원분양을 받은 셈이다. A는 서초구 반포동의 재건축 아파트를 보유하고 있고 2018년 12월에 관리처분인가가 난 상태여서 조합원분양을 받은 셈이다. 이 아파트 정비구역은 2020년 6월부터 11월까지 이주한다. 필자는 이 고객님께 성수동 정비구역 중 진행이 가장 느린 ○○구역에 투자할 것을 권했다. 왜냐하면 A는 반포동의 아파트로 2018년 12월에 조합원분양을 받았기 때

문에 5년 내에 다시 조합원 분양을 받을 수가 없기 때문이다. 성수동의 ○○구역은 현재 조합설립만 되어 있는 상태여서 사업시행인가, 관리처분의 단계를 거치려면 최소 5년 이상 걸릴 것으로 예상된다. 그렇게 되면 자연스럽게 5년 내 재당첨제한 규정을 피할 수 있게 된다.

# 03

# 나대지도
# 입주권을 준다?

## 숨어 있는 진주 찾기

의외로 많은 사람들이 눈에 보이는 것만을 보고 깊숙한 분석을 하지 않으며, 예외적인 상황에는 도전하기를 꺼린다. 그래서 일반인들은 주택을 분양받기 위해서는 주택에만 투자할 뿐, '나대지'나 '공장'에 투자할 생각은 하지 못한다. 그래서 주택은 단위면적당 가격이 높지만 나대지나 공장은 그보다 단위면적당 가격이 낮다.

성공적인 투자를 위해서는 역발상이 필요하다. 역발상에는 위험이 따르지만 그만큼 보상이 크다. 언제나 의외의 곳을 살펴봐야 한다. 나대지나 공장은 주택보다 분석이 까다롭기는 하지만 그만큼 일반인들이 쉽사리 투자하지 못하므로, 숨어 있는 물건들 중 진주 같은 물건이 찾을 수 있다.

재개발 투자에서는 재건축 투자와 달리 건물이 아니라 '나대지'나 '공장'을 매입했더라도 '주택'을 받을 수 있다는 장점이 있다. 또한 나대지나 공장은 주택과는 달리 대출에 대한 제한이 없다. 대출 제한이 없다는 것은 투자에 있어서는 정말 큰 축복이다.

필자(변호사)는 역시 이 책의 필자(공인중개사)의 권유를 받아 성수동 재개발구역에 주택을 구입하러 갔다가 나대지를 발견하고 이를 구입하여 엄청난 수익을 올렸다. 당시 주택을 보러 갔다가 1주일 이상 부지런히 돌아다니며 공장, 나대지로 순차로 눈을 돌려 해당 물건을 발견하고는 곧장 매입했던 것이다. 평소에 지식을 쌓아두었기 때문에 매물을 보는 순간 즉각적으로 좋은 물건임을 파악할 수 있었다. 감정평가사에게 그 물건의 감정평가를 의뢰하여 은행대출에 대한 상한을 늘리고, 추후 있을 종전자산평가에도 대비했다. 변호사가 법적으로 검토하고 스스로 투자하는 건을 중개사가 중개하고, 감정평가사가 평가한, 그야말로 완벽한 예술작품과 같은 투자였다. 해당 물건은 3년 전에 15억 원에 매입하였는데 현재 25억 원을 호가한다.

다만 나대지는 정비구역 지정 당시부터 90m² 이상이어야 한다는 점에 주의해야 한다. 정확한 요건은 전문 변호사나 전문 중개사의 자문을 받아야 하며, 투자 당시의 해당 지자체 조례도 반드시 확인해보아야 한다.


## 부지런히 발품을 팔아라

좋은 물건은 시장에 잘 나오지 않는다. 시장에 나오더라도 나오자마자 전문가들이나 주변인들이 금방 채 가는 게 보통이다. 그러나 일반적으로 그렇다는 것일 뿐, 꾸준히 정보를 수집하고 발품을 팔다 보면 좋은 물건이 눈에 띄게 된다. 때로는 그런 물건이 강남권에서도 나오는데, 고령이 된 자산가들이 재개발·재건축의 완성 시기까지 기다리지 않고 자신의 물건을 매각하려고 내놓는 경우이다. 80대 정도의 고령에 접어든 자산가들이, 재개발이 이루어지면 가치가 상승하는 것은 알지만, '내가 죽은 다음에 가치가 상승하면 무슨 소용이 있나? 나에게는 죽을 때까지 쓸 현찰이 필요해'라는 생각으로 처분하기도 한다. 또는 이제 편안하게 지방에 내려가 돈을 쓰며 살겠다는 생각으로 내놓기도 한다.

이런 물건을 찾기 위해서는 부지런히 발품을 팔아야 한다. 또 중개인과도 매우 친해져야 한다. 때로는 친구 중개인을 데리고 투자 현장을 답사하는 것도 필요하다. 그래야 일반인의 눈에는 보이지 않는 것을 찾을 수 있다.

필자(변호사)의 경우, 유튜브에서 각종 투자 관련 정보를 얻고 실제로 현장답사를 해본 결과 성수동 재개발 지구가 상당히 전망이 좋다는 것을 알게 되었다. 성수동은 1지구부터 4지구까지 있는데 재개발지구로서는 예외적으로 평평한 평지에 자리 잡고 있었다. 한남뉴타운과 함께 손꼽히는 투자처였다. 처음에는 아직 조합 결성이 안 된 성수 2지구의 경매 물건을 이 책의 또 다른 필자(공인중개사)와 함께 보러 갔는데 그 물건은 경매가 취하되어버렸다. 그 뒤에 공장 물건을 구입하려고 했다가 매도인이 매도 의사를 철회해서 매수하지 못했다.


## 감정평가보고서의 위력 발휘하기

그렇게 공장 매물은 놓쳤지만 다시 한번 기회가 왔다. 성수동 현지의 중개사가 하루가 멀다 하고 드나드는 필자들을 보고는, 숨겨놓은 공동중개 매물(그것도 중개사가 3명이나 연결되어 있는)을 소개해주었다. 단독중개란 한 명의 중개사가 매도인 매수인 모두를 중개하여 거래를 성사시키는 것으로, 매도인 매수인 모두에게서 중개수수료를 받는다. 반면에 공동중개란 매도인 측 중개사, 매수인 측 중개사가 따로 있어서 거래 성사 시 한쪽으로부터만 수수료를 받는 물건을 말한다. 현장 중개사들은 이를 각각 양타, 반타라고 한다.

아무래도 공동중개를 하게 되는 물건은 중개사로서는 수익이 적기 때문에 손님에게 소개할 때 후순위로 밀리게 마련이다. 그런데 우리가 집요하게 현장을 드나들자 이윽고 성수동 현지 공인중개사가 공동중개 매물을 소개해주었다. 이것이 앞서 말했던 나대지로, 평당가격이 매우 저렴해 다음 날 곧바로 계약을 체결했다. 이 물건은 80대의 재력가가 현금 마련 차원에서 매각하는 건이었다.

이 나대지 매물을 매수하면서 은행 레버리지를 최대한 이용하기 위해서, 미리 개인적으로 부동산 감정평가사를 고용하여 감정평가를 받았다. 그렇게 받은 감정평가서를 감정평가사협회에 등록했다. 그 직후 대출은행에서 감정평가사가 담보 감정평가를 하게 되었는데, 이미 내가 만들어놓은 감정평가보고서를 은행의 감정평가사가 볼 수밖에 없는 구조를 만들어놓은 것이다. 그래서 매수가의 70%를 대출하여 매매대금을 충당하였다.

이후에 일어나는 재개발 종전자산평가에서도 미리 준비해둔 감정평가보고서는 위력을 발휘하게 마련이다. 뒤이어 일 처리를 해야 하는 감정평가사들은 이걸 참조하지 않을 수 없다.

# 04

# 이런 물건은
# 피하자

우리가 투자를 하는 것은 자산 증식을 위한 것이다. 그런데 법적 지식이 부족하면 오히려 큰 손실이 발생할 수 있다. 투자를 통해 자산을 늘리는 것보다 더 중요한 것은 나의 자산을 지키는 것이다. 자산을 지킬 준비가 되어 있는 사람만이 투자에 나설 자격이 있다. 자칭 전문가라 칭하는 컨설턴트, 공인중개사들만을 믿고 묻지마 투자에 나서는 것은 폭탄을 들고 불길로 뛰어드는 것만큼 위험한 행위다.

법률 서비스의 문턱이 낮아져 변호사 등에게 쉽게 법률 서비스를 받을 수 있는 기회도 많아졌지만, 그들 역시 해당 분야의 전문가가 아니면 모르는 것이 많다. 내과 의사가 치과 치료를 할 수 없는 것과 마찬가지다.

## 재건축 조합설립 이후 매수

도정법 제39조제2항에 의하면 투기과열지구 내 재건축정비구역에서는 '조합설립인가' 후에는 원칙적으로 조합원의 자격이 승계되지 않는다. 즉 조합설립 이후에 해당 구역의 아파트를 매수한 사람은 조합원이 될 수 없고, 현금청산 대상자가 되는 것이다.

재건축 아파트를 사는 것은 몇 년 후에 새로 지어진 아파트를 받으려는 것이지, 현금청산이 목적인 사람은 거의 없을 것이다. 따라서 재건축 아파트에 투자하려면 정비구역이 지정된 후 추진위 단계에서 매수해야 한다.

## 재개발 관리처분인가 이후 매수

역시 도정법 제39조제2항에 의해 투기과열지구 내 재개발정비구역에서는 '관리처분인가' 후에는 원칙적으로 조합원의 자격이 승계되지 않는다. 즉 관리처분인가 이후에 해당 구역의 재개발조합원입주권을 매수한 경우에도 현금청산의 대상이 되는 것이다. 따라서 재개발구역 내에서 새 아파트를 온전하게 분양받으려면 관리처분인가 이전의 구역 물건을 매수해야 한다.

## 지분 쪼개기한 매물

재건축정비구역의 경우 대개 아파트 밀집 지역이어서 권리 관계가 비교적 단순하다. 그러나 재개발구역은 단독주택, 다세대주택, 나대지, 무허가건축물 등이 혼재되어 있기 때문에 권리 관계와 조합원의 지위 여부가 매우 복잡하다. 더욱이 재개발이 활발히 이루어지면서 소위 말하는 '지분 쪼개기'를 통해 조합원 수를 늘리는 편법이 많이 발생하였다.

조합원 수가 늘어나면 사업성이 떨어지기 마련이다. 이 때문에 어떤 재개발구역은 아예 사업을 포기하는 경우도 있는 등 부작용이 많이 생겼다. 이에 따라 2009년 2월 6일에 도시정비법(현 도시 및 주거환경정비법)에 '권리산정기준일'을 마련하여 지분 쪼개기를 방지하고, 사업성 저하로 인한 정비사업 자체가 좌초되는 것을 막을 수 있게 되었다. 이에 따라 서울시 조례가 정해졌는데 2010년 7월 16일부터 현재까지 '권리산정기준일'을 기준으로 분양대상자가 정해진다.

---

**제77조(주택 등 건축물을 분양받을 권리의 산정 기준일)** ① 정비사업을 통하여 분양받을 건축물이 다음 각 호의 어느 하나에 해당하는 경우에는 정비구역 지정 고시가 있은 날 또는 시·도지사가 투기를 억제하기 위하여 기본계획 수립 후 정비구역 지정·고시 전에 따로 정하는 날의 다음 날을 기준으로 건축물을 분양받을 권리를 산정한다.

1. 1필지의 토지가 여러 개의 필지로 분할되는 경우
2. 단독주택 또는 다가구주택이 다세대주택으로 전환되는 경우
3. 하나의 대지 범위에 속하는 동일인 소유의 토지와 주택 등 건축물을 토지와 주택 등 건축물로 각각 분리하여 소유하는 경우
4. 나대지에 건축물을 새로 건축하거나 기존 건축물을 철거하고 다세대주택, 그 밖의 공동주택을 건축하여 토지등소유자의 수가 증가하는 경우

---

예를 들어 A구역의 경우 2004년 6월 25일에 정비구역 지정이 고시되었는데 사업이 지지부진해지면서 중간에 행위 제한이 잠시 풀린 기간이 있었다. 그런데 이

때 신축빌라가 우후죽순 생겨났다. 위 제4호에 해당하는 경우다. 따라서 재개발구역의 조합원 매물을 매수하려는 경우에는 반드시 정비구역 지정고시 등의 권리산정기준일과 소유권보존일 등의 공부상 권리관계를 확실히 파악한 다음 계약해야 하고, 계약 시 특약에도 "본 부동산은 ○ ○ 재개발조합의 분양대상조합원에 해당하는 매물이며 조합원분양 자격이 없을 때에는 매도인은 계약금의 배액과 기타 매수인의 재산상의 손실에 대한 배상책임이 있다" 등의 조항을 반드시 적어야 한다.

## 과소 토지

앞서 설명한 '건축물 대장에 등재되지 않은 무허가건물' 내용 중 "① 토지만 보유하고 있는 사람"도 재개발구역 안에서는 토지등소유자로서 조합원분양 대상자가 될 수 있다. 그러나 문제는 너무 작은 면적의 토지 소유자다.

재개발구역 안에 주택은 없고 토지만 소유한 자로서 그 토지의 면적이 일정 면적 이상이면 조합원입주권을 분양받을 수 있다. 서울시의 경우 나대지 30m² 미만(1~29m²)을 소유한 자는 조합원입주권을 받지 못하고 현금청산 대상이 된다. 30~89m²의 토지를 소유한 사람(세대원 모두)이 무주택자이면 조합원입주권을 받을 수 있다.

토지가 90m² 이상이면 주택 소유 여부와 상관없이 조합원 자격에 문제만 없으면 조합원입주권을 받을 수 있다. 따라서 초기자금이 적어 기준에 미달하는 과소토지를 매수할 경우 재개발지역에 투자하는 소기의 목적인 아파트를 분양받지 못하고 현금청산이 될 수 있으므로 각별히 조심해야 한다.

# 05

# 용적률의
# 함정

## 용적률과 건폐율 구분하기

재개발·재건축에서는 용적률이라는 개념이 매우 중요하다. 용적률을 알기 위해서는 먼저 건폐율을 알아야 한다. 건폐율이란 일정한 면적의 땅에 건물을 지을 수 있는 1층 바닥 면적의 비율을 말한다. 예를 들어 100평짜리 땅 위에 50평에만 건물을 지을 수 있게 규정되어 있다면 그 땅의 건폐율은 50%다. 용적률이란 이 바닥면적의 합계를 땅 면적으로 나눈 비율을 말한다. 즉 100평짜리 땅에 50평 건물을 10층으로 건축했다면 바닥면적은 합(연면적)은 500평이고 용적률은 500%다.

---

건폐율 = 건축물의 1층 바닥면적 / 대지면적 × 100

용적률 = 건축물의 바닥면적의 합 / 대지면적 × 100

---

국토의 계획 및 이용에 관한 법률(국토계획법)에 보면 각 지역별로 용적률, 건폐율의 최고 한도가 나오며 그 범위에서 각 지자체의 조례가 또 구체적인 한도를 정하고 있다.

재개발·재건축정비구역의 경우 대개 아래 표 3~5번의 일반주거지역에 해당한다. 따라서 용적률의 상한선이 200% 또는 250%다. 그런데 각 지방자치단체마다

---

**서울시 도시계획조례 용도지역별 용적률**

**제55조(용도지역 안에서의 용적률)** ① 법 제78조제1항·제2항 및 영 제85조제1항에 따라 용도지역별 용적률은 다음 각 호의 비율 이하로 한다.

1. 제1종전용주거지역 : 100퍼센트

2. 제2종전용주거지역 : 120퍼센트

3. 제1종일반주거지역 : 150퍼센트

4. 제2종일반주거지역 : 200퍼센트

5. 제3종일반주거지역 : 250퍼센트

6. 준주거지역 : 400퍼센트

7. 중심상업지역 : 1천퍼센트(단, 역사도심 : 800퍼센트]

8. 일반상업지역 : 800퍼센트(단, 역사도심 : 600퍼센트)

9. 근린상업지역 : 600퍼센트(단, 역사도심 : 500퍼센트)

10. 유통상업지역 : 600퍼센트(단, 역사도심 : 500퍼센트)

11. 전용공업지역 : 200퍼센트

12. 일반공업지역 : 200퍼센트

13. 준공업지역 : 400퍼센트

14. 보전녹지지역 : 50퍼센트

15. 생산녹지지역 : 50퍼센트

16. 자연녹지지역 : 50퍼센트

---

조례로 재량권을 가지고 더 강하게 규제하기도 하고 완화하여 인센티브를 주기도 한다. 서울시의 경우 '도시 및 주거환경정비기본계획상 용적률'을 따로 정하여 서울시가 정한 일정한 항목에 해당하면 (예를 들어 임대 아파트를 많이 짓거나 공원을 조성하여 기부채납하는 등) 2종일반주거지역의 경우 최대 250%까지, 3종일반주거지역의 경우 최대 300%까지 허용한다. 이렇게 투자 고려 중인 정비구역의 토지이용계획원을 통해 용도지역을 확인하고 용적률의 상한선을 확인한다.

그렇다면 현재(구건축물)는 해당 토지 안에 건축물의 밀도가 낮아야 정비사업 시 추가로 지을 건축물이 많을 것이다. 따라서 현재(구건축물)의 용적률이 낮은 정비구역이 투자에 유리하다. 새 건물을 많이 지어 일반분양을 해서 건축비를 충당해야 조합원이 상대적으로 적은 추가 분담금으로 새 집을 분양받을 수 있기 때문이다. 이를 다른 말로 사업성이 좋다고 말한다.

그래서 투자자들은 현재의 용적률이 낮은 저층 아파트를 선호한다. 1970년대에 지어졌던 주공아파트들 중에는 저층(저밀도) 아파트들이 많았는데 지금은 거의 재건축이 완성되어 남은 곳이 별로 없는데, 그 대표적인 곳이 반포주공1단지다.


## 용적률과 사업성

그렇다면 용적률이 낮다고 무조건 사업성이 좋을까? 이건 꼭 그렇지는 않다. 용적률이 낮아도 사업성이 떨어지는 경우가 있다. 기존의 세대수가 많은 경우가 그렇다. 위 반포주공 1단지의 경우 1, 2, 4주구는 32평형, 42평형, 64평형의 대형 평형으로 구성되어 있다. 반면 3주구는 22평형 소형평형으로 구성되어 있다. 반포주공1단지는 전체가 비슷한 시기에 지어진 단지로서 두 정비구역 간의 기존 용적률이 비슷하다. 그러나 현재 재건축과정에서의 사업성은 현저한 차이가 있다. 1, 2, 4주구의 경우 대형 평형으로 구성되어 당연히 세대당 대지지분이 많다. 그래서 가격이 비싼 만큼 조합원의 수익성이 좋고, 3주구는 소형 평형으로서 대지지분이 적으므로 조합원의 추가분담금 등 여러 가지 차이가 나지만 3주구의 경우 기존의 1, 2, 4주구와 비슷한 용적률임에도 기존의 조합원이 많아서 일반분양분이 적은 것이 사실이다.

비슷한 용적률이어도 중대형평형으로 이루어진 단지는 조합원 수가 적기 때문에 일반분양 물량이 많아서 사업성이 좋은 경우가 있다. 반포동의 신반포15차 아파트는 1982년에 지어진 저층 아파트로 45평 30세대, 56평 60세대, 68평 90세대 총 180세대의 대형 평형으로만 구성된 아파트였다. 이 아파트의 기존 용적률은 대략 130%였다. 이 아파트는 현재 철거가 끝나고 재건축 중인데 임대아파트 37세대를 포함하여 총 641세대로 완공될 예정이다. 즉 기존 조합원과 임대세대를 제외하고도 추가로 약 400세대가 건축되므로 일반분양 물량이 그만큼 많다. 이런 경우는 사업성이 매우 우수하며, 용적률이 낮은 단지가 사업성이 좋다는 말이 들어맞는 대표적인 예이다.

예를 들어 기존의 용적률만을 맹신하면 안 되는 경우를 다시 한번 보자.


A단지 800세대

전체 대지면적 9,600평 = (대지지분 10평 × 400세대) + (대지지분 14평 × 400세대)


B단지 440세대

전체 대지면적 9,600평 = (대지지분 15평 × 240세대) + (대지지분 30평 × 200세대)

이 두 단지는 기존 용적률이 공히 100%다. 이 두 단지를 용적률 250%를 적용받아 재건축한다고 하자. 용적률 270%로 건축할 경우 25평형의 아파트에 필요한 대지면적은 대략 9평(예 : 반포자이, 반포리체), 250%로 건축할 경우에는 대략 10평(예 : 텐즈힐2단지)의 대지가 필요하다.


## A단지를 모두 25평형으로 재건축할 경우

기존 조합원분의 건축에 필요한 대지면적

= 25평형의 필요 대지면적 10평 × 800세대

= 8,000평


조합원들에게 분양해줄 집을 짓는 데에 8,000평의 토지가 들어가고 1600평이 남는다. 이 1,600평으로 25평형 약 160세대를 지을 수 있다.

일반분양분을 건축할 수 있는 대지면적

= 1,600평


일반분양이 가능한 세대수

= 1600평 / 25평 세대당 필요대지면적 10평

= 160세대

## B단지를 모두 34평형으로 재건축할 경우

용적률 250%를 적용해서 아파트를 건축할 경우 34평에 필요한 대지면적은 대략 14~15평 정도다(예: 텐즈힐1단지). 여기서는 15평을 적용하여 계산해본다.

---

기존 조합원분의 건축에 필요한 대지면적

= 34평형의 필요대지면적 15평 × 440세대

= 6,600평

---

기존 조합원들에게 분양해줄 집 440세대를 짓는 데 6,600평의 토지가 소요된다. 전체 대지면적 9,600평에서 기존 조합원분의 건축에 들어가는 토지를 제하면 3,000평의 토지가 남는다. 이 3,000평을 일반분양분의 아파트를 짓는 데 쓰면 된다. 일반분양은 위 A단지와 똑같이 25평으로 한다고 가정하자.

---

일반분양분을 건축할 수 있는 대지면적

= 3,000평

일반분양 가능한 세대수

= 3,000평 / 25평 세대당 필요 대지면적 10평

= 300세대

---

위에서 예로 든 가상의 A, B단지는 전체 대지면적과 기존의 용적률이 동일하다. 그러나 세대수 등을 고려하여 재건축과정의 수익성을 대략 예측해보면 상당한 차이가 있다.

25평의 일반분양가가 10억 원이라고 가정했을 때 A단지의 일반분양 수입은 1,600억 원이고 B단지의 일반분양수입은 3,000억 원으로 2배에 가깝다. B단지의 조합원들은 일반분양 수입을 통해 조합원이 부담해야 할 추가분담금을 낮출 수 있다. 그만큼 조합 입장에서는 사업성이 좋고 조합원 개인 입장에서는 투자수익성이 좋은 것이다.

재개발·재건축 정비사업 과정에는 수없이 많은 변수와 복잡한 역학관계들이 얽혀 있어서, 단순히 용적률과 세대수 및 사업성을 비례 혹은 반비례 관계로 규정할 수는 없다. 또 도로, 학교, 어린이집, 공원 등의 기반시설을 함께 건립하여 기부채납을 하거나 주민 공용시설을 건립해야 하는 의무도 있다. 임대아파트도 지어야 한다. 그러나 계산의 편의를 위해 이런 제반 사항은 배제하고 최대한 단순화하였다.

외부적인 부동산 경기 상황, 본인이 보유하고 있는 조합원 지분의 감정평가액, 매수 타이밍 등 너무나 복잡해서 이를 일일이 수치화하는 것은 매우 어렵다. 따라서 용적률을 따져볼 때도 용적률 자체의 수치뿐 아니라 용도지역의 종상향 가능성, 조합원의 수 등을 종합적으로 고려하여 투자대상을 분석해야지, 용적률만을 맹신하면 투자에 실패할 수 있다.

242

# 06

# 토지 따로 건물 따로면
# 입주권도 따로?

## 재건축과 재개발 각각 입주권 조건이 다르다

재건축에서 조합원이 되려면 토지 및 건축물을 소유해야 한다. 재건축 정비사업은 대개 아파트지구에서 이루어진다. 아파트는 공동주택이기 때문에 각 호마다 구분등기가 되어 있고, 토지와 건물 부분의 소유권이 분리되어 있지 않다. 그래서 재건축 정비사업에서 조합원의 자격을 건물 및 건축물 소유권자에게 주는 것은 자연스럽다.

그런데 단독주택 밀집 지역에서도 재개발 방식이 아닌 재건축 방식으로 정비사업을 진행하는 곳이 있다. 서초구 방배동의 주택재정비구역과 성동구 응봉1주택재건축정비구역이 대표적인 예다. 이곳들은 단독주택, 다가구주택, 빌라(다세대)들이 모여 있는 곳이기 때문에 흔히 재개발정비구역으로 오해하기 쉽다. 그런데 주변의 도로나 학교 등 기반시설이 양호한 편이기 때문에 재건축 방식의 정비사업으로 진행하고 있다. 따라서 원칙적으로 토지만 갖고 있다거나 건축물만 가지고 있으면 조합원이 될 수 없고, 입주권 분양자격도 주어지지 않는다.

## 지분 쪼개기의 기준

하지만 재개발 정비사업에서는 토지 소유자, 건축물 소유자, 지상권자가 조합원이 될 수 있다. 그래서 90m² 이상의 나대지나 도로만 가지고 있거나, 국공유지에 특정무허가건물(지상권)만 가지고 있는 조합원도 입주권 분양자격이 주어진다.

그러면 하나의 필지에 A와 B가 각각 토지와 주택을 가지고 있다면 A에게도 입주권 1개, B에게도 입주권 1개가 나올까?

이에 대한 기준은 간단하지가 않다. 2002년부터 서울시에서는 강북지역의 주택밀집지역 노후화를 개선하기 위해 대규모 재개발 방식의 뉴타운 사업을 시행하기로 하고 곳곳에 뉴타운 재정비구역을 지정하였다. 그러자 개발 소식을 접한 투기꾼들이 다가구주택을 다세대주택으로 소유권을 구분등기하고, 단독주택을 허물고 다세대주택을 짓는 등 지분 쪼개기가 극성을 부렸다. 이에 따라 조합원 수가 늘어나면서 사업성이 저하되는 등의 많은 문제가 발생하자 서울시에서는 서울시 도시정비조례에 '주택재개발사업의 분양대상 등'을 규정하고 2003년 12월 30일부터 시행하였다.

## 서울시 도시정비조례(구조례, 2003년 12월 30일 시행)

**제24조 (주택재개발 사업의 분양대상 등)** ① 영 제52조제1항제3호 의 규정에 의하여 주택재개발 사업으로 건립되는 공동주택의 분양대상자는 관리처분계획기준일 현재 다음 각 호의 1에 해당하는 토지등소유자로 한다.

1. 종전의 건축물 중 주택(기존무허가건축물 및 사실상 주거용으로 사용되고 있는 건축물을 포함한다)을 소유한 자

2. 분양신청자가 소유하고 있는 종전토지의 총면적이 서울특별시건축조례(이하 "건축조례"라 한다) 제25조 제1호의 규모 이상인 자. 다만, 이 조례 시행일 전에 분할된 1필지의 토지로서 그 면적이 30제곱미터 이상인 토지(지목이 도로이며 도로로 이용되고 있는 토지를 제외한다)의 소유자는 법 제28조 규정에 의한 사업시행인가고시일 이후부터 법 제52조제3항의 규정에 의한 공사완료고시일까지 분양신청자를 포함한 세대원(세대주 및 세대주와 동일한 세대별주민등록표상에 등재되어 있지 아니한 세대주의 배우자 및 배우자와 동일한 세대를 이루고 있는 세대원을 포함한다) 전원이 주택을 소유하고 있지 아니한 경우에 한하여 분양대상자로 한다.

3. 분양신청자가 소유하고 있는 권리가액이 분양용 최소규모 공동주택 1가구의 추산액 이상인 자

4. 사업시행방식전환의 경우에는 전환되기 전의 사업방식에 의하여 환지를 지정받은 자. 이 경우 제1호 내지 제3호의 규정은 적용하지 아니할 수 있다.

② 다음 각호의 1에 해당하는 경우에는 수인의 분양신청자를 1인의 분양대상자로 본다.

1. 단독주택 또는 다가구주택이 건축물준공 이후 다세대주택으로 전환된 경우

2. 관리처분계획기준일 현재 수인의 분양신청자가 하나의 세대인 경우. 이 경우 세대주와 동일한 세대별 주민등록표상에 등재되어 있지 아니한 세대주의 배우자 및 배우자와 동일한 세대를 이루고 있는 세대원을 포함한다.

3. 하나의 주택 또는 한 필지의 토지를 수인이 소유하고 있는 경우. 다만 이 조례 시행일 전부터 공유지분으로 소유한 토지의 지분면적이 건축조례 제25조제1호의 규정에 의한 규모 이상인 자는 그러하지 아니하다.

4. 이 조례 시행일 이후 한 필지의 토지를 수개의 필지로 분할한 경우

5. 하나의 대지범위 안에 속하는 동일인 소유의 토지와 주택을 건축물 준공 이후 토지와 주택으로 각각 분리하여 소유한 경우. 다만 이 조례 시행일 전부터 공유지분으로 소유한 토지의 지분면적이 건축조례 제25조제1호의 규정에 의한 규모 이상인 자는 그러하지 아니하다.

위 규정에 따르면 주택 소유자 J에게는 조합원입주권이 나온다. 그렇다면 토지 소유자 A는 어떨까? B랑 다른 세대에 속한 사람이면 입주권이 나올 가능성이 있다. 그런데 또 조건이 있다. 그 토지가 90m² 이상이어야 한다. 만약 토지가 30m² 이상 90m² 미만이면 A와 A의 모든 세대원이 무주택자여야 한다(사업시행인가일~준공까지).

그런데 또 조건이 있다. 주택이 완공되었을 때부터 토지와 건축물의 소유자가 각각 달랐어야 한다. 만약 건축물 완공 후 건축물과 토지 중 하나의 소유자가 바뀌었다면 그 토지의 면적이 90m² 이상이어야 한다. 토지면적이 90m² 이상이어도 2003년 12월 30일 이후에 토지를 취득했으면 입주권이 안 나온다. 이 조례가 적용되는 대표적인 정비구역이 한남3구역, 성수재정비촉진구역 등이다.

성수재정비촉진구역 중 1구역의 예를 등기사항전부증명서에서 확인해보자.

다음의 그림1은 성수동 276-○○번지 필지 내에 있는 건축물 등기사항이고 그림2와 그림2-1은 토지등기사항이다. 이 필지 위에 1989년에 건축물을 지으면서 토지와 건축물의 소유자가 각각 달라졌고 1997년에 토지가 상속되었다. 이 경우 건축물 소유자에게 조합원입주권이 1개 나오고 토지소유자에게 입주권이 1개 나온다. 상속의 과정이 있어서 여러 명이 공유한 상태기 때문에 입주권 1개 또한 공

유의 상태로 주어진다. 건축물 소유자도 토지의 지분을 가지고 있으나 건축물 소유자의 지분권리가액은 건축물 부분의 권리가액과 합산된다.

| 그림 1 |

[건물] 서울특별시 성동구 성수동1가

| 【 갑      구 】 ( 소유권에 관한 사항 ) | | | | |
|---|---|---|---|---|
| 순위번호 | 등 기 목 적 | 접 수 | 등 기 원 인 | 권리자 및 기타사항 |
| 1<br>(전 1) | 소유권보존 | 1989년12월20일<br>제79351호 | | 소유자<br>서울 성동구 성수동1가 |
| 1-1 | 1번등기명의인표시<br>변경 | 1999년7월26일<br>제54332호 | 1999년2월12일<br>전거 | 의 주소 용인시 수지읍 동천리 |
| 2<br>(전 2) | 소유권이전청구권보<br>권가등기 | 1992년8월1일<br>제36326호 | 1992년7월31일<br>매매예약 | 권리자<br>서울 성동구 행당동 130-32<br><br>부동산등기법 제177조의 6 제1항의 규정에<br>의하여 1번 내지 2번 등기를 1999년 02월 23일<br>전산이기 |
| 3 | 2번가등기말소 | 1999년3월4일<br>제13235호 | 1999년3월4일<br>해제 | |
| 4 | 가압류 | 2000년6월8일<br>제34031호 | 2000년6월5일<br>서울지방법원의<br>가압류<br>결정(2000카단6<br>4660) | 청구금액 금8,612,311원<br>채권자 주식회사한미은행<br>서울 중구 다동 39<br>(개인금융팀-대출) |
| 5 | 4번가압류등기말소 | 2000년9월19일<br>제52956호 | 2000년9월7일<br>해제 | |
| 6 | 압류 | 2001년4월13일<br>제23864호 | 2001년4월11일<br>압류(세일13410<br>-10570) | 권리자 성동구 |
| 7 | 6번압류등기말소 | 2002년4월2일<br>제31844호 | 2002년4월2일<br>해제 | |

| 【 을      구 】 ( 소유권 이외의 권리에 관한 사항 ) | | | | |
|---|---|---|---|---|
| 순위번호 | 등 기 목 적 | 접 수 | 등 기 원 인 | 권리자 및 기타사항 |
| 1<br>(전 1) | 근저당권설정 | 1990년2월16일<br>제8406호 | 1990년2월16일<br>설정계약 | 채권최고액 금28,000,000원정<br>채무자 |

| 그림 2 |

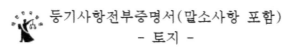

# 등기사항전부증명서(말소사항 포함)
## - 토지 -

고유번호 1111-1996-010116

[토지] 서울특별시 성동구 성수동1가

## 【 표 제 부 】 (토지의 표시)

| 표시번호 | 접 수 | 소 재 지 번 | 지 목 | 면 적 | 등기원인 및 기타사항 |
|---|---|---|---|---|---|
| 1 (전 2) | 1984년8월9일 | 서울특별시 성동구 성수동1가 | 대 | 195㎡ | |
| | | | | | 부동산등기법 제177조의 6 제1항의 규정에 의하여 1999년 02월 22일 전산이기 |

## 【 갑 구 】 (소유권에 관한 사항)

| 순위번호 | 등 기 목 적 | 접 수 | 등 기 원 인 | 권리자 및 기타사항 |
|---|---|---|---|---|
| 1 (전 2) | 소유권이전 | 1984년8월9일 제43540호 | 1984년8월8일 매매 | 소유자 서울 성동구 성수동1가 |
| 2 (전 3) | 소유권이전청구권보전가등기 | 1992년5월1일 제36326호 | 1992년7월31일 매매예약 | 권리자 서울 성동구 행당동 |
| 3 (전 12) | 소유권이전 | 1997년12월30일 제89922호 | 1997년12월20일 협의분할에 의한 상속 | 소유자 서울 성동구 성수동1가 |
| | | | | 부동산등기법 제177조의 6 제1항의 규정에 의하여 1번 내지 3번 등기를 1999년 02월 22일 전산이기 |
| 3-1 | 3번등기명의인표시변경 | | 2011년10월31일 도로명주소 | 의 주소 서울특별시 성동구 뚝섬로 2013년11월11일 부기 |
| 4 | 2번가등기말소 | 1999년3월4일 제13235호 | 1999년3월4일 해제 | |
| 5 | 압류 | 1999년8월13일 | 1999년8월10일 | 권리자 국 |

| 그림 2-1 |

[토지] 서울특별시 성동구 성수동1가

| 순위번호 | 등 기 목 적 | 접 수 | 등 기 원 인 | 권리자 및 기타사항 |
|---|---|---|---|---|
| | | 제59031호 | 압류(46300-870가 | 처분청 성동세무사 |
| 6 | 압류 | 2000년3월31일 제19303호 | 2000년3월29일 압류(징수13410 -1887) | 권리자 서울특별시성동구 |
| 7 | 6번압류등기말소 | 2001년11월9일 제90775호 | 2001년11월7일 해제 | |
| 8 | 5번압류등기말소 | 2002년12월26일 제119964호 | 2002년12월23일 해제 | |
| 9 | 소유권이전 | 2014년7월7일 제42279호 | 2014년1월31일 협의분할에 의한 상속 | 공유자 지분 4분의 1     충청북도 진천군 이월면 강양길 지분 8분의 1     서울특별시 성동구 성수이로 지분 8분의 1     서울특별시 성동구 뚝섬로 지분 8분의 1     경기도 성남시 분당구 경자로 지분 4분의 1     서울특별시 성동구 뚝섬로 지분 8분의 1     경기도 김포시 김포한강2로 |

## 매수할 물건의 역사 살펴보기

현재는 2003년 12월 30일 시행된 서울시 구조례가 적용되지 않는 경우가 대부분이다. 서울시에서 2차, 3차 추가로 뉴타운을 지정하면서 재개발정비구역으로 지정되는 곳이 많아졌고 일괄적인 기준일을 정하는 데 문제가 생기자 자체적인 '권리산정기준일' 개념을 법에 규정하였다. 현재는 도시 및 주거환경정비법 제77조와 서울시 도시 및 주거환경정비조례 제36조를 살펴보아야 한다.

---

### 도시 및 주거환경 정비법

**제77조(주택 등 건축물을 분양받을 권리의 산정 기준일)** ① 정비사업을 통하여 분양받을 건축물이 다음 각 호의 어느 하나에 해당하는 경우에는 제16조제2항 전단에 따른 고시가 있은 날 또는 시·도지사가 투기를 억제하기 위하여 기본계획 수립 후 정비구역 지정·고시 전에 따로 정하는 날(이하 이 조에서 "기준일"이라 한다)의 다음 날을 기준으로 건축물을 분양받을 권리를 산정한다.

1. 1필지의 토지가 여러 개의 필지로 분할되는 경우
2. 단독주택 또는 다가구주택이 다세대주택으로 전환되는 경우
3. 하나의 대지 범위에 속하는 동일인 소유의 토지와 주택 등 건축물을 토지와 주택 등 건축물로 각각 분리하여 소유하는 경우
4. 나대지에 건축물을 새로 건축하거나 기존 건축물을 철거하고 다세대주택, 그 밖의 공동주택을 건축하여 토지등소유자의 수가 증가하는 경우

② 시·도지사는 제1항에 따라 기준일을 따로 정하는 경우에는 기준일·지정사유·건축물을 분양받을 권리의 산정 기준 등을 해당 지방자치단체의 공보에 고시하여야 한다.

---

간단하게 말하면 B가 소유하고 있는 곳이 정비구역으로 지정된 날의 다음 날이 권리산정 기준일이다. 이 경우 B가 정비구역 지정이 고시되기 전에 그 토지를

소유하고 있었고 토지가 90m² 이상이면 B도 새 아파트를 받을 수 있다.

따라서 투자자 입장에서 매수를 할 때는 내가 살 물건의 역사까지 체크를 해보아야 한다. 등기부등본, 건축물대장 등을 열람하여 현재의 소유권뿐 아니라 권리산정기준일 중심으로 과거 소유권의 흐름까지 살펴보아야 한다. 이런 문서상의 소유 관계만으로 안 된다. 각 정비구역마다 적용되는 조례가 다르므로 투자하기 전에는 항상 조합에 정관과 해당 물건의 분양자격 여부를 확실히 체크한 다음 결정해야 한다.

---

### 서울시 도시및 주거환경 정비조례

**제36조(재개발 사업의 분양대상 등)** ① 영 제63조제1항제3호에 따라 재개발 사업으로 건립되는 공동주택의 분양대상자는 관리처분계획기준일 현재 다음 각 호의 어느 하나에 해당하는 토지등소유자로 한다.

1. 종전의 건축물 중 주택(주거용으로 사용하고 있는 특정무허가건축물 중 조합의 정관등에서 정한 건축물을 포함한다)을 소유한 자

2. 분양신청자가 소유하고 있는 종전토지의 총면적이 90제곱미터 이상인 자

3. 분양신청자가 소유하고 있는 권리가액이 분양용 최소규모 공동주택 1가구 의 추산액 이상인 자. 다만, 분양신청자가 동일한 세대인 경우의 권리가액은세대원 전원의 가액을 합하여 산정할 수 있다.

4. 사업시행방식전환의 경우에는 전환되기 전의 사업방식에 따라 환지를 지정받은 자. 이 경우 제1호부터 제3호까지는 적용하지 아니할 수 있다.

5. 도시재정비법 제11조제4항에 따라 재정비촉진계획에 따른 기반시설을 설치하게 되는 경우로서 종전의 주택(사실상 주거용으로 사용되고 있는 건축물을 ② 제1항에도 불구하고 다음 각 호의 어느 하나에 해당하는 경우에는 여러 명의분양신청자를 1명의 분양대상자로 본다.

---

1. 단독주택 또는 다가구주택을 권리산정기준일 후 다세대주택으로 전환한 경우

2. 법 제39조제1항제2호에 따라 여러 명의 분양신청자가 1세대에 속하는 경우

3. 1주택 또는 1필지의 토지를 여러 명이 소유하고 있는 경우. 다만, 권리산정기준일 이전부터 공유로 소유한 토지의 지분이 제1항제2호 또는 권리가액이 제1항제3호에 해당하는 경우는 예외로 한다.

4. 1필지의 토지를 권리산정기준일 후 여러 개의 필지로 분할한 경우

5. 하나의 대지범위에 속하는 동일인 소유의 토지와 주택을 건축물 준공 이후 토지와 건축물로 각각 분리하여 소유하는 경우. 다만, 권리산정기준일 이전부터 소유한 토지의 면적이 90제곱미터 이상인 자는 예외로 한다.

6. 권리산정기준일 후 나대지에 건축물을 새로 건축하거나 기존 건축물을 철거하고 다세대주택, 그 밖에 공동주택을 건축하여 토지등소유자가 증가되는 경우

③ 제1항제2호의 종전 토지의 총면적 및 제1항제3호의 권리가액을 산정함에 있어 다음 각 호의 어느 하나에 해당하는 토지는 포함하지 않는다.

1. 「건축법」 제2조제1항제1호에 따른 하나의 대지범위 안에 속하는 토지가 여러 필지인 경우 권리산정기준일 후에 그 토지의 일부를 취득하였거나 공유지분으로 취득한 토지

2. 하나의 건축물이 하나의 대지범위 안에 속하는 토지를 점유하고 있는 경우로서 권리산정기준일 후 그 건축물과 분리하여 취득한 토지

3. 1필지의 토지를 권리산정기준일 후 분할하여 취득하거나 공유로 취득한 토지

# 07

# 도로부지도
# 입주권을 준다?

## 조합원입주권이 나오는 도로

재개발정비구역에서는 건축물 없는 나대지와 토지 없는 건축물 소유자에게도 조합원입주권이 나온다. 그러면 재개발구역 내에 도로부지를 소유하고 있으면 조합원입주권이 나올까?

지목이 '도로'이고 면적이 90m²(서울시의 경우) 이상이면 조합원입주권이 나온다. 면적이 90m² 미만이면 입주권이 주어지지 않으므로 같은 정비구역 내에 도로나 나대지 등을 추가로 매수해서 면적조건을 맞추면 된다. 그런데 서울시 도시 및 주거환경조례 제36조제3항에서는 총면적에 포함하지 않는 토지를 정하고 있다. 토지를 사서 모아도 분양자격을 주지 않는다는 것이다.

**제36조(재개발 사업의 분양대상 등)** ③ 제1항제2호의 종전 토지의 총면적 및 제1항제3호의 권리가액을 산정함에 있어 다음 각 호의 어느 하나에 해당하는 토지는 포함하지 않는다.

1. 「건축법」 제2조제1항제1호에 따른 하나의 대지범위 안에 속하는 토지가 여러 필지인 경우 권리산정기준일 후에 그 토지의 일부를 취득하였거나 공유지분으로 취득한 토지
2. 하나의 건축물이 하나의 대지범위 안에 속하는 토지를 점유하고 있는 경우로서 권리 산정기준일 후 그 건축물과 분리하여 취득한 토지
3. 1필지의 토지를 권리산정기준일 후 분할하여 취득하거나 공유로 취득한 토지

여기서 권리산정기준일은 현행상 "정비구역 지정고시의 다음 날"이 대부분이다. 그런데 구조례가 적용되는 구역에서는 그 기준일이 달라진다. 2003년 12월 30일이 구 서울시 도시 및 주거환경정비조례가 시행된 날이므로 이 날을 기준으로 해야 한다. 한남뉴타운 성수뉴타운이 이 날짜가 적용되는 재개발구역이다.

투자하고자 하는 도로부지에 조합원분양자격이 주어지는지 여부는 해당정비구역이 적용받는 법령과 조례의 기준일이 언제인지에 따라 달라지므로 꼼꼼히 살펴야 한다. 가장 정확한 것은 조합사무실에 직접 문의하는 것이다.


## 도로부지의 장단점

지목이 도로이면 감정평가 시 일반적인 주변 대지의 1/3 정도로 평가를 받는다. 그만큼 매매가도 저렴하기 때문에 이것은 당연하다. 또 매수 시 금융기관 대출이 거의 안 되기 때문에 모두 현금을 투자해야 하는 단점이 있다.

반면 장점도 있다. 기존의 주택이 있는 상태에서 투자하는 투자자라면 취득세

율이 낮다. 현행 취득세는 2주택일 경우 8%, 3주택일 경우 12%다. 그런데 도로부지에는 일반적인 부동산 취득세율인 4.6%의 취득세율이 적용된다.

위 그림은 서울 및 수도권의 재개발지역을 전문으로 중개하는 공인중개사의 인터넷 매물카페다. 서울과 수도권 재개발정비구역 내의 도로부지 매물이 다양하게 올라와 있다. 같은 정비구역 내에서도 비교적 초기투자금이 적게 든다는 장점이 있기 때문에 투자 고수들에게 인기가 많은 편이다.

# 부록

## 전국 재개발·재건축 정비사업 목록

부록의 내용은 각 지자체 홈페이지에 나와 있는 재개발,
재건축, 정비사업 자료를 참고하여 정리하였음.

# 서울정비사업목록

## | 강남구 |

| 번호 | 사업유형 | 사업장명 | 대표지번 | 진행단계 |
|---|---|---|---|---|
| 1 | 재건축 | 개포주공3단지아파트 재건축정비사업 조합 | 개포동 138 | 이전고시 |
| 2 | 재건축 | 개포주공2단지 주택재건축정비사업조합 | 개포동 140 | 이전고시 |
| 3 | 재건축 | 개포주공6,7단지아파트 재건축정비사업조합 | 개포동 185 | 조합설립인가 |
| 4 | 재건축 | 개포주공5단지아파트 재건축정비사업 조합 | 개포동 187 | 조합설립인가 |
| 5 | 재건축 | 개포주공4단지아파트 재건축정비사업 조합 | 개포동 189 | 관리처분인가 |
| 6 | 재건축 | 개포현대1차아파트 재건축정비사업 조합설립추진위원회 구성 전 | 개포동 653 | 정비구역지정 |
| 7 | 재건축 | 개포시영(아) 주택재건축정비사업조합 | 개포동 656 | 분양 |
| 8 | 재건축 | 개포시영아파트 중심상가 재건축정비사업조합 | 개포동 656-3 | 사업시행인가 |
| 9 | 재건축 | 개포1동주공아파트 주택재건축정비사업조합 | 개포동 660-4 | 철거 |
| 10 | 재건축 | 논현청학아파트재건축정비사업 조합 | 논현동 62-3 | 조합설립인가 |
| 11 | 재건축 | 대성연립주택재건축정비사업조합 | 논현동 191-4 | 조합설립인가 |
| 12 | 재건축 | 대치우성1차아파트 재건축정비사업 조합 | 대치동 63 | 조합설립인가 |
| 13 | 재건축 | 대치쌍용2차아파트 주택재건축정비사업조합 | 대치동 65 | 사업시행인가 |
| 14 | 재건축 | 대치쌍용1차아파트 주택재건축정비사업조합 | 대치동 66 | 사업시행인가 |
| 15 | 재건축 | 은마아파트 재건축정비사업 조합설립추진위원회 | 대치동 316 | 추진위원회승인 |
| 16 | 재건축 | 대치동구마을1지구재건축정비사업 조합 | 대치동 963 | 착공 |
| 17 | 재건축 | 대치동 구마을 제3지구 재건축정비사업조합 | 대치동 964 | 관리처분인가 |
| 18 | 재건축 | 대치제2지구 재건축정비사업조합 | 대치동 977 | 착공 |
| 19 | 재건축 | 개포럭키아파트 재건축정비사업 조합설립추진위원회 | 도곡동 462 | 추진위원회승인 |
| 20 | 재건축 | 개포5차우성아파트 재건축정비사업 조합설립추진위원회 | 도곡동 463-1 | 추진위원회승인 |
| 21 | 재건축 | 도곡개포한신아파트 주택재건축정비사업조합 | 도곡동 464 | 조합설립인가 |
| 22 | 재건축 | 도곡삼호아파트 주택재건축정비사업조합 | 도곡동 540 | 사업시행인가 |
| 23 | 재건축 | 도곡삼익아파트 재건축정비사업 조합설립추진위원회 | 도곡동 869 | 추진위원회승인 |

| | | | | |
|---|---|---|---|---|
| 24 | 재건축 | 상아아파트2차 주택재건축정비사업조합 | 삼성동 19-4 | 분양 |
| 25 | 재건축 | 홍실아파트 주택재건축정비사업조합 | 삼성동 79 | 관리처분인가 |
| 26 | 재건축 | 압구정아파트지구 특별계획구역③ 재건축사업 조합설립추진위원회 | 압구정동 369-1 | 추진위원회승인 |
| 27 | 재건축 | 압구정아파트지구 특별계획구역① 재건축사업 | 압구정동 414 | 추진위원회승인 |
| 28 | 재건축 | 압구정아파트지구 특별계획구역② 재건축사업 | 압구정동 434 | 추진위원회승인 |
| 29 | 재건축 | 압구정아파트지구 특별계획구역4 | 압구정동 481 | 조합설립인가 |
| 30 | 재건축 | 압구정아파트지구 특별계획구역5 재건축정비사업조합 | 압구정동 490 | 조합설립인가 |
| 31 | 재건축 | 압구정한양7차아파트 재건축정비사업조합 | 압구정동 528 | 조합설립인가 |
| 32 | 재건축 | 개나리6차(아) 재건축정비사업 조합 | 역삼동 711-1 | 조합해산 |
| 33 | 재건축 | 개나리4차아파트주택재건축정비사업 조합 | 역삼동 712 | 분양 |
| 34 | 재건축 | 역삼동(758,은하수,760) 주택재건축정비사업조합 | 역삼동 758 | 조합설립인가 |
| 35 | 재건축 | 일원개포한신아파트 재건축정비사업조합 | 일원동 615-1 | 조합설립인가 |
| 36 | 재건축 | 일원대우아파트 주택재건축정비사업조합 | 일원동 690-1 | 착공 |
| 37 | 재건축 | 청담삼익아파트 재건축정비사업 조합 | 청담동 134-18 | 관리처분인가 |

## | 강동구 |

| 번호 | 사업유형 | 사업장명 | 대표지번 | 진행단계 |
|---|---|---|---|---|
| 1 | 재건축 | 고덕주공2단지아파트 주택재건축정비사업조합 | 고덕동 212 | 준공인가 |
| 2 | 재건축 | 고덕시영아파트 주택재건축정비사업조합 | 고덕동 670 | 이전고시 |
| 3 | 재건축 | 길동신동아3차아파트 주택재건축정비사업조합 | 길동 43 | 분양 |
| 4 | 재건축 | 삼익파크아파트 재건축사업조합 | 길동 54 | 조합설립인가 |
| 5 | 재건축 | 길동신동아1,2차아파트 주택재건축정비사업조합 | 길동 160 | 관리처분인가 |
| 6 | 재건축 | 길동진흥아파트 주택재건축정비사업 조합 | 길동 298-1 | 조합해산 |
| 7 | 재건축 | 길동한전우성아파트 소규모주택정비사업조합 | 길동 332 | 조합설립인가 |
| 8 | 재건축 | 둔촌동 삼익빌라 주택재건축정비사업조합 | 둔촌동 85-2 | 관리처분인가 |
| 9 | 재건축 | 둔촌주공아파트 주택재건축정비사업조합 | 둔촌동 172 | 관리처분인가 |
| 10 | 재건축 | 현대연립 주택재건축정비사업조합 | 둔촌동 513-1 | 이전고시 |

| 11 | 재건축 | 삼익그린2차 주택재건축정비사업<br>조합설립추진위원회 | 명일동 15 | 추진위원회승인 |
|---|---|---|---|---|
| 12 | 재건축 | 삼익맨숀아파트 재건축사업 조합설립추진위원회 | 명일동 270 | 추진위원회승인 |
| 13 | 재건축 | 삼익그린맨션아파트 주택재건축정비사업조합 | 명일동 309-1 | 준공인가 |
| 14 | 재건축 | 고덕주공3단지아파트 주택재건축정비사업조합 | 상일동 121 | 분양 |
| 15 | 재건축 | 고덕주공6단지아파트 주택재건축정비사업조합 | 상일동 124 | 분양 |
| 16 | 재건축 | 고덕주공5단지아파트 주택재건축정비사업조합 | 상일동 131 | 분양 |
| 17 | 재건축 | 고덕주공4단지아파트 주택재건축정비사업조합 | 상일동 134 | 이전고시 |
| 18 | 재건축 | 고덕주공7단지아파트 주택재건축정비사업조합 | 상일동 187 | 분양 |
| 19 | 재건축 | 목화연립 주택재건축정비사업조합 | 성내동 209 | 사업시행인가 |
| 20 | 재건축 | 선화연립 주택재건축정비사업조합 | 성내동 405-9 | 이전고시 |
| 21 | 재건축 | 성내미주아파트 주택재건축정비사업조합 | 성내동 547-1 | 이전고시 |
| 22 | 재건축 | 천호우성아파트 주택재건축정비사업 조합 | 천호동 19-1 | 조합설립인가 |
| 23 | 재건축 | 풍전연립 주택재건축정비사업조합 | 천호동 28-32 | 이전고시 |
| 24 | 재개발(도시정비형) | 천호4촉진구역 도시환경정비사업 조합 | 천호동 410-100 | 관리처분인가 |
| 25 | 재건축 | 천호3 주택재건축정비사업조합 | 천호동 423-76 | 관리처분인가 |
| 26 | 재개발(도시정비형) | 천호1 도시환경정비사업조합 | 천호동 423-200 | 관리처분인가 |
| 27 | 재건축 | 천호2구역 주택재건축정비사업조합 | 천호동 437-5 | 철거 |
| 28 | 재개발(주택정비형) | (가칭)천호동 532-2 일대 재개발 추진위원회 | 천호동 532-2 | 기본계획수립 |

## | 강북구 |

| 번호 | 사업유형 | 사업장명 | 대표지번 | 진행단계 |
|---|---|---|---|---|
| 1 | 재개발(주택정비형) | 미아제16구역 주택재개발사업 조합설립추진위원회 | 미아동 6 | 추진위원회승인 |
| 2 | 재개발(도시정비형) | 미아중심재정비촉진지구 강북2재정비촉진구역<br>도시환경정비사업조합 | 미아동 42-8 | 조합설립인가 |
| 3 | 재개발(도시정비형) | 강북3구역 도시환경정비사업 조합설립추진위원회 | 미아동 45-32 | 추진위원회승인 |
| 4 | 재개발(도시정비형) | 강북5구역 도시환경정비사업 조합설립추진위원회 | 미아동 61-79 | 추진위원회승인 |
| 5 | 재개발(주택정비형) | 미아2재정비촉진구역 주택재개발정비사업 조합 | 미아동 403 | 조합설립인가 |
| 6 | 재개발(주택정비형) | 미아 제10-1구역 주택재개발정비사업조합 | 미아동 476 | 이전고시 |

| 7 | 재개발(주택정비형) | 미아제11구역 주택재개발정비사업<br>조합설립추진위원회 | 미아동 791-108 | 추진위원회승인 |
|---|---|---|---|---|
| 8 | 재개발(주택정비형) | 미아제3구역 주택재개발정비사업조합 | 미아동 791-364 | 관리처분인가 |
| 9 | 재개발(주택정비형) | 미아3재정비촉진구역 주택재개발정비사업조합 | 미아동 439 | 조합설립인가 |
| 10 | 재개발(주택정비형) | 번동 5구역 가로주택 정비사업 조합 | 번동 427-35 | 조합설립인가 |

## | 강서구 |

| 번호 | 사업유형 | 사업장명 | 대표지번 | 진행단계 |
|---|---|---|---|---|
| 1 | 재건축 | 긴등마을주택재건축정비사업조합 | 공항동 4-8 | 분양 |
| 2 | 재건축 | 방화5재정비촉진구역 재건축정비사업조합 | 공항동 18 | 조합설립인가 |
| 3 | 재건축 | 칠성연립 주택재건축정비사업 조합 | 내발산동 714-4 | 이전고시 |
| 4 | 재건축 | 경남1차주택재건축정비사업조합 | 내발산동 716-20 | 조합설립인가 |
| 5 | 재건축 | 등촌1구역주택재건축정비사업조합 | 등촌 366-24 | 관리처분인가 |
| 6 | 재건축 | 태원연립주택재건축정비사업조합 | 등촌동 651 | 이전고시 |
| 7 | 재건축 | 세림연립 주택재건축정비사업 조합 | 등촌동 656-35 | 관리처분인가 |
| 8 | 재건축 | 신안빌라 주택재건축정비사업조합 | 마곡동 327-53 | 사업시행인가 |
| 9 | 재건축 | 무궁화연립주택재건축정비사업조합 | 방화동 191-3 | 이전고시 |
| 10 | 재건축 | 원일빌라 주택재건축정비사업조합 | 방화동 278-7 | 관리처분인가 |
| 11 | 재건축 | 방화3재정비촉진구역 재건축정비사업조합 | 방화동 615-103 | 조합설립인가 |
| 12 | 재건축 | 방화6재정비촉진구역 주택재건축정비사업조합 | 방화동 608-97 | 사업시행인가 |
| 13 | 재건축 | 웅지·오성·염창주택재건축정비사업조합 | 염창동 242-4 | 이전고시 |
| 14 | 재건축 | 동아연립주택재건축정비사업조합 | 염창 244-18 | 이전고시 |
| 15 | 재건축 | 등마루아파트 주택재건축정비사업 조합 | 염창동 275-5 | 관리처분인가 |
| 16 | 재건축 | 염창1주택재건축정비사업조합 | 염창동 277-24 | 이전고시 |
| 17 | 재건축 | 덕수연립주택재건축정비사업조합 | 염창동 283 | 조합해산 |
| 18 | 재건축 | 젤라연립 주택재건축정비사업 조합 | 화곡동 812-26 | 이전고시 |
| 19 | 재건축 | 화곡1 주택재건축정비사업조합 | 화곡동 1027-50 | 착공 |
| 20 | 재건축 | 유풍연립주택재건축정비사업조합설립추진위원회 | 화곡동 1040-24 | 추진위원회승인 |

| 관악구 |

| 번호 | 사업유형 | 사업장명 | 대표지번 | 진행단계 |
|---|---|---|---|---|
| 1 | 재개발(주택정비형) | 봉천제4-1-2구역 주택재개발정비사업 조합 | 봉천동 산 101 | 철거 |
| 2 | 재개발(주택정비형) | 봉천4-1-3구역 주택재개발정비사업조합 | 봉천동 480 | 조합설립인가 |
| 3 | 재개발(주택정비형) | 봉천 제13구역 주택재개발정비사업 조합설립추진위원회 | 봉천동 913-1 | 추진위원회승인 |
| 4 | 재개발(주택정비형) | 봉천제14구역 재개발정비사업조합 | 봉천동 1 | 조합설립인가 |
| 5 | 재개발(주택정비형) | 봉천제12-1구역 주택재개발 정비사업조합 | 봉천동 1544-1 | 준공인가 |
| 6 | 재개발(주택정비형) | 봉천제12-2구역 주택재개발정비사업조합 | 봉천동 1553-1 | 조합청산 |
| 7 | 재개발(주택정비형) | 신림3재정비촉진구역 주택재개발정비사업조합 | 신림동 316-55 | 관리처분인가 |
| 8 | 재개발(주택정비형) | 신림2재정비촉진구역 재개발정비사업조합 | 신림동 324-25 | 사업시행인가 |
| 9 | 재개발(주택정비형) | 신림1재정비촉진구역 재개발정비사업조합 | 신림동 808 | 조합설립인가 |
| 10 | 재건축 | 경성연립 주택재건축정비사업 조합 | 남현동 1079-13 | 준공인가 |
| 11 | 재건축 | 봉천6-1구역 주택재건축정비사업 조합설립추진위원회 | 봉천동 63-89 | 추진위원회승인 |
| 12 | 재건축 | 봉천1-1구역 재건축정비사업 조합 | 봉천동 728-57 | 조합설립인가 |
| 13 | 재건축 | 삼우주택재건축정비사업조합 | 봉천동 1598-10 | 준공인가 |
| 14 | 재건축 | 뉴서울아파트, 개나리,열망연립 재건축정비사업 | 신림동 739 | 조합설립인가 |
| 15 | 재건축 | 미성동 건영아파트 주택재건축정비사업 조합 | 신림동 746-43 | 조합설립인가 |
| 16 | 재건축 | 강남아파트 주택재건축정비사업 조합 | 신림동 1644 | 관리처분인가 |
| 17 | 재건축 | 미성아파트 재건축정비사업 조합 | 신림동 1656 | 조합설립인가 |

| 광진구 |

| 번호 | 사업유형 | 사업장명 | 대표지번 | 진행단계 |
|---|---|---|---|---|
| 1 | 재건축 | 구의1구역 주택재건축정비사업 조합 | 구의동 122-2 | 이전고시 |
| 2 | 재건축 | 구의맨션 주택재건축정비사업 조합 | 구의동 227-3 | 이전고시 |
| 3 | 재건축 | 대영연립 주택재건축정비사업 조합 | 자양동 224-15 | 이전고시 |
| 4 | 재건축 | 자양1주택재건축정비사업조합 | 자양동 236 | 철거 |

| 5 | 재건축 | 자양제7구역 주택재건축정비사업<br>조합설립추진위원회 | 자양동 464-40 | 추진위원회승인 |
|---|---|---|---|---|
| 6 | 재건축 | 자양아파트 주택재건축정비사업 조합 | 자양동 658-14 | 조합설립인가 |
| 7 | 재건축 | 중곡아파트 주택재건축정비사업<br>조합설립추진위원회 | 중곡동 190-26 | 추진위원회승인 |
| 8 | 재건축 | 중앙연립 주택재건축정비사업조합 | 화양동 35-4 | 이전고시 |
| 9 | 재건축 | 모진연립 주택재건축정비사업조합 | 화양동 499-18 | 착공 |

## | 구로구 |

| 번호 | 사업유형 | 사업장명 | 대표지번 | 진행단계 |
|---|---|---|---|---|
| 1 | 재개발(주택정비형) | 고척제4구역 주택재개발정비사업조합 | 고척동 148 | 사업시행인가 |
| 2 | 재개발(주택정비형) | 남구로역세권 공공임대주택 도시정비형 재개발사업 | 구로동 715-24 | 조합설립인가 |

## | 금천구 |

| 번호 | 사업유형 | 사업장명 | 대표지번 | 진행단계 |
|---|---|---|---|---|
| 1 | 재건축 | 금천구 임시 홈페이지(e조합 개발용) | 가산동 1 | 조합청산 |
| 2 | 재건축 | e-조합 시스템 교육 재개발 조합 | 가산동 1-1 | 조합설립인가 |
| 3 | 재건축 | 금천구 임시(추진위) 홈페이지(클린업사무실 개발용2) | 가산동 산 11-22 | 조합청산 |
| 4 | 재건축 | 123 | 가산동 12-12 | 기본계획수립 |
| 5 | 재건축 | 1234 | 가산동 12-32 | 기본계획수립 |
| 6 | 재건축 | 클린업_사무실 추진위_테스트홈페이지 | 가산동 산 12-222 | 기본계획수립 |
| 7 | 재건축 | 가산동 1구역 주택재건축정비사업<br>조합설립 추진위원회 | 가산동 146-78 | 추진위원회승인 |
| 8 | 재건축 | 클린업 임시 홈페이지(사무실 테스트용) | 가산동 333-444 | 조합청산 |
| 9 | 재건축 | 우창연립 주택재건축정비사업 조합설립추진위원회 | 가산동 547-44 | 추진위원회승인 |
| 10 | 재건축 | 금천구 임시 홈페이지(클린업사무실 개발용)추진위 | 가산동 산 11-44 | 관리처분인가 |

## | 노원구 |

| 번호 | 사업유형 | 사업장명 | 대표지번 | 진행단계 |
|---|---|---|---|---|
| 1 | 재건축 | 공릉1(태릉현대) 주택재건축정비사업조합 | 공릉동 230 | 착공 |
| 2 | 재건축 | 공릉2(공릉동240-169일대) 주택재건축 조합설립추진위원회 | 공릉동 240-169 | 조합청산 |
| 3 | 재건축 | 상계주공8단지 주택재건축정비사업 조합 | 상계동 677 | 준공인가 |
| 4 | 재건축 | 상계주공5단지 재건축정비사업 | 상계동 721 | 안전진단 |
| 5 | 재건축 | 월계동신아파트주택재건축정비사업조합 | 월계동 436 | 조합설립인가 |
| 6 | 재건축 | 월계동주택재건축정비사업조합 | 월계 487-17 | 사업시행인가 |
| 7 | 재건축 | 월계3(벼루마을) 주택재건축정비사업조합 | 월계동 531 | 조합청산 |
| 8 | 재건축 | 월계2(인덕마을) 주택재건축정비사업조합 | 월계 633-31 | 이전고시 |

## | 도봉구 |

| 번호 | 사업유형 | 사업장명 | 대표지번 | 진행단계 |
|---|---|---|---|---|
| 1 | 재개발(주택정비형) | 도봉제2구역 주택재개발정비사업조합 | 도봉동 95 | 사업시행인가 |
| 2 | 재개발(주택정비형) | 쌍문제1구역 주택재개발정비사업조합 | 쌍문동 414 | 이전고시 |

## | 동대문구 |

| 번호 | 사업유형 | 사업장명 | 대표지번 | 진행단계 |
|---|---|---|---|---|
| 1 | 재건축 | 대농·신안 주택재건축정비사업조합 | 답십리동 465 | 이전고시 |
| 2 | 재건축 | 장안동 현대아파트 재건축정비사업조합 | 장안동 95-1 | 조합설립인가 |
| 3 | 재건축 | 장안동 연립단지주택 재건축정비사업조합 | 장안동 291-1 | 이전고시 |
| 4 | 재건축 | 장안시영2단지2차 주택재건축정비사업 조합 청산법인 | 장안동 329-2 | 조합청산 |
| 5 | 재건축 | 대성연립연합 주택재건축정비사업 조합 | 장안동 425-1 | 이전고시 |
| 6 | 재건축 | 435대명연립 주택재건축정비사업 조합 | 장안동 435-2 | 이전고시 |
| 7 | 재건축 | 뉴장안연립 주택재건축정비사업 조합 | 장안동 435-4 | 이전고시 |
| 8 | 재건축 | 제기1주택재건축정비구역(지정개발자방식) | 제기동 892-68 | 조합설립인가 |

## | 동작구 |

| 번호 | 사업유형 | 사업장명 | 대표지번 | 진행단계 |
|---|---|---|---|---|
| 1 | 재개발(주택정비형) | 노량진제1구역 주택재개발 조합 | 노량진동 122-37 | 이전고시 |
| 2 | 재개발(주택정비형) | 노량진4재정비촉진구역 조합 | 노량진동 227-5 | 사업시행인가 |
| 3 | 재개발(주택정비형) | 노량진3재정비촉진구역 조합 | 노량진동 232-19 | 조합설립인가 |
| 4 | 재개발(주택정비형) | 노량진5재정비촉진구역 조합 | 노량진동 270-3 | 조합설립인가 |
| 5 | 재개발(주택정비형) | 노량진6재정비촉진구역 조합 | 노량진동 294-220 | 사업시행인가 |
| 6 | 재개발(주택정비형) | 노량진2재정비촉진구역 조합 | 노량진동 312-75 | 사업시행인가 |
| 7 | 재개발(주택정비형) | 노량진1재정비촉진구역 조합 | 노량진동 278-2 | 조합설립인가 |
| 8 | 재개발(주택정비형) | 노량진7재정비촉진구역 조합 | 대방동 13-31 | 사업시행인가 |
| 9 | 재개발(주택정비형) | 노량진8재정비촉진구역 조합 | 대방동 44-1 | 사업시행인가 |
| 10 | 재개발(도시정비형) | 신대방역세권 재개발정비사업 조합설립추진위원회 | 신대방동 600-14 | 추진위원회승인 |
| 11 | 재개발(주택정비형) | 흑석9재정비촉진구역 조합 | 흑석동 90 | 관리처분인가 |
| 12 | 재개발(도시정비형) | 흑석2재정비촉진구역 도시환경정비사업 조합설립추진위원회 | 흑석동 99-3 | 추진위원회승인 |
| 13 | 재개발(주택정비형) | 흑석7재정비촉진구역 조합 | 흑석동 158 | 이전고시 |
| 14 | 재개발(주택정비형) | 흑석8재정비촉진구역 조합 | 흑석동 232 | 조합해산 |
| 15 | 재개발(주택정비형) | 흑석3재정비촉진구역 조합 | 흑석동 253-89 | 착공 |
| 16 | 재개발(주택정비형) | 흑석11재정비촉진구역 주택재개발정비사업조합 | 흑석동 304 | 조합설립인가 |
| 17 | 재개발(주택정비형) | 흑석1재정비촉진구역 조합설립추진위원회 | 흑석동 43-7 | 추진위원회승인 |

## | 마포구 |

| 번호 | 사업유형 | 사업장명 | 대표지번 | 진행단계 |
|---|---|---|---|---|
| 1 | 재건축 | 공덕1구역 주택재건축정비사업 조합 | 공덕동 105-84 | 관리처분인가 |
| 2 | 재건축 | 망원동438주택재건축정비사업조합 | 망원동 438-46 | 준공인가 |

| 3 | 재건축 | 망원1 주택재건축정비사업 조합 | 망원동 458-16 | 준공인가 |
|---|---|---|---|---|
| 4 | 재건축 | 상명삼락주택재건축정비사업 조합 | 망원동 472-1 | 준공인가 |
| 5 | 재건축 | 신수1 주택재건축정비사업조합 | 신수동 93-102 | 이전고시 |
| 6 | 재건축 | 신수2구역 주택재건축정비사업 조합설립추진위원회 | 신수동 225-7 | 추진위원회승인 |
| 7 | 재건축 | 아현2구역 주택재건축정비사업 조합(뉴타운) | 아현동 662 | 착공 |
| 8 | 재건축 | 창전1구역 주택재건축정비사업조합 | 창전동 27-19 | 이전고시 |
| 9 | 재건축 | 서강주택재건축정비사업조합 | 하중동 18-2 | 준공인가 |

## | 서대문구 |

| 번호 | 사업유형 | 사업장명 | 대표지번 | 진행단계 |
|---|---|---|---|---|
| 1 | 재개발(주택정비형) | 홍은제12구역 주택재개발정비사업조합 | 홍은동 441-1 | 조합해산 |
| 2 | 재개발(주택정비형) | 홍제 제2구역 주택재개발정비사업조합 | 홍제동 156 | 조합해산 |
| 3 | 재개발(주택정비형) | 홍제제3구역주택재개발정비사업조합 | 홍제동 270 | 착공 |
| 4 | 재개발(도시정비형) | 홍제3구역도시환경정비사업조합설립추진위원회 | 홍제동 306-2 | 추진위원회승인 |
| 5 | 재개발(도시정비형) | 홍제제2구역 도시환경정비사업조합 | 홍제동 323-11 | 조합설립인가 |

## | 서초구 |

| 번호 | 사업유형 | 사업장명 | 대표지번 | 진행단계 |
|---|---|---|---|---|
| 1 | 재건축 정비사업 | 방배6구역 주택재건축정비사업 | 방배동 818-14 일대 | 관리처분 계획인가 |
| 2 | 재건축 정비사업 | 방배신동아 주택재건축정비사업 | 방배동 988-1 | 추진위원회 승인 |
| 3 | 재건축 정비사업 | 방배5구역 주택재건축정비사업 | 방배동 946-8 외 필지 | 관리처분 계획인가 |
| 4 | 재건축 정비사업 | 방배신삼호 주택재건축정비사업 | 방배동 725 일대 | 조합설립인가 |
| 5 | 재건축 정비사업 | 신반포13차 주택재건축정비사업 | 잠원동 52-2, 3 | 착공 |
| 6 | 재건축 정비사업 | 신반포19차 주택재건축정비사업 | 잠원동 61-2 | 조합설립인가 |

| 7 | 재건축 정비사업 | 신반포12차 주택재건축정비사업 | 잠원동 50-5 | 추진위원회승인 |
|---|---|---|---|---|
| 8 | 재건축 정비사업 | 신반포25차 주택재건축정비사업 | 잠원동 61 | 추진위원회승인 |
| 9 | 재건축 정비사업 | 신반포4차 주택재건축정비사업 | 잠원동 70 | 조합설립인가 |
| 10 | 재건축 정비사업 | 신반포2차 주택재건축정비사업 | 잠원동 73 | 조합설립인가 |
| 11 | 재건축 정비사업 | 신반포15차 주택재건축정비사업 | 반포동 12 | 착공 |
| 12 | 재건축 정비사업 | 삼호가든3차 주택재건축정비사업 | 반포동 32-8 | 착공 |
| 13 | 재건축 정비사업 | 반포현대 주택재건축정비사업 | 반포동 30-15 | 착공 |
| 14 | 재건축 정비사업 | 삼호가든5차 주택재건축정비사업 | 서초중앙로 242 (반포동 30-1) | 조합설립인가 |
| 15 | 재건축 정비사업 | 반포주공(3주구) 주택재건축정비사업 | 반포동 1053 일대 | 사업시행 계획인가 |
| 16 | 재건축 정비사업 | 서초무지개 주택재건축정비사업 | 서초동 1335, 1335-1 | 착공 |
| 17 | 재건축 정비사업 | 우성1차 주택재건축정비사업 | 서초동 1336 외 1필지 | 준공인가 |
| 18 | 재건축 정비사업 | 방배임광 1,2차 주택재건축정비사업 | 방배동 1015 외 1필지 | 정비구역지정 |
| 19 | 재건축 정비사업 | 삼호가든4차 주택재건축정비사업 | 반포동 30-20 | 이전고시 |
| 20 | 재건축 정비사업 | 신반포18차, 24차 주택재건축정비사업 | 잠원동 52, 52-1 | 이전고시 |
| 21 | 재건축 정비사업 | 방배삼호 주택재건축정비사업 | 방배본동 771-1 일대 | 추진위원회승인 |
| 22 | 재건축 정비사업 | 서초신동아 주택재건축사업 | 서초동 1333 | 관리처분 계획인가 |
| 23 | 재건축 정비사업 | 신반포18차(337동) 주택재건축정비사업 | 잠원동 49-17 | 사업시행 계획인가 |
| 24 | 재건축 정비사업 | 반포주공1단지(1,2,4주구) 주택재건축정비사업 | 반포동 810 일대 | 관리처분 계획인가 |
| 25 | 재건축 정비사업 | 신반포4지구(8,9,10,11,17차) 주택재건축정비사업 | 잠원동 58-22 일대 | 관리처분 계획인가 |
| 26 | 재건축 정비사업 | 신반포22차 주택재건축정비사업 | 잠원동 65-33 | 관리처분 계획인가 |
| 27 | 재건축 정비사업 | 방배삼익 주택재건축정비사업 | 방배동 1018-1 일대 | 사업시행 계획인가 |

| 28 | 재건축 정비사업 | 방배경남 주택재건축정비사업 | 방배동 1028-1 일대 | 착공 |
|---|---|---|---|---|
| 29 | 재건축 정비사업 | 방배13구역 주택재건축정비사업 | 방배동 541-2 일대 | 관리처분 계획인가 |
| 30 | 재건축 정비사업 | 방배14구역 주택재건축정비사업 | 방배동 975-35 일대 | 관리처분 계획인가 |
| 31 | 재건축 정비사업 | 신반포27차 주택재건축정비사업 | 잠원동 56-2외 2필지 | 조합설립인가 |
| 32 | 재건축 정비사업 | 방배7구역 주택재건축정비사업 | 방배동 891-3 일대 | 추진위원회승인 |
| 33 | 재건축 정비사업 | 신반포16차 주택재건축정비사업 | 잠원동 55-10 일대 | 조합설립인가 |
| 34 | 재건축 정비사업 | 신반포20차 주택재건축정비사업 | 잠원동 60-78 외 2필지 | 조합설립인가 |
| 35 | 재건축 정비사업 | 신반포26차 주택재건축정비사업 | 잠원로4길 33-9 | 추진위원회승인 |
| 36 | 재건축 정비사업 | 신반포궁전 주택재건축정비사업 | 반포동 65-1 | 추진위원회승인 |
| 37 | 재건축 정비사업 | 신반포7차 주택재건축정비사업 | 잠원동 65-32 | 조합설립인가 |
| 38 | 재건축 정비사업 | 신반포5차 주택재건축정비사업 | 잠원동 64-8 | 준공인가 |
| 39 | 재건축 정비사업 | 서초진흥 주택재건축정비사업 | 서초동 1315 | 조합설립인가 |
| 40 | 재건축 정비사업 | 반포우성 주택재건축정비사업 | 잠원동 74-1 외 1필지 | 착공 |
| 41 | 재건축 정비사업 | 신반포14차 주택재건축정비사업 | 잠원동 74 외 1필지 | 착공 |
| 42 | 재건축 정비사업 | 신반포21차 주택재건축정비사업 | 잠원동 59-10 외 3필지 | 사업시행 계획인가 |
| 43 | 재건축 정비사업 | 신반포3차·경남 주택재건축정비사업 | 반포동 1-1 | 착공 |
| 44 | 재건축 정비사업 | 신반포6차 주택재건축정비사업 | 잠원동 74-2 외 1필지 | 준공인가 |
| 45 | 재건축 정비사업 | 방배3구역 주택재건축정비사업 | 방배동 992-1 일대 | 이전고시 |
| 46 | 재건축 정비사업 | 반포한양 주택재건축정비사업 | 잠원동 66 외 3필지 | 준공인가 |
| 47 | 재건축 정비사업 | 방배8구역 주택재건축정비사업 | 방배동 913-24 일대 | 구역해제 |

| 48 | 재건축 정비사업 | 방배15구역 주택재건축사업 | 방배동 528-3 일대 | 기본계획수립 |
|----|----------------|---------------------------|------------------|--------------|
| 49 | 재건축 정비사업 | 우성2차 주택재건축정비사업 | 서초동 1331 | 이전고시 |
| 50 | 재건축 정비사업 | 서초한양 주택재건축정비사업 | 반포동 32-5 | 이전고시 |
| 51 | 재건축 정비사업 | 서초삼호1차 주택재건축정비사업 | 서초4동 1310 외 1필지 | 이전고시 |
| 52 | 재건축 정비사업 | 우성3차 주택재건축정비사업 | 서초동 1332 외 1필지 | 이전고시 |
| 53 | 재건축 정비사업 | 강남원효성빌라 주택재건축정비사업 | 반포동 591-1 외 5필지 | 안전진단 |

## | 성동구 |

| 번호 | 사업유형 | 사업장명 | 대표지번 | 진행단계 |
|------|----------|----------|----------|----------|
| 1 | 재건축 | 경동연립 재건축정비사업 조합설립추진위원회 | 성수동1가 22-13 | 추진위원회승인 |
| 2 | 재건축 | 장미아파트주택재건축정비사업 | 성수동1가 656-421 | 조합설립인가 |
| 3 | 재건축 | 장미아파트 주택재건축정비사업 조합설립추진위원회 | 성수동1가 656-421 | 추진위원회승인 |
| 4 | 재건축 | 성수제1구역주택재건축정비사업조합 | 성수동1가 656-1267 | 조합설립인가 |
| 5 | 재건축 | 한남하이츠아파트 주택재건축정비사업조합 | 옥수동 220-1 | 사업시행인가 |
| 6 | 재건축 | 응봉1구역 주택재건축정비사업 조합 | 응봉동 193-162 | 조합설립인가 |

## | 성북구 |

| 번호 | 사업유형 | 사업장명 | 대표지번 | 진행단계 |
|------|----------|----------|----------|----------|
| 1 | 재개발(주택정비형) | 길음2재정비촉진구역 주택재개발정비사업조합 | 길음동 498 | 준공인가 |
| 2 | 재개발(주택정비형) | 길음1재정비촉진구역 주택재개발정비사업조합 | 길음동 508-16 | 착공 |
| 3 | 재개발(주택정비형) | 길음역세권재정비촉진구역 주택재개발정비사업조합 | 길음동 542-1 | 착공 |
| 4 | 재개발(주택정비형) | 길음제8구역 주택재개발정비사업조합 | 길음동 612-10 | 조합해산 |
| 5 | 재개발(도시정비형) | 신길음1구역 재개발정비사업 조합 | 길음동 31-1 | 조합설립인가 |

| 6 | 재개발(주택정비형) | 돈암제5구역 주택재개발정비사업조합 | 돈암동 13-7 | 조합해산 |
|---|---|---|---|---|
| 7 | 재개발(주택정비형) | 돈암6구역 주택재개발정비사업조합 | 돈암동 48-29 | 조합설립인가 |
| 8 | 재개발(주택정비형) | 돈암·정릉구역 주택재개발정비사업 조합 | 돈암동 535-54 | 조합청산 |
| 9 | 재개발(주택정비형) | 동선제2구역 주택재개발정비사업조합 | 동선동4가 304-2 | 관리처분인가 |
| 10 | 재개발(주택정비형) | 동소문제2구역 주택재개발정비사업조합 | 동소문동2가 33 | 조합설립인가 |

## | 송파구 |

| 번호 | 사업유형 | 사업장명 | 대표지번 | 진행단계 |
|---|---|---|---|---|
| 1 | 재개발(주택정비형) | 거여2재정비촉진구역 1지구 주택재개발정비사업조합 | 거여동 181 | 분양 |
| 2 | 재개발(주택정비형) | 거여2재정비촉진구역제2지구 주택재개발 정비사업조합 | 거여동 234 | 준공인가 |
| 3 | 재개발(주택정비형) | 마천1재정비촉진구역 주택재개발정비사업 조합설립추진위원회 | 마천동 194-1 | 추진위원회승인 |
| 4 | 재개발(주택정비형) | 마천3재정비촉진구역 주택재개발정비사업조합 | 마천동 283 | 조합설립인가 |
| 5 | 재개발(주택정비형) | 마천4재정비촉진구역 주택재개발정비사업조합 | 마천동 323 | 조합설립인가 |

## | 양천구 |

| 번호 | 사업유형 | 사업장명 | 대표지번 | 진행단계 |
|---|---|---|---|---|
| 1 | 재개발(주택정비형) | 신월1구역 주택재개발정비사업 조합설립추진위원회 | 신월동 159-192 | 추진위원회승인 |
| 2 | 재개발(주택정비형) | 신정1재정비촉진구역1지구 주택재개발정비사업 조합 | 신월동 551-10 | 준공인가 |
| 3 | 재개발(주택정비형) | 신정1재정비촉진구역2지구 주택재개발정비사업 조합 | 신월동 603-3 | 이전고시 |
| 4 | 재개발(주택정비형) | 신정1재정비촉진구역3지구 주택재개발정비사업 조합 | 신월동 606 | 사업시행인가 |
| 5 | 재개발(주택정비형) | 신정1재정비촉진구역4지구 주택재개발정비사업 조합 | 신월동 612 | 이전고시 |
| 6 | 재개발(주택정비형) | 신정제4구역 주택재개발정비사업조합 | 신정동 1033-1 | 조합해산 |
| 7 | 재개발(주택정비형) | 신정2재정비촉진구역2지구 주택재개발정비사업조합 | 신정동 1150-41 | 분양 |
| 8 | 재개발(주택정비형) | (사전타당성조사)신정동1152일대 주택 정비형 재개발사업 | 신정동 1152-1 | 기본계획수립 |
| 9 | 재개발(주택정비형) | 신정2재정비촉진구역 1지구 주택재개발정비사업조합 | 신정동 1175-28 | 분양 |

| 10 | 재개발(도시정비형) | 신정3재정비촉진지구2구역 공공관리자 | 신정동 1182-1 | 추진위원회승인 |
| 11 | 재개발(도시정비형) | 신정3재정비촉진3-1구역 도시환경정비사업 조합설립추진위원회 | 신정동 1190-1 | 추진위원회승인 |

## | 영등포구 |

| 번호 | 사업유형 | 사업장명 | 대표지번 | 진행단계 |
| --- | --- | --- | --- | --- |
| 1 | 재개발(도시정비형) | 당산제3구역 도시환경정비구역 | 당산동3가 410 | 기본계획수립 |
| 2 | 재개발(주택정비형) | 도림제16구역 주택재개발정비사업조합 | 도림동 162-94 | 이전고시 |
| 3 | 재개발(도시정비형) | 문래동1·2가 도시환경정비구역 | 문래동1가 70-1 | 정비구역지정 |
| 4 | 재개발(도시정비형) | 문래동2·3가 도시환경정비사업 | 문래동2가 14-84 | 정비구역지정 |
| 5 | 재개발(도시정비형) | 영등포 대선제분 일대 재개발1구역 제1지구 | 문래동3가 16-32 | 조합설립인가 |
| 6 | 재개발(도시정비형) | 문래동4가 도시환경정비구역 재개발정비사업 조합설립추진위원회 | 문래동4가 23-6 | 추진위원회승인 |
| 7 | 재개발(주택정비형) | 신길역세권 공공임대주택 건립관련 재개발사업 | 신길동 39-3 | 추진위원회승인 |
| 8 | 재개발(주택정비형) | 신길3재정비촉진구역 주택재개발정비사업조합 | 신길동 145-40 | 착공 |
| 9 | 재개발(주택정비형) | 신길제2구역 주택재개발정비사업조합 | 신길동 190 | 조합설립인가 |
| 10 | 재개발(주택정비형) | 신길9재정비촉진구역 주택재개발정비사업 조합 | 신길동 240-16 | 분양 |
| 11 | 재개발(주택정비형) | 신길11재정비촉진구역 주택재개발정비사업조합 | 신길동 329-94 | 조합청산 |
| 12 | 재개발(주택정비형) | 신길12재정비촉진구역 주택재개발정비사업조합 | 신길동 337-246 | 분양 |
| 13 | 재개발(주택정비형) | 신길14재정비촉진구역 주택재개발정비사업 조합 | 신길동 347-50 | 이전고시 |
| 14 | 재개발(주택정비형) | 신길5재정비촉진구역 주택재개발정비사업조합 | 신길 1583-1 | 준공인가 |
| 15 | 재개발(주택정비형) | 신길7재정비촉진구역 주택재개발정비사업 조합 | 신길동 2039 | 조합청산 |
| 16 | 재개발(주택정비형) | 신길8재정비촉진구역 주택재개발정비사업조합 | 신길동 3163 | 분양 |
| 17 | 재개발(도시정비형) | 양평제10구역 도시환경정비사업 조합설립추진위원회 | 양평동1가 9-6 | 추진위원회승인 |
| 18 | 재개발(도시정비형) | 양평제12구역 도시환경정비사업조합 | 양평동1가 243-1 | 관리처분인가 |
| 19 | 재개발(도시정비형) | 양평제14구역 도시환경정비사업 조합설립추진위원회 | 양평동2가 29-6 | 추진위원회승인 |
| 20 | 재개발(도시정비형) | 양평제13구역 도시환경정비사업조합 | 양평동2가 33-20 | 사업시행인가 |
| 21 | 재개발(도시정비형) | 영등포1-15 재정비촉진구역 | 영등포동2가 34-4 | 정비구역지정 |

| 22 | 재개발(도시정비형) | 영등포1-17 재정비촉진구역 | 영등포동2가 34-75 | 정비구역지정 |
|---|---|---|---|---|
| 23 | 재개발(도시정비형) | 영등포1-25 재정비촉진구역 | 영등포동2가 159 | 정비구역지정 |
| 24 | 재개발(도시정비형) | 영등포1-24 재정비촉진구역 | 영등포동2가 170 | 정비구역지정 |
| 25 | 재개발(도시정비형) | 영등포1-23 재정비촉진구역 | 영등포동2가 213 | 정비구역지정 |
| 26 | 재개발(도시정비형) | 영등포1-20 재정비촉진구역 | 영등포동2가 256 | 정비구역지정 |
| 27 | 재개발(도시정비형) | 영등포1-21 재정비촉진구역 | 영등포동2가 299 | 정비구역지정 |
| 28 | 재개발(도시정비형) | 영등포1-22 재정비촉진구역 | 영등포동2가 328-11 | 정비구역지정 |
| 29 | 재개발(도시정비형) | 영등포1-19 재정비촉진구역 | 영등포동2가 333 | 정비구역지정 |
| 30 | 재개발(도시정비형) | 영등포동4가 도시환경정비구역 | 영등포동4가 423 | 기본계획수립 |
| 31 | 재개발(도시정비형) | 영등포1-18 재정비촉진구역 | 영등포동5가 6 | 정비구역지정 |
| 32 | 재개발(도시정비형) | 영등포1-12 재정비촉진구역 재개발 정비사업 조합 | 영등포동5가 22-3 | 조합설립인가 |
| 33 | 재개발(도시정비형) | 영등포1-13재정비촉진구역 도시환경정비사업 조합 | 영등포동5가 32-8 | 사업시행인가 |
| 34 | 재개발(도시정비형) | 영등포1-14 재정비촉진구역 | 영등포동5가 34-16 | 정비구역지정 |
| 35 | 재개발(도시정비형) | 영등포1-16 재정비촉진구역 | 영등포동5가 34-46 | 정비구역지정 |
| 36 | 재개발(도시정비형) | 영등포1-8 재정비촉진구역 | 영등포동5가 38-3 | 정비구역지정 |
| 37 | 재개발(도시정비형) | 영등포1-5 재정비촉진구역 | 영등포동5가 46-4 | 정비구역지정 |
| 38 | 재개발(도시정비형) | 영등포1-7 재정비촉진구역 | 영등포동5가 49-1 | 정비구역지정 |
| 39 | 재개발(도시정비형) | 영등포1-6 재정비촉진구역 | 영등포동5가 64 | 정비구역지정 |
| 40 | 재개발(도시정비형) | 영등포1-9 재정비촉진구역 | 영등포동5가 81-1 | 정비구역지정 |
| 41 | 재개발(도시정비형) | 영등포1-10 재정비촉진구역 | 영등포동5가 100 | 정비구역지정 |
| 42 | 재개발(도시정비형) | 영등포1-11재정비촉진구역 도시환경 정비사업조합 | 영등포동5가 30 | 조합설립인가 |
| 43 | 재개발(도시정비형) | 영등포1-3재정비촉진구역 도시환경 정비사업 조합 | 영등포동7가 29-1 | 이전고시 |

| 44 | 재개발(도시정비형) | 영등포1-2재정비촉진구역 도시환경 정비사업 조합 | 영등포동7가 76-5 | 조합설립인가 |
|---|---|---|---|---|
| 45 | 재개발(도시정비형) | 영등포1-1 재정비촉진구역 | 영등포동7가 105-7 | 정비구역지정 |
| 46 | 재개발(도시정비형) | 영등포1-4재정비촉진구역 도시환경 정비사업조합 | 영등포동7가 145-8 | 조합청산 |

## | 용산구 |

| 번호 | 사업유형 | 사업장명 | 대표지번 | 진행단계 |
|---|---|---|---|---|
| 1 | 재개발(도시정비형) | 동자동 제4구역 도시환경정비사업조합 | 동자동 36-17 | 조합청산 |
| 2 | 재개발(도시정비형) | 한강로구역 도시환경정비사업조합 | 한강로1가 158 | 조합설립인가 |
| 3 | 재개발(도시정비형) | 신용산역북측 제1구역 도시환경정비사업조합 | 한강로2가 2-116 | 조합설립인가 |
| 4 | 재개발(도시정비형) | 신용산역북측 제2구역 도시환경정비사업조합 | 한강로2가 2-138 | 사업시행인가 |
| 5 | 재개발(도시정비형) | 국제빌딩주변 제5구역 도시환경정비사업조합 | 한강로2가 210-1 | 관리처분인가 |
| 6 | 재개발(도시정비형) | 용산역전면 제3구역 도시환경정비사업조합 | 한강로2가 342 | 이전고시 |
| 7 | 재개발(도시정비형) | 정비창전면 제1구역 도시환경정비사업 | 한강로3가 40-641 | 추진위원회승인 |
| 8 | 재개발(도시정비형) | 용산역전면 제1-2구역 재개발사업 조합설립추진위원회 | 한강로3가 40-712 | 추진위원회승인 |
| 9 | 재개발(도시정비형) | 국제빌딩주변 제4구역 도시환경정비사업조합 | 한강로3가 63-70 | 준공인가 |
| 10 | 재개발(도시정비형) | 용산역전면 제2구역 도시환경정비사업조합 | 한강로3가 391 | 이전고시 |

## | 은평구 |

| 번호 | 사업유형 | 사업장명 | 대표지번 | 진행단계 |
|---|---|---|---|---|
| 1 | 재개발(주택정비형) | 갈현제1구역 주택재개발정비사업조합 | 갈현동 300 | 사업시행인가 |
| 2 | 재개발(주택정비형) | 녹번제1구역3지구주택재개발정비사업조합 | 녹번동 4 | 조합청산 |
| 3 | 재개발(주택정비형) | 녹번제1구역제2지구 주택재개발정비사업조합 | 녹번동 19 | 이전고시 |
| 4 | 재개발(주택정비형) | 녹번제1구역제1지구주택재개발정비사업조합 | 녹번동 53 | 조합해산 |
| 5 | 재개발(주택정비형) | 대조제1구역주택재개발정비사업조합 | 대조동 88 | 철거 |

| 6 | 재개발(주택정비형) | 불광제3구역주택재개발정비사업조합 | 불광동 17 | 조합청산 |
|---|---|---|---|---|
| 7 | 재개발(주택정비형) | 불광제5 주택재개발정비사업 조합 | 불광동 238 | 조합설립인가 |
| 8 | 재개발(주택정비형) | 불광제7구역주택재개발정비사업조합 | 불광동 292 | 조합청산 |
| 9 | 재개발(주택정비형) | 불광제4구역 주택재개발정비사업조합 | 불광동 550 | 준공인가 |
| 10 | 재개발(주택정비형) | 수색8재정비촉진구역 주택재개발 정비사업조합 | 수색동 16-2 | 사업시행인가 |
| 11 | 재개발(주택정비형) | 수색9재정비촉진구역주택재개발정비사업조합 | 수색동 30-2 | 분양 |
| 12 | 재개발(도시정비형) | 수색11재정비촉진구역 | 수색동 32-13 | 정비구역지정 |
| 13 | 재개발(주택정비형) | 수색6재정비촉진구역 주택재개발 정비사업조합 | 수색동 115-5 | 철거 |
| 14 | 재개발(주택정비형) | 수색7재정비촉진구역 주택재개발정비사업조합 | 수색동 189 | 철거 |
| 15 | 재개발(주택정비형) | 수색4재정비촉진구역 주택재개발 정비사업 조합 | 수색동 330-1 | 준공인가 |
| 16 | 재개발(주택정비형) | 수색13재정비촉진구역 주택재개발정비사업 조합 | 수색동 341-6 | 철거 |
| 17 | 재개발(도시정비형) | 수색1재정비촉진구역 도시환경정비사업 조합 | 수색동 366-6 | 조합설립인가 |
| 18 | 재개발(주택정비형) | 응암제1구역주택재개발정비사업조합 | 응암동 8 | 착공 |
| 19 | 재개발(주택정비형) | 응암제2구역 주택재개발정비사업 조합 | 응암동 36 | 준공인가 |
| 20 | 재개발(주택정비형) | 응암제3구역주택재개발정비사업조합 | 응암동 171 | 조합해산 |
| 21 | 재개발(주택정비형) | 응암제10구역주택재개발정비사업조합 | 응암동 419 | 이전고시 |
| 22 | 재개발(주택정비형) | 응암제11구역 주택재개발정비사업조합 | 응암동 455 | 조합해산 |
| 23 | 재개발(주택정비형) | 응암제9구역주택재개발정비사업조합 | 응암동 663 | 조합해산 |
| 24 | 재개발(주택정비형) | 증산5재정비촉진구역 주택재개발정비사업 조합 | 증산동 157-34 | 사업시행인가 |
| 25 | 재개발(주택정비형) | 증산2재정비촉진구역 주택재개발정비사업 조합 | 증산동 213-20 | 착공 |

| 종로구 |

| 번호 | 사업유형 | 사업장명 | 대표지번 | 진행단계 |
|---|---|---|---|---|
| 1 | 재건축 | 무악연립제2주택재건축정비사업조합 | 무악동 71-1 | 조합청산 |

## | 중구 |

| 번호 | 사업유형 | 사업장명 | 대표지번 | 진행단계 |
|---|---|---|---|---|
| 1 | 재개발(주택정비형) | 만리1구역 주택재개발정비사업조합 | 만리동2가 10 | 이전고시 |
| 2 | 재개발(주택정비형) | 만리제2주택재개발정비사업조합 | 만리동2가 176-1 | 준공인가 |
| 3 | 재개발(주택정비형) | 신당제11주택재개발정비사업조합 | 신당동 85 | 준공인가 |
| 4 | 재개발(주택정비형) | 가칭(구)신당제10구역주택재개발정비사업 조합 | 신당동 236-100 | 기본계획수립 |
| 5 | 재개발(주택정비형) | 신당제8구역 재개발정비사업조합 | 신당동 321-1 | 사업시행인가 |
| 6 | 재개발(주택정비형) | 신당제9구역 주택재개발정비사업조합 | 신당동 432-1008 | 조합설립인가 |
| 7 | 재개발(도시정비형) | 마포로5-10구역도시환경정비사업 조합설립추진위원회 | 중림동 186-1 | 추진위원회승인 |
| 8 | 재개발(주택정비형) | 중림동 398 일대 주택재개발정비사업 사전타당성 검토위 | 중림동 398 | 기본계획수립 |
| 9 | 재개발(주택정비형) | 중림동 일대 재개발정비사업 추진위 | 중림동 398-1 | 기본계획수립 |

## | 중랑구 |

| 번호 | 사업유형 | 사업장명 | 대표지번 | 진행단계 |
|---|---|---|---|---|
| 1 | 재개발(도시정비형) | 상봉7재정비촉진구역 도시환경정비사업조합 | 상봉동 88 | 사업시행인가 |
| 2 | 재개발(도시정비형) | 상봉6재정비촉진구역 도시환경정비사업 조합설립추진위원회 | 상봉동 107-1 | 추진위원회승인 |
| 3 | 재개발(주택정비형) | 중화2재정비촉진구역 주택재개발정비사업 | 중화동 329-38 | 정비구역지정 |
| 4 | 재개발(주택정비형) | 중화1재정비촉진구역 주택재개발정비사업 조합 | 중화동 331-64 | 관리처분인가 |

# 인천정비사업목록

## | 중구 |

| 번호 | 사업장명 | 위치 | 면적(㎡) | 사업유형 | 진행단계 |
|---|---|---|---|---|---|
| 1 | 경동율목 | 경동 40 일원 율목동 150 일원 | 34,218.0 | 재개발 | 조합설립 |
| 2 | 송월 | 송월동1가 12–16 일원<br>(당초 : 송월동 11 일원) | 27,338.0 | 재개발 | 조합설립 |
| 3 | 송월아파트 | 송월동1가 10–1 일원 | 33,683.0 | 재개발 | 조합설립 |
| 4 | 경동 | 경동 96 일원 | 41,970.0 | 재개발 | 조합설립 |
| 5 | 인천여상 주변 | 사동 24 일원 | 20,497.2 | 재개발 | 사업시행 |
| 6 | 전동웃터골 | 중구 전동 32–1 일원 | 29,933.0 | 주거환경개선<br>(현지개량) | 구역지정 |

## | 동구 |

| 번호 | 사업장명 | 위치 | 면적(㎡) | 사업유형 | 진행단계 |
|---|---|---|---|---|---|
| 1 | 대헌학교 뒤 | 송림동 37, 121 일원 | 39,095.2 | 주거환경개선<br>(전면개량) | 착공 |
| 2 | 송림4 | 송림동 2, 4 일원 | 23,915.0 | 주거환경개선<br>(전면개량) | 사업시행 |
| 3 | 송림초교 주변 | 송림동 185 일원 | 72,666.2 | 주거환경개선<br>(전면개량) | 착공 |
| 4 | 금송 | 송림동 80–34 일원 | 162,626.8 | 재개발 | 관리처분 |
| 5 | 서림 | 송림동 64, 55 일원 | 19,477.1 | 재개발 | 사업시행 |
| 6 | 송림 1, 2동 | 송림동 160 일원 | 152,856.0 | 재개발 | 사업시행 |
| 7 | 송림3 | 송림6동 42–215 일원 | 54,852.7 | 재개발 | 사업시행 |
| 8 | 송현 1, 2차A | 송현동 1 일원 | 50,627.0 | 재건축 | 조합설립 |
| 9 | 화수화평 | 화평동 1 일원 | 180,998.0 | 재개발 | 조합설립 |
| 10 | 송림6 | 송림동 31–3 일원 | 10,146.4 | 재개발 | 관리처분 |
| 11 | 만석동괭이부리<br>마을 | 만석동 9 일원 | 20,246.0 | 주거환경개선<br>(전면개량) | 착공 |
| 12 | 박문여고주변 | 송림동 101, 102 일원 | 15,200.0 | 주거환경개선<br>(현지개량) | 착공 |

| 번호 | 사업장명 | 위치 | 면적(m²) | 사업유형 | 진행단계 |
|---|---|---|---|---|---|
| 1 | 도화1 | 도화동 372-18 일원 | 81,858.3 | 재개발 | 사업시행 |
| 2 | 도화4 | 도화동 53-28 일원 | 36,066.6 | 재개발 | 사업시행 |
| 3 | 숭의3 | 숭의4동 18 일원 | 32,950.0 | 재개발 | 사업시행 |
| 4 | 숭의5 | 숭의동284 일원 | 33,832.9 | 재개발 | 조합설립 |
| 5 | 전도관 | 숭의동 116 일원 | 69,429.0 | 재개발 | 관리처분 |
| 6 | 주안10 | 주안동 1545-2 일원 | 50,017.0 | 재개발 | 관리처분 |
| 7 | 주안4 | 주안동 1577 일원 | 90,438.0 | 재개발 | 착공 |
| 8 | 주안3 | 주안동 830 일원 | 96,583.1 | 재개발 | 착공 |
| 9 | 학익1 | 학익1동 220 일원 | 77,464.0 | 재개발 | 관리처분 |
| 10 | 학익2 | 학익2동 15 일원 | 14,862.0 | 재개발 | 착공 |
| 11 | 학익3 | 학익1동 321 일원 | 100,800.0 | 재개발 | 사업시행 |
| 12 | 남광로얄A | 주안동 458 일원 | 29,589.4 | 재건축 | 조합설립 |
| 13 | 주안7 | 주안동 19-2 일원 | 57,858.5 | 재건축 | 착공 |
| 14 | 여의 | 숭의동 232 일원 | 61,200.0 | 재개발 | 관리처분 |
| 15 | 용현4 | 용현동 155 일원 | 47,951.0 | 재개발 | 조합설립 |
| 16 | 학익4 | 학익2동 290 일원 | 20,658.0 | 재개발 | 사업시행 |
| 17 | 용마루 | 용현2동 528 일원 | 226,511.0 | 주거환경개선 (전면개량) | 착공 |
| 18 | 우진A | 주안동 1344-1 일원 | 15,917.0 | 재건축 | 관리처분 |

| 연수구 |

| 번호 | 사업장명 | 위치 | 면적(m²) | 사업유형 | 진행단계 |
|---|---|---|---|---|---|
| 1 | 송도영남A | 청학동 96-4 | 26,640.0 | 재건축 | 사업시행 |
| 2 | 옥련대진빌라주변 | 옥련동 271-17 일원 | 8,548.0 | 재개발 | 사업시행 |

## | 남동구 |

| 번호 | 사업장명 | 위치 | 면적(㎡) | 사업유형 | 진행단계 |
|---|---|---|---|---|---|
| 1 | 간석성락A | 간석동 514 일원 | 20,637.1 | 재개발 | 관리처분 |
| 2 | 간석초교주변(다복) | 구월동 70-33 일원 | 55,705.0 | 재개발 | 착공 |
| 3 | 백운주택1 | 간석동 900 일원 | 32,528.9 | 재개발 | 관리처분 |
| 4 | 상인천초교주변 | 간석1동 311-1 일원 | 137,841.9 | 재개발 | 사업시행 |

## | 부평구 |

| 번호 | 사업장명 | 위치 | 면적(㎡) | 사업유형 | 진행단계 |
|---|---|---|---|---|---|
| 1 | 십정2 | 십정동 216 일원 | 192,687.0 | 주거환경개선 (전면개량) | 착공 |
| 2 | 갈산1 | 갈산동 112-93 일원 | 50,367.0 | 재개발 | 사업시행 |
| 3 | 백운2 | 십정동 186-423 일원 | 57,749.3 | 재개발 | 착공 |
| 4 | 부개3 | 부개동 191 일원 | 23,109.7 | 재개발 | 착공 |
| 5 | 부평2 | 부평동 760-700 | 59,954.0 | 재개발 | 관리처분 |
| 6 | 부평4 | 부평동 665 일원 | 80,720.2 | 재개발 | 관리처분 |
| 7 | 부평목련A주변 | 부평6동 608 일원 | 13,109.1 | 재개발 | 착공 |
| 8 | 산곡2-1 | 산곡동 178 일원 | 58,464.3 | 재개발 | 착공 |
| 9 | 산곡2-2 | 산곡동 178 일원 | 44,462.0 | 재개발 | 착공 |
| 10 | 산곡3 | 산곡1동 180 일원 | 24,802.0 | 재개발 | 조합설립 |
| 11 | 산곡5 | 산곡동 370-58 일원 | 88,025.5 | 재개발 | 사업시행 |
| 12 | 산곡4 | 산곡동 63-58 일원 | 39,381.8 | 재개발 | 착공 |
| 13 | 십정3 | 십정동 432 | 34,271.0 | 재개발 | 사업시행 |
| 14 | 십정4 | 십정동 166-1 일원 | 45,139.5 | 재개발 | 사업시행 |
| 15 | 십정5 | 십정동 460-22 일원 | 92,954.0 | 재개발 | 사업시행 |
| 16 | 청천1 | 청천동 104 일원 | 75,338.0 | 재개발 | 착공 |
| 17 | 청천2 | 청천동 36-3 일원 | 219,328.0 | 재개발 | 착공 |
| 18 | 부평아파트 | 부평5동 98-64 | 12,006.3 | 재건축 | 착공 |

| 19 | 산곡 | 산곡동 87-956 일원 | 115,100.5 | 재개발 | 사업시행 |
|---|---|---|---|---|---|
| 20 | 삼산1 | 삼산동 221-6 일원 | 32,653.3 | 재개발 | 착공 |
| 21 | 신촌 | 부평동 283-66 일원 | 93,681.0 | 재개발 | 조합설립 |
| 22 | 부개4 | 부개동 13-5 일원 | 66,688.8 | 재개발 | 관리처분 |
| 23 | 부개5 | 부개동381-15 일원 | 117,300.0 | 재개발 | 조합설립 |
| 24 | 부개인우 | 부개동 88-2 일원 | 39,461.5 | 재개발 | 착공 |
| 25 | 산곡6 | 산곡동 10 일원 | 122,971.0 | 재개발 | 사업시행 |
| 26 | 산곡7 | 산곡동 225-2 일원 | 85,395.0 | 재개발 | 조합설립 |
| 27 | 산곡재원A | 산곡1동 180-329 | 10,500.0 | 재건축 | 추진위 |
| 28 | 삼산대보A | 삼산동 191 | 16,830.0 | 재건축 | 조합설립 |
| 29 | 삼산부영A | 삼산동 74-2,7 | 13,898.0 | 재건축 | 착공 |
| 30 | 청천대진A | 청천2동 236 일원 | 18,600.0 | 재건축 | 구역지정 |
| 31 | 부개서초교북측 | 부개동 145-10 일원 | 76,157.3 | 재개발 | 착공 |
| 32 | 한마음(아) | 부평동 758-31외 7 | 16,100.7 | 재건축 | 착공 |
| 33 | 동암마을 | 십정동 479-19 일원 | 13,690.0 | 주거환경개선 (현지개량) | 착공 |
| 34 | 하하골마을 | 부평동 767-23 일원 | 45,363.0 | 주거환경개선 (현지개량) | 구역지정 |

## | 계양구 |

| 번호 | 사업장명 | 위치 | 면적(m²) | 사업유형 | 진행단계 |
|---|---|---|---|---|---|
| 1 | 계양1 | 작전동 765 일원 | 122,432.5 | 재개발 | 관리처분 |
| 2 | 서운 | 서운동 19 일원 | 88,810.0 | 재개발 | 준공('21.1.28) |
| 3 | 작전현대A | 작전동 439-7외 주변 | 64,004.9 | 재개발 | 관리처분 |
| 4 | 효성1 | 효성동 264-14 일원 | 73,301.0 | 재개발 | 착공 |
| 5 | 작전우영A | 작전동 869-17 일원 | 10,980.5 | 재건축 | 조합설립 |
| 6 | 효성뉴서울A | 효성동 99-11 | 17,713.0 | 재건축 | 구역지정 |
| 7 | 효성새사미A | 효성동 623-16 | 15,034.0 | 재건축 | 조합설립 |

## | 서구 |

| 번호 | 사업장명 | 위치 | 면적(m²) | 사업유형 | 진행단계 |
|---|---|---|---|---|---|
| 1 | 가좌라이프빌라 | 가좌동 344 일원 | 53,855.0 | 재건축 | 착공 |
| 2 | 가좌진주1차A | 가좌동 30-2 | 21,488.4 | 재건축 | 조합설립 |
| 3 | 롯데우람A | 석남동 491-3 일원 | 15,244.5 | 재건축 | 관리처분 |

## | 강화군 |

| 번호 | 사업장명 | 위치 | 면적(m²) | 사업유형 | 진행단계 |
|---|---|---|---|---|---|
| 1 | 온수리마을 | 강화군 길상면 온수리502-3 일원 | 97,439.0 | 주거환경개선 (현지개량) | 구역지정 |

# 경기도정비사업목록

## | 수원 |

| 번호 | 사업장명 | 위치 | 면적(m²) | 사업유형 | 진행단계 |
|---|---|---|---|---|---|
| 1 | 영통 3구역(원천 주공) | 영통구 원천동 35 | 48,248 | 재건축 | 예정구역 |
| 2 | 파장1(삼익아파트) | 장안구 파장동 212-5 일원 | 10,737 | 재건축 | 예정구역 |
| 3 | 원천1(아주아파트) | 영통구 원천동 71-1 일원 | 10,494 | 재건축 | 예정구역 |
| 4 | 우만1(우만주공1, 2단지) | 팔달구 우만동 28 일원 | 82,433 | 재건축 | 예정구역 |
| 5 | 망포1(청와아파트) | 영통구 망포동 291 일원 | 15,305 | 재건축 | 예정구역 |
| 6 | 세류1(미영아파트) | 권선구 세류동 1147 일원 | 28,654 | 재건축 | 예정구역 |
| 7 | 팔달2매산(성매매집결지) | 매산로1가 114-3 일원 | 22,662 | 도시환경 | 예정구역 |
| 8 | 영통 1구역 | 영통구 매탄동 173-50 일원 | 51,702 | 재개발 | 조합설립 |
| 9 | 111-3 | 장안구 영화동 93-6 일원 | 28,863 | 재개발 | 조합설립 |
| 10 | 권선 1구역(동남아파트) | 권선구 서둔동 361 | 16,525 | 재건축 | 조합설립 |
| 11 | 권선 2구역(성일아파트) | 권선구 서둔동 361-1 | 16,524 | 재건축 | 조합설립 |
| 12 | 영통 2구역<br>(매탄주공 4, 5단지) | 영통구 매탄동 897 | 222,842 | 재건축 | 조합설립 |
| 13 | 115-12구역 | 팔달구 인계동 319-6 일원 | 44,549 | 재건축 | 조합설립 |
| 14 | 팔달 1구역(현대아파트) | 팔달구 우만동 129-1 | 58,773 | 재건축 | 조합설립 |
| 15 | 115-11 | 팔달구 지동 110-15 일원 | 96,831 | 재개발 | 사업시행 |
| 16 | 113-7구역(평동지구) | 권선구 평동 35-6 일원 | 153,215 | 주거환경개선 | 사업시행 |
| 17 | 115-10 | 팔달구 지동 349-1 일원 | 83,207 | 재개발 | 관리처분 |
| 18 | 113-6 | 팔달구 세류동 817-72 일원 | 126,336 | 재개발 | 관리처분 |
| 19 | 111-1 | 장안구 정자동 530-6 일원 | 138,401 | 재개발 | 관리처분 |
| 20 | 115-9 | 팔달구 인계동 847-3 일원 | 171,786 | 재개발 | 착공 |
| 21 | 113-12 | 권선구 오목천동 482-2 일원 | 44,759 | 재개발 | 착공 |
| 22 | 115-8 | 팔달구 매교동 209-14 일원 | 223,011 | 재개발 | 착공 |
| 23 | 115-6 | 팔달구 교동 155-41 일원 | 139,295 | 재개발 | 착공 |
| 24 | 111-4 | 장안구 조원동 431-2 일원 | 35,739 | 재개발 | 착공 |

| 25 | 111–5구역 | 장안구 연무동 224 일원 | 53,074 | 재건축 | 착공 |
| --- | --- | --- | --- | --- | --- |
| 26 | 115–2구역(고등지구) | 팔달구 고등동 270 일원 | 359,543 | 주거환경개선 | 착공 |
| 27 | 115–1 | 팔달구 화서동 4–26 일원 | 11,501 | 재개발 | 준공 |
| 28 | 권선주공 1,3차아파트 | 수원시 권선구 권선동 1067 | 96,058 | 재건축 | 준공 |
| 29 | 송림아파트 | 수원시 장안구 정자동 423–1 | 24,784 | 재건축 | 준공 |
| 30 | 매탄주공 2단지아파트 | 수원시 영통구 매탄동 176 | 190,493 | 재건축 | 준공 |
| 31 | 화서주공 2단지아파트 | 수원시 팔달구 화서동 79–5 | 84,660 | 재건축 | 준공 |
| 32 | 권선주공 2단지아파트 | 수원시 권선구 권선동 1035, 1036 | 61,894 | 재건축 | 준공 |
| 33 | 천천주공 | 수원시 장안구 천천동 333 | 134,582 | 재건축 | 준공 |
| 34 | 인계주공아파트 | 수원시 팔달구 인계동 384, 465 | 66,971 | 재건축 | 준공 |
| 35 | 향원아파트 | 수원시 팔달구 인계동 865–10 | 23,239 | 재건축 | 준공 |
| 36 | 우람아파트 | 수원시 팔달구 화서동 349–1 | 37,641 | 재건축 | 준공 |
| 37 | 113–4구역(세류지구) | 권선구 세류동 334–88 일원 | 230,283 | 주거환경개선 | 준공 |
| 38 | 매산지구 | 매산로3가 109–2 일원 | 94,896 | 주거환경관리 | 준공 |
| 39 | 행궁지구 | 장안동 110–7 일원 | 137,475 | 주거환경관리 | 준공 |

| 성남 |

| 번호 | 사업장명 | 위치 | 면적(m²) | 사업유형 | 진행단계 |
| --- | --- | --- | --- | --- | --- |
| 1 | 수진1 | 수정구 수진동 963 일원 | 242,481 | 재개발 | 예정구역 |
| 2 | 신흥1 | 수정구 신흥동 4900 일원 | 193,975 | 재개발 | 예정구역 |
| 3 | 태평3 | 수정구 태평동 4580 일원 | 122,778 | 재개발 | 예정구역 |
| 4 | 상대원3 | 중원구 상대원동 2780 일원 | 427,629 | 재개발 | 예정구역 |
| 5 | 신흥3 | 수정구 신흥동 2890 일원 | 152,263 | 재개발 | 예정구역 |
| 6 | 한신아파트 | 수정구 신흥동 2463–1 일원 | 22,374 | 재건축 | 예정구역 |
| 7 | 선경논골아파트 | 수정구 단대동 6 일원 | 8,533 | 재건축 | 예정구역 |
| 8 | 삼익금광아파트 | 중원구 금광동 3950 일원 | 12,251 | 재건축 | 예정구역 |
| 9 | 삼익상대원아파트 | 중원구 상대원동 152–3 일원 | 6,067 | 재건축 | 예정구역 |
| 10 | 성남동현대아파트 | 중원구 성남동 3120 일원 | 9,741 | 재건축 | 예정구역 |

| 11 | 두산아파트 | 수정구 신흥동 2024 일원 | 21,590 | 재건축 | 예정구역 |
|---|---|---|---|---|---|
| 12 | 시영(황송마을)아파트 | 중원구 금광동 2450-1 일원 | 34,220 | 재건축 | 예정구역 |
| 13 | 일성아파트 | 중원구 상대원동 178-6 일원 | 8,024 | 재건축 | 예정구역 |
| 14 | 청구아파트 | 수정구 신흥동 2464-1 일원 | 17,942 | 재건축 | 예정구역 |
| 15 | 선경상대원 2차아파트 | 중원구 상대원동 279-1 일원 | 83,823 | 재건축 | 예정구역 |
| 16 | 미도아파트 | 수정구 단대동 182 일원 | 10,913 | 재건축 | 예정구역 |
| 17 | 도환중2 | 중원구 중앙동 196 일원 | 39,346 | 도시환경 | 추진위원회 |
| 18 | 은행주공아파트 | 중원구 은행동 550 일원 | 151,803 | 재건축 | 조합설립 |
| 19 | 성지·궁전아파트 | 중원구 상대원동 195-5 일원 | 26,223 | 재건축 | 조합설립 |
| 20 | 상대원2 | 중원구 상대원동 3910 일원 | 242,045 | 재개발 | 사업시행 |
| 21 | 산성 | 수정구 산성동 1336 일원 | 152,797 | 재개발 | 사업시행 |
| 22 | 도환중1 | 중원구 중앙동 912 일원 | 67,234 | 도시환경 | 사업시행 |
| 23 | 신흥2 | 수정구 신흥동 1132 일원 | 210,733 | 재개발 | 착공 |
| 24 | 중1 | 중원구 중앙동 2979 일원 | 108,424 | 재개발 | 착공 |
| 25 | 금광1 | 중원구 금광동 34 일원 | 233,366 | 재개발 | 착공 |
| 26 | 금광3 | 중원구 금광동 2622 일원 | 21,726 | 재건축 | 착공 |
| 27 | 신흥(신흥주공+통보8차) | 수정구 신흥동 10,89-1 일원 | 181,292 | 재건축 | 착공 |
| 28 | 태평2 | 수정구 남문로 69번길 11 일원 | 46,787 | 주거환경관리 | 착공 |
| 29 | 태평4 | 수정구 남문로 135번길 11 일원 | 48,852 | 주거환경관리 | 착공 |
| 30 | 수진2 | 수정구 수정로88번길 18 일원 | 35,214 | 주거환경관리 | 착공 |
| 31 | 단대 | 수정구 단대동 108-6 일원 | 75,063 | 재개발 | 준공 |
| 32 | 중3 | 중원구 중동 1500 일원 | 40,239 | 재개발 | 준공 |
| 33 | 건우아파트 | 수정구 태평로 64(태평2동) | 17,915 | 재건축 | 준공 |
| 34 | 삼남아파트 | 중원구 중앙동 578 | 20,124 | 재건축 | 준공 |
| 35 | 삼창아파트 | 중원구 중앙동 3748-1 | 41,139 | 재건축 | 준공 |
| 36 | 산성2지구 | 산성동 513 일원 | 29,560 | 주거환경개선 | 준공 |
| 37 | 은행2지구 | 은행2동 1342 일원 | 183,209 | 주거환경개선 | 준공 |
| 38 | 단대동 | 산성대로 383번길 14 일원(단대동 177) | 49,265 | 주거환경관리 | 준공 |

| 용인 |

| 번호 | 사업장명 | 위치 | 면적(m²) | 사업유형 | 진행단계 |
|---|---|---|---|---|---|
| 1 | 삼가1 | 처인구 삼가동 110 일원 | 16,000 | 재개발 | 예정구역 |
| 2 | 삼가2 | 처인구 삼가동 216 일원 | 16,000 | 재개발 | 예정구역 |
| 3 | 용인3(역북1) | 처인구 역북동 454 일원(동일) | 40,489 | 재개발 | 예정구역 |
| 4 | 풍덕천1 | 수지구 풍덕천동 678-1 일원 | 83,251 | 주거환경개선 | 정비구역 |
| 5 | 모현1 | 처인구 모현읍 왕산리 789 일원 | 22,784 | 재개발 | 조합설립 |
| 6 | 용인7 | 처인구 김량장동 159 일원 | 22,646 | 재개발 | 사업시행 |
| 7 | 이동2 | 처인구 이동읍 천리 748-2 일원 | 38,263 | 주거환경개선 | 사업시행 |
| 8 | 신갈2 | 기흥구 신갈동 33-4 일원 | 108,443 | 주거환경개선 | 사업시행 |
| 9 | 상갈1 | 기흥구 상갈동 102-5 일원 | 79,112 | 주거환경개선 | 사업시행 |
| 10 | 고림1 | 처인구 고림동 772-20 일원 | 40,793 | 주거환경개선 | 사업시행 |
| 11 | 마평1 | 처인구 마평동 732 일원 | 40,512 | 주거환경개선 | 사업시행 |
| 12 | 용인8 | 처인구 김량장동 309-1 일원 | 49,076 | 재개발 | 관리처분 |
| 13 | 용인2 | 처인구 역북동 795 | 19,826 | 재건축 | 준공 |
| 14 | 김량주공아파트(용인1구역) | 처인구 김량장동 526 | 21,449 | 재건축 | 준공 |
| 15 | 신갈주공아파트(기흥2구역) | 기흥구 신갈동 733 | 31,607 | 재건축 | 준공 |
| 16 | 용인9 | 처인구 마평동 740 일원 | 31,439 | 주거환경개선 | 준공 |
| 17 | 용인10 | 처인구 마평동 601 일원 | 23,983 | 주거환경개선 | 준공 |
| 18 | 양지1 | 처인구 양지면 양지리 383 일원 | 28,936 | 주거환경개선 | 준공 |
| 19 | 포곡1 | 처인구 포곡읍 전대리 150 일원 | 12,861 | 주거환경개선 | 준공 |

| 부천 |

| 번호 | 사업장명 | 위치 | 면적(m²) | 사업유형 | 진행단계 |
|---|---|---|---|---|---|
| 1 | 괴안 3-1(역곡조공1차아파트) | 괴안동 36 일원 | 14,774 | 재건축 | 예정구역 |
| 2 | 괴안 3-6(괴안대진아파트) | 괴안동 171-6 일원 | 14,203 | 재건축 | 예정구역 |
| 3 | 심곡본 3-1(부천롯데아파트) | 심곡본동 615-1 일원 | 22,225 | 재건축 | 예정구역 |
| 4 | 심곡본 3-2(부천극동아파트) | 심곡본동 566-1 일원 | 29,174 | 재건축 | 예정구역 |

| 5 | 소사본 3-2(부천한신아파트) | 소사본동 277-12 일원 | 40,377 | 재건축 | 예정구역 |
|---|---|---|---|---|---|
| 6 | 괴안 3-2(역곡조공2차아파트) | 괴안동 33 일원 | 27,634 | 재건축 | 예정구역 |
| 7 | 송내 3-1(송내동신아파트) | 송내동 441-8 일원 | 17,767 | 재건축 | 예정구역 |
| 8 | 고강 3-1(고강1,2차 아파트) | 고강동 246-5 일원 | 19,064 | 재건축 | 예정구역 |
| 9 | 원종 3-3(동진아파트) | 원종동 180-3 | 12,177 | 재건축 | 예정구역 |
| 10 | 소사본 3-1(성지아파트) | 소사본동 91-68 | 9,435 | 재건축 | 예정구역 |
| 11 | 약대 3-1(약대현대아파트) | 약대동 169-6 일원 | 15,363 | 재건축 | 예정구역 |
| 12 | 송내 3-2(현대아파트) | 송내동 450-1 일원 | 22,373 | 재건축 | 예정구역 |
| 13 | 원종 3-1(원종주공아파트) | 원종동 129-19 일원 | 25,419 | 재건축 | 예정구역 |
| 14 | 괴안3-4(염광아파트) | 괴안동 164-6 일원 | 16,698 | 재건축 | 예정구역 |
| 15 | 고강 3-2(미도아파트) | 고강동 327-7 일원 | 14,690 | 재건축 | 예정구역 |
| 16 | 괴안 3-5(삼익세라믹아파트) | 괴안동 204-16 일원 | 35,064 | 재건축 | 예정구역 |
| 17 | 원종 3-2(동문1차아파트) | 원종동 70-1 일원 | 17,591 | 재건축 | 예정구역 |
| 18 | 괴안 3-3(삼익3차 아파트) | 괴안동 204-1 일원 | 35,434 | 재건축 | 예정구역 |
| 19 | 괴안 3-7(거산아파트) | 괴안동 171-8 일원 | 13,418 | 재건축 | 예정구역 |
| 20 | 심곡3-1 | 심곡동 194 일원 | 4,413 | 재개발 | 정비구역 |
| 21 | 역곡1-2 | 역곡동 75-3 일원 | 16,940 | 재건축 | 추진위원회 |
| 22 | 괴안2D | 괴안동 189 일원 | 25,877 | 재개발 | 조합설립 |
| 23 | 소사3 | 소사동 48-21 일원 | 76,081 | 재개발 | 조합설립 |
| 24 | 성곡2-1 | 원종동 352 일원 | 17,396 | 재건축 | 조합설립 |
| 25 | 소사본1-1 | 소사본동 88-39 일원 | 45,548 | 도시환경 | 조합설립 |
| 26 | 도당1-1 | 도당동 266-4 일원 | 137,023 | 재개발 | 사업시행 |
| 27 | 소사1-1 | 소사동 483-6 일원 | 25,881 | 재개발 | 사업시행 |
| 28 | 송내1-1 | 송내동 338 일원 | 42,612 | 재건축 | 사업시행 |
| 29 | 괴안3D | 괴안동 201 일원 | 38,323 | 도시환경 | 사업시행 |
| 30 | 계수.범박 | 계수동 1-6 일원 | 295,044 | 재개발 | 착공 |
| 31 | 송내1-2 | 송내동 427-32 일원 | 40,431 | 재개발 | 착공 |
| 32 | 약대1 | 약대동 216 일원 | 42,275 | 재개발 | 준공 |
| 33 | 약대2 | 약대동 204 일원 | 71,669 | 재개발 | 준공 |

| 34 | 중동1-1 | 중동 780 일원 | 16,143 | 재개발 | 준공 |
|---|---|---|---|---|---|
| 35 | 괴안1-6 | 괴안동 203-2 일원 | 42,952 | 재건축 | 준공 |
| 36 | 심곡본1-1 | 심곡본동 801 일원 | 15,356 | 재건축 | 준공 |
| 37 | 약대주공 | 약대 181 일원 | 101,986 | 재건축 | 준공 |
| 38 | 삼경아파트 | 원종동 144 일원 | 20,108 | 재건축 | 준공 |
| 39 | 동원아파트 | 송내동 463-3 일원 | 20,736 | 재건축 | 준공 |
| 40 | 중동주공 | 중동 884외3 (현, 1288,1289) | 159,919 | 재건축 | 준공 |
| 41 | 백동단지 | 소사본동 157-1 외 99 | 13,517 | 재건축 | 준공 |

## | 안산 |

| 번호 | 사업장명 | 위치 | 면적(㎡) | 사업유형 | 진행단계 |
|---|---|---|---|---|---|
| 1 | 성포예술인 | 성포동 예술인아파트 | 71,800 | 재건축 | 예정구역 |
| 2 | 주공4단지 | 성포동 588 일원 | 46,900 | 재건축 | 예정구역 |
| 3 | 주공10단지 | 성포동 584 일원 | 73,400 | 재건축 | 예정구역 |
| 4 | 고잔연립3 | 고잔동 665-1 일원 | 47,400 | 재건축 | 예정구역 |
| 5 | 고잔연립4 | 고잔동 661-3 일원 | 75,200 | 재건축 | 예정구역 |
| 6 | 고잔연립5 | 고잔동 610 일원 | 69,800 | 재건축 | 예정구역 |
| 7 | 고잔연립6 | 고잔동 612 일원 | 26,700 | 재건축 | 예정구역 |
| 8 | 고잔연립7 | 고잔동 613-1 일원 | 27,600 | 재건축 | 예정구역 |
| 9 | 주공7단지 | 고잔동 670 일원 | 53,500 | 재건축 | 예정구역 |
| 10 | 주공8단지 | 고잔동 671 일원 | 53,600 | 재건축 | 예정구역 |
| 11 | 주공9단지 | 고잔동 672 일원 | 68,400 | 재건축 | 예정구역 |
| 12 | 선부연립1 | 선부동 963 일원 | 47,000 | 재건축 | 예정구역 |
| 13 | 군자주공9 | 선부동 967 일원 | 29,529 | 재건축 | 예정구역 |
| 14 | 군자주공10 | 선부동 1083 일원 | 46,318 | 재건축 | 예정구역 |
| 15 | 현대1차아파트 | 성포동 592-2 일원 | 22,046 | 재건축 | 예정구역 |
| 16 | 월드아파트 | 본오동 872 일원 | 49,553 | 재건축 | 예정구역 |
| 17 | 고잔연립2 | 고잔동 576 일원 | 57,800 | 재건축 | 추진위원회 |

| 18 | 팔곡일동1 | 팔곡일동 264-5 일원 | 22,865 | 재건축 | 추진위원회 |
|---|---|---|---|---|---|
| 19 | 주공6단지 | 고잔동 676-2 일원 | 41,191 | 재건축 | 추진위원회 |
| 20 | 주공5단지1 | 고잔동 675 일원 | 35,748 | 재건축 | 조합설립 |
| 21 | 주공5단지2 | 고잔동 674 일원 | 42,750 | 재건축 | 조합설립 |
| 22 | 고잔연립9 | 고잔동 648-1 일원 | 20,753 | 재건축 | 사업시행 |
| 23 | 산호연립 | 상록구 건건동 894-14 | 7,301 | 재건축 | 사업시행 |
| 24 | 인정프린스아파트 | 상록구 건건동 894-1 | 26,019 | 재건축 | 사업시행 |
| 25 | 고잔연립8 | 고잔동 631-1 일원 | 17,750 | 재건축 | 관리처분 |
| 26 | 선부동2 | 단원구 선부동 998 일원 | 16,151 | 재건축 | 관리처분 |
| 27 | 선부동3 | 단원구 선부동 1007 일원 | 48,063 | 재건축 | 관리처분 |
| 28 | 원곡연립1단지 | 단원구 원곡동 829 일원 | 76,640 | 재건축 | 착공 |
| 29 | 원곡연립2단지 | 단원구 원곡동 838 일원 | 64,810 | 재건축 | 착공 |
| 30 | 군자주공7단지 | 단원구 선부동 961 | 28,781 | 재건축 | 착공 |
| 31 | 건건동1(양지연립포함) | 건건동 606 일원 | 15,437 | 재건축 | 준공 |
| 32 | 군자주공6단지 | 단원구 선부동 953 | 93,027 | 재건축 | 준공 |
| 33 | 원곡연립3단지 | 단원구 원곡동 848 일원 | 57,626 | 재건축 | 준공 |
| 34 | 초지연립1단지 | 단원구 초지동 590 일원 | 68,934 | 재건축 | 준공 |
| 35 | 초지연립상단지 | 단원구 초지동 605 일원 | 55,879 | 재건축 | 준공 |
| 36 | 군자주공8단지 | 단원구 선부동 959 일원 | 17,856 | 재건축 | 준공 |
| 37 | 고잔연립1단지 | 단원구 고잔동 586 일원 | 44,269 | 재건축 | 준공 |
| 38 | 성포주공3단지 | 상록구 성포동 587 | 56,229 | 재건축 | 준공 |
| 39 | 중앙주공1단지 | 단원구 고잔동 532 | 50,719 | 재건축 | 준공 |
| 40 | 중앙주공2단지 | 단원구 고잔동 538 | 56,702 | 재건축 | 준공 |
| 41 | 군자주공5단지 | 단원구 초지동 603-1 | 22,924 | 재건축 | 준공 |
| 42 | 동명아파트 | 단원구 선부동 1082 | 30,380 | 재건축 | 준공 |
| 43 | 군자주공4단지 | 단원구 초지동 604 | 34,394 | 재건축 | 준공 |

| 안양 |

| 번호 | 사업장명 | 위치 | 면적(㎡) | 사업유형 | 진행단계 |
|---|---|---|---|---|---|
| 1 | 석수럭키아파트 | 만안구 석수동 296 | 30,231 | 재건축 | 예정구역 |
| 2 | 진흥5차아파트 | 만안구 안양동 908-4 | 18,384 | 재건축 | 예정구역 |
| 3 | 프라자아파트 | 만안구 안양동 762-2 | 27,125 | 재건축 | 예정구역 |
| 4 | 벽산아파트 | 만안구 안양동 627-72 | 12,412 | 재건축 | 예정구역 |
| 5 | 호계럭키아파트 | 동안구 호계동 570 | 41,517 | 재건축 | 예정구역 |
| 6 | 현대아파트 | 동안구 관양1동 1396 일원 | 62,557 | 재건축 | 예정구역 |
| 7 | 상록 | 만안구 안양8동 398-32 일원 | 69,950 | 재개발 | 조합설립 |
| 8 | 박달신한아파트 | 만안구 박달2동 111-1 일원 | 19,457 | 재건축 | 조합설립 |
| 9 | 미륭아파트 | 동안구 비산2동 406 일원 | 28,377 | 재건축 | 조합설립 |
| 10 | 안양역세권 | 만안구 안양2동 841-5 일원 | 27,385 | 재개발 | 사업시행 |
| 11 | 호계온천 주변 | 동안구 호계2동 915 일원 | 41,856 | 재개발 | 사업시행 |
| 12 | 화창 | 만안구 석수2동 348 일원 | 22,846 | 재개발 | 사업시행 |
| 13 | 비산1동주민센터 주변 | 동안구 비산1동 554 일원 | 5,135 | 재개발 | 사업시행 |
| 14 | 뉴타운맨션 삼호아파트 | 동안구 비산3동 354-10 일원 | 118,751 | 재건축 | 사업시행 |
| 15 | 비산초교 주변 | 동안구 비산3동 281-1 일원 | 114,550 | 재개발 | 관리처분 |
| 16 | 융창아파트 주변 | 동안구 호계2동 929 일원 | 107,768 | 재개발 | 관리처분 |
| 17 | 덕현 | 동안구 호계1동 992 일원 | 116,666 | 재개발 | 관리처분 |
| 18 | 진흥아파트 | 만안구 안양1동 97-3 일원 | 109,172 | 재건축 | 관리처분 |
| 19 | 삼신6차아파트 | 동안구 호계3동 651-1 일원 | 14,831 | 재건축 | 관리처분 |
| 20 | 냉천 | 만안구 안양5동 618 일원 | 118,461 | 주거환경개선 | 관리처분 |
| 21 | 삼영아파트 주변 | 만안구 안양2동 34-1 일원 | 25,158 | 재개발 | 착공 |
| 22 | 예술공원입구 주변 | 만안구 안양2동 18-1 일원 | 48,205 | 재개발 | 착공 |
| 23 | 구사거리 | 동안구 호계3동 661-1 일원 | 41,902 | 재개발 | 착공 |
| 24 | 임곡3 | 동안구 비산동 515-2 일원 | 133,418 | 재개발 | 착공 |
| 25 | 호원초등학교 주변 | 동안구 호계1동 956 일원 | 184,607 | 재개발 | 착공 |
| 26 | 소곡지구 | 만안구 안양6동 585-2 일원 | 65,889 | 재개발 | 착공 |
| 27 | 진흥로얄아파트 | 동안구 비산2동 577-1 일원 | 10,431 | 재건축 | 착공 |

| 28 | 비산2동주민자치센터주변 | 만안구 비산2동 419-30 일원 | 52,223 | 재건축 | 착공 |
|---|---|---|---|---|---|
| 29 | 덕천 | 만안구 안양7동 148-1 일원 | 257,590 | 재개발 | 준공 |
| 30 | 청원아파트주변 | 만안구 안양2동 80-4 일원 | 17,758 | 재건축 | 준공 |
| 31 | 호계주공아파트 주변 | 동안구 호계1동 977 일원 | 53,382 | 재건축 | 준공 |
| 32 | 주공아파트주변(단독주택) | 동안구 호계1동 981 일원 | 11,094 | 재건축 | 준공 |
| 33 | 석수한신아파트주변지구 | 만안구 석수동 417-3 일원 | 47,177 | 재건축 | 준공 |
| 34 | 백조아파트지구 | 만안구 석수동 374-5 일원 | 28,130 | 재건축 | 준공 |
| 35 | 석수주공2단지지구 | 만안구 석수3동 788 일원 | 58,936 | 재건축 | 준공 |
| 36 | 석수주공3단지지구 | 만안구 석수3동 787 일원 | 28,372 | 재건축 | 준공 |
| 37 | 박달1동 연합지구 | 만안구 박달1동 37 일원 | 18,784 | 재건축 | 준공 |
| 38 | 동삼아파트지구 | 만안구 석수2동 485-8 일원 | 11,850 | 재건축 | 준공 |

## | 화성 |

| 번호 | 사업장명 | 위치 | 면적(m²) | 사업유형 | 진행단계 |
|---|---|---|---|---|---|
| 1 | 봉담1-1 | 동화리 340 일원 | 14,860 | 재개발 | 예정구역 |
| 2 | 봉담1-2 | 수영리 649-3 일원 | 19,929 | 재개발 | 예정구역 |
| 3 | 안녕1-1 | 안녕동 46-4 일원 | 74,400 | 재개발 | 예정구역 |
| 4 | 진안1-1 | 진안동 525-59 일원 | 10,963 | 재개발 | 예정구역 |
| 5 | 진안1-2 | 진안동 524-7 일원 | 11,738 | 재개발 | 예정구역 |
| 6 | 송산1-1 | 사강리 610-5 일원 | 20,450 | 재개발 | 예정구역 |
| 7 | 남양1-1 | 남양동 1263 일원 | 17,426 | 재개발 | 예정구역 |
| 8 | 우정1-1 | 조암리 227-2 일원 | 13,270 | 재개발 | 예정구역 |
| 9 | 우정1-2 | 조암리 360-2 일원 | 52,750 | 재개발 | 예정구역 |
| 10 | 향남1-1 | 발안리 60-2 일원 | 26,913 | 재개발 | 예정구역 |
| 11 | 우정 II-1 | 조암리 270-38 일원 | 12,890 | 도시환경 | 예정구역 |
| 12 | 향남 II-5 | 평리 118-10 일원 | 15,088 | 도시환경 | 예정구역 |
| 13 | 봉담 III-1 | 와우리 160 일원 | 40,200 | 도시환경 | 예정구역 |
| 14 | 화산주택 | 송산동 97-15 일원 | 17,339 | 재건축 | 추진위원회 |

## | 평택 |

| 번호 | 사업장명 | 위치 | 면적(m²) | 사업유형 | 진행단계 |
|---|---|---|---|---|---|
| 1 | 합정주공 | 합정동 835 일원 | 75,646 | 재건축 | 조합설립 |
| 2 | 세교1구역 | 세교동 202-5 일원 | 67,746 | 재개발 | 관리처분 |
| 3 | 서정연립 | 서정동 780 일원 | 56,888 | 재건축 | 관리처분 |
| 4 | 송원·현대연립 | 독곡동 359-5 일원 | 15,239 | 재건축 | 관리처분 |
| 5 | 두정지구 | 팽성읍 두정리 45-2 일원 | 63,029 | 주거환경개선 | 착공 |
| 6 | 비전주공1 | 비전동 488 일원 | 30,157 | 재건축 | 준공 |
| 7 | 비전주공2 | 비전동 143 일원 | 42,325 | 재건축 | 준공 |
| 8 | 서정주공1 | 서정동 241 | 43,221 | 재건축 | 준공 |
| 9 | 서정주공2 | 서정동 13 | 40,540 | 재건축 | 준공 |
| 10 | 지산지구 | 평택시 지산동 692 일원 | 30,613 | 주거환경개선 | 준공 |
| 11 | 세교지구 | 평택시 세교동 123 일원 | 16,708 | 주거환경개선 | 준공 |

## | 시흥 |

| 번호 | 사업장명 | 위치 | 면적(m²) | 사업유형 | 진행단계 |
|---|---|---|---|---|---|
| 1 | 미산 | 미산동 341-1 일원 | 209,123 | 재개발 | 예정구역 |
| 2 | 매화1 | 매화동 144-16 일원 | 278,631 | 재개발 | 예정구역 |
| 3 | 포동1 | 포동 2 일원 | 57,253 | 재개발 | 예정구역 |
| 4 | 포동2 | 포동 36 일원 | 97,340 | 재개발 | 예정구역 |
| 5 | 논곡 | 논곡동 240 일원 | 34,025 | 재개발 | 예정구역 |
| 6 | 목감 | 조남동 171-4 일원 | 205,880 | 재개발 | 예정구역 |
| 7 | 은행1 | 은행동 251-6 일원 | 21,187 | 재개발 | 예정구역 |
| 8 | 은행2 | 은행동 276-10 일원 | 30,974 | 재건축 | 예정구역 |
| 9 | 거모3 | 거모동 1474-1 일원 | 19,407 | 재건축 | 추진위원회 |
| 10 | 대아3 | 대아동 284 일원 | 34,908 | 재건축 | 조합설립 |
| 11 | 대아동 | 대아동 303 일대 | 77,503 | 재개발 | 착공 |
| 12 | 복음자리 | 신천동 33 일대 | 14,193 | 주거환경개선 | 준공 |

## | 김포 |

| 번호 | 사업장명 | 위치 | 면적(㎡) | 사업유형 | 진행단계 |
|---|---|---|---|---|---|
| 1 | 양곡마을 | 양촌읍 양곡리 403-4 일원 | 46,583 | 주거환경개선 | 정비구역 |
| 2 | 서암 | 통진읍 서암리 758-22 일원 | 18,490 | 주거환경관리 | 준공 |

## | 광명 |

| 번호 | 사업장명 | 위치 | 면적(㎡) | 사업유형 | 진행단계 |
|---|---|---|---|---|---|
| 1 | 철산주공10,11단지 | 철산2동 105 | 67,738 | 재건축 | 사업시행 |
| 2 | 철산주공8,9단지 | 철산2동 235 | 173,856 | 재건축 | 사업시행 |
| 3 | 철산주공7단지 | 철산3동 233 | 61,041 | 재건축 | 착공 |
| 4 | 철산주공4단지 | 철산3동 452 | 35,288 | 재건축 | 착공 |
| 5 | 철산두산위브아파트 | 철산동 50 일대 | 32,650 | 재개발 | 준공 |
| 6 | 광육재건축단지 | 광명6동 354-24 | 73,577 | 재건축 | 준공 |
| 7 | 광명5동 (월드메르디앙아파트) | 광명동 776-49 | 19,983 | 재건축 | 준공 |
| 8 | 철산주공2단지아파트 | 철산동 373 | 58,711 | 재건축 | 준공 |
| 9 | 철산주공3단지아파트 | 철산동 552 | 96,200 | 재건축 | 준공 |
| 10 | 하안주공본1단지아파트 | 하안동 764 | 132,500 | 재건축 | 준공 |
| 11 | 하안주공본2단지아파트 | 하안동 769 | 63,744 | 재건축 | 준공 |
| 12 | 광명철산 | 철산동 510 | 78,673 | 주거환경개선 | 준공 |
| 13 | 광명삼각주 | 철산동 606 | 11,480 | 주거환경개선 | 준공 |
| 14 | 광명신촌마을 | 소하동 4-1 일원 | 112,120 | 주거환경개선 | 준공 |

## | 군포 |

| 번호 | 사업장명 | 위치 | 면적(㎡) | 사업유형 | 진행단계 |
|---|---|---|---|---|---|
| 1 | 군포10구역 | 당동 781-1 일원 | 37,751 | 도시환경 | 조합설립 |
| 2 | 산본주공아파트 | 군포시 산본동 208외 5 | 128,359 | 재건축 | 준공 |

## | 오산 |

| 번호 | 사업장명 | 위치 | 면적(㎡) | 사업유형 | 진행단계 |
|---|---|---|---|---|---|
| 1 | 오산경일신안 | 원동 785-1 일원 | 5,330 | 도시환경 | 사업시행 |
| 2 | 오매장터 | 오산동 354-4 일원 | 56,782 | 주거환경관리 | 착공 |

## | 이천 |

| 번호 | 사업장명 | 위치 | 면적(㎡) | 사업유형 | 진행단계 |
|---|---|---|---|---|---|
| 1 | 이천관고동 | 관고동 226 일원 | 32,489 | 재개발 | 조합설립 |

## | 안성 |

| 번호 | 사업장명 | 위치 | 면적(㎡) | 사업유형 | 진행단계 |
|---|---|---|---|---|---|
| 1 | 신건지동 1구역 | 신건지동 8 일원 | 11,203 | 재개발 | 추진위원회 |

## | 의왕 |

| 번호 | 사업장명 | 위치 | 면적(㎡) | 사업유형 | 진행단계 |
|---|---|---|---|---|---|
| 1 | 내손가구역 | 내손동 700 일원 | 45,836 | 재개발 | 추진위원회 |
| 2 | 부곡다구역 | 삼동 146 일원 | 60,917 | 재건축 | 추진위원회 |
| 3 | 오전라구역 | 오전동 323-3 일원 | 15,995 | 도시환경 | 추진위원회 |
| 4 | 고천나구역 | 고천동 265 일원 | 90,405 | 재개발 | 조합설립 |
| 5 | 오전다구역 | 오전동 350-1 일원 | 174,614 | 재개발 | 조합설립 |
| 6 | 고천가구역 | 고천동 276-8 일원 | 27,025 | 도시환경 | 조합설립 |
| 7 | 부곡가구역 | 삼동 192-244 일원 | 86,065 | 재개발 | 사업시행 |
| 8 | 내손라구역 | 내손동 661 일원 | 93,990 | 재개발 | 관리처분 |
| 9 | 내손다구역 | 내손동 683 일원 | 151,480 | 재개발 | 관리처분 |
| 10 | 오전나구역 | 오전동 32-5 일원 | 32,850 | 재개발 | 관리처분 |
| 11 | 오전가구역 | 오전동 52 일원 | 44,646 | 재건축 | 착공 |

| 12 | 포일주공아파트 | 내손동 844 일원<br>(구번지 : 623 일원) | 128,886 | 재건축 | 준공 |
| 13 | 의왕내손주택 | 내손동 842(구번지 : 630 일원) | 32,691 | 재건축 | 준공 |
| 14 | 청화아파트 | 포일동 643(구번지 : 540) | 14,450 | 재건축 | 준공 |
| 15 | 대우사원주택 | 내손동 627 일원 | 125,233 | 재건축 | 준공 |
| 16 | 오전마구역 | 오전동 324-4 일원 | 14,208 | 도시환경 | 준공 |

## | 하남 |

| 번호 | 사업장명 | 위치 | 면적(m²) | 사업유형 | 진행단계 |
|---|---|---|---|---|---|
| 1 | C구역 | 덕풍동 285-31 일대 | 49,646 | 재개발 | 관리처분 |

## | 과천 |

| 번호 | 사업장명 | 위치 | 면적(m²) | 사업유형 | 진행단계 |
|---|---|---|---|---|---|
| 1 | 주공8,9단지구역 | 부림동 41 일원 | 135,000 | 재건축 | 추진위원회 |
| 2 | 주공10단지구역 | 중앙동 67 일원 | 102,100 | 재건축 | 추진위원회 |
| 3 | 주암장군마을 | 주암동 63-9 일원 | 52,895 | 재개발 | 조합설립 |
| 4 | 주공5단지구역 | 별양동 6 일원 | 63,629 | 재건축 | 조합설립 |
| 5 | 주공4단지구역 | 별양동 7 일원 | 60,679 | 재건축 | 조합설립 |
| 6 | 주공6단지 | 별양동 52 일원 | 118,176 | 재건축 | 착공 |
| 7 | 주공2단지 | 원문동 2, 별양동 8 일원 | 118,069 | 재건축 | 착공 |
| 8 | 주공7-1단지 | 부림동 49 일원 | 80,421 | 재건축 | 착공 |
| 9 | 주공12단지 | 갈현동 369 일원 | 9,289 | 재건축 | 착공 |
| 10 | 주공1단지 | 중앙동 37 일원 | 114,500 | 재건축 | 준공 |
| 11 | 주공7-2단지 | 별양동 3 일원 | 31,967 | 재건축 | 준공 |

## | 남양주 |

| 번호 | 사업장명 | 위치 | 면적(㎡) | 사업유형 | 진행단계 |
|---|---|---|---|---|---|
| 1 | 진접1 | 진접읍 팔야리 797-14 일원 | 77,508 | 재개발 | 예정구역 |
| 2 | 진접2 | 진접읍 부평리 524 일원 | 17,733 | 재개발 | 예정구역 |
| 3 | 진접5 | 진접읍 장현리 330 일원 | 34,251 | 재개발 | 예정구역 |
| 4 | 호평1 | 호평동 184-1 일원 | 20,091 | 재개발 | 예정구역 |
| 5 | 화도1 | 화도읍 마석우리 475 일원 | 28,031 | 재개발 | 예정구역 |
| 6 | 화도2 | 화도읍 마석우리 315-7 일원 | 49,962 | 재개발 | 예정구역 |
| 7 | 화도3 | 화도읍 마석우리 296-1 일원 | 27,134 | 재개발 | 예정구역 |
| 8 | 금곡1 | 금곡동 174-6 일원 | 22,549 | 재개발 | 예정구역 |
| 9 | 금곡3 | 금곡동 399-28 일원 | 18,731 | 재개발 | 예정구역 |
| 10 | 금곡4-2 | 금곡동 682-21 일원 | 23,668 | 재개발 | 예정구역 |
| 11 | 금곡6 | 금곡동 162-42 일원 | 24,993 | 재개발 | 예정구역 |
| 12 | 진건1 | 진건읍 용정리 781-2 일원 | 38,032 | 재개발 | 예정구역 |
| 13 | 퇴계원1 | 퇴계원읍 퇴계원리 261-16 일원 | 24,693 | 재개발 | 예정구역 |
| 14 | 퇴계원2 | 퇴계원읍 퇴계원리 109-8 일원 | 19,218 | 재개발 | 예정구역 |
| 15 | 퇴계원3 | 퇴계원읍 퇴계원리 75-29 일원 | 18,675 | 재개발 | 예정구역 |
| 16 | 퇴계원4 | 퇴계원읍 퇴계원리 82-13 일원 | 34,260 | 재개발 | 예정구역 |
| 17 | 퇴계원5 | 퇴계원읍 퇴계원리 272 일원 | 14,199 | 재개발 | 예정구역 |
| 18 | 퇴계원6 | 퇴계원읍 퇴계원리 299-8 일원 | 17,120 | 재개발 | 예정구역 |
| 19 | 오남1 | 오남읍 오남리 683-5 일원 | 99,803 | 재건축 | 예정구역 |
| 20 | 호평2(남양아파트) | 호평동 196-4 일원 | 12,385 | 재건축 | 추진위원회 |
| 21 | 금곡5(인정프린스) | 금곡동 산108-1 일원 | 10,618 | 재건축 | 추진위원회 |
| 22 | 금곡2(서울아파트) | 금곡동 159-59 일원 | 19,169 | 재건축 | 조합설립 |
| 23 | 평내1(진주아파트) | 평내동 산84-11 일원 | 60,045 | 재건축 | 관리처분 |
| 24 | 평내2(양지,삼창아파트) | 평내동 103-2 일원 | 39,147 | 재건축 | 착공 |
| 25 | 지금2지구 | 지금동 129-65 일원 | 61,301 | 재건축 | 준공 |
| 26 | 도농3개통 | 도농동 294 일원 | 28,211 | 재건축 | 준공 |
| 27 | 남광,신우 | 도농동 2-5 일원 | 23,290 | 재건축 | 준공 |

## | 의정부 |

| 번호 | 사업장명 | 위치 | 면적(㎡) | 사업유형 | 진행단계 |
|---|---|---|---|---|---|
| 1 | 장암5구역 | 신곡동 406 일원 | 47,833 | 재개발 | 추진위원회 |
| 2 | 장암3구역 | 신곡동 435-3 일원 | 34,495 | 재개발 | 사업시행 |
| 3 | 장암1구역 | 신곡동 571-1 일원 | 37,022 | 재개발 | 관리처분 |
| 4 | 금오1구역 | 금오동 65-3 일원 | 32,509 | 재개발 | 관리처분 |
| 5 | 중앙3구역 | 의정부동 394-11 일원 | 36,193 | 재개발 | 관리처분 |
| 6 | 가능1구역 | 가능동 581-1 일원 | 24,847 | 재개발 | 착공 |
| 7 | 중앙2구역 | 의정부동 380 일원 | 132,479 | 재개발 | 착공 |
| 8 | 가능2구역 | 가능동 224-24 일원 | 22,840 | 재개발 | 착공 |
| 9 | 장암4구역 | 장암동 34-1 일원 | 47,447 | 재개발 | 착공 |
| 10 | 송산1구역 | 용현동 241 일원 | 96,152 | 재건축 | 착공 |
| 11 | 안말2(호원3구역) | 호원동 252 일원 | 38,238 | 주거환경개선 | 준공 |

## | 동두천 |

| 번호 | 사업장명 | 위치 | 면적(㎡) | 사업유형 | 진행단계 |
|---|---|---|---|---|---|
| 1 | 중앙 | 생연동 483 일원 | 45,139 | 주거환경개선 | 정비구역 |
| 2 | 생연동 국민주택 | 동두천시 생연동 704 일원 | 12,829 | 재건축 | 조합설립 |
| 3 | 생연동 주공생연아파트 | 생연동 284 일원 | 19,969 | 재건축 | 사업시행 |
| 4 | 생연1-1 | 생연동 515-5 일원 | 46,425 | 주거환경개선 | 준공 |
| 5 | 안흥 | 안흥동 38 일원 | 75,352 | 주거환경개선 | 준공 |
| 6 | 싸리말 | 보산동 314 일원 | 49,551 | 주거환경개선 | 준공 |

## | 고양 |

| 번호 | 사업장명 | 위치 | 면적(㎡) | 사업유형 | 진행단계 |
|---|---|---|---|---|---|
| 1 | 행신Ⅰ-1구역 | 행신동3동 222 일원 | 29,268 | 재개발 | 예정구역 |
| 2 | 관산Ⅱ-1구역 | 관산동 178-57대 일원 | 16,404 | 재건축 | 예정구역 |

| | | | | | |
|---|---|---|---|---|---|
| 3 | 일산 I -2구역 | 일산동 960-16 일원 | 17,738 | 재개발 | 조합설립 |
| 4 | 고양 I -1구역 | 덕양구 고양동 22-2 일원 (제일복지회관 주변) | 24,500 | 재개발 | 조합설립 |
| 5 | 행신 II -1구역 | 행신동 173-1 일원 (행신지구 재건축 주변) | 13,062 | 재건축 | 조합설립 |
| 6 | 고양 I -2구역 | 덕양구 고양동 92-1 일원 (한양연립 주변) | 16,154 | 재개발 | 사업시행 |
| 7 | 능곡 2-1(능곡연합) | 덕양구 토당동 251-12 일원 | 33,263 | 재건축 | 착공 |
| 8 | 원당주공2단지 | 성사동 715 | 77,755 | 재건축 | 준공 |
| 9 | 주교성사1단지 | 덕양구 성사동 869 | 66,998 | 재건축 | 준공 |
| 10 | 일산 II -1구역(탄현주공) | 탄현동 28 일원 | 23,728 | 재건축 | 준공 |
| 11 | 관산1차 | 관산동 178-52 일원 | 6,986 | 도시환경 | 준공 |

## | 구리 |

| 번호 | 사업장명 | 위치 | 면적(m²) | 사업유형 | 진행단계 |
|---|---|---|---|---|---|
| 1 | 딸기원지구 | 교문동327-168 일원 | 147,530 | 재개발 | 추진위원회 |
| 2 | 딸기원2지구 | 교문동339 일원 | 84,023 | 재개발 | 사업시행 |
| 3 | 수택1지구 | 수택동532 일원 | 32,535 | 재건축 | 관리처분 |
| 4 | 인창주택 | 인창동320-2 일원 | 33,912 | 재개발 | 착공 |
| 5 | 수택지구 | 수택동556 일원 | 20,159 | 재건축 | 착공 |

## | 양주 |

| 번호 | 사업장명 | 위치 | 면적(m²) | 사업유형 | 진행단계 |
|---|---|---|---|---|---|
| 1 | 신산1 | 남면 신산리 285-75 일원 | 32,400 | 재개발 | 예정구역 |
| 2 | 덕계1 | 덕계동 614-29 일원 | 35,900 | 재개발 | 예정구역 |
| 3 | 덕계2 | 덕계동 634 일원 | 39,200 | 재개발 | 예정구역 |
| 4 | 덕계4 | 덕계동 452-1 일원 | 14,700 | 재개발 | 예정구역 |
| 5 | 덕계5 | 덕계동 411-96 일원 | 23,700 | 재개발 | 예정구역 |
| 6 | 신산2 | 남면 신산리 285-129 일원 | 28,300 | 도시환경 | 예정구역 |

## | 파주 |

| 번호 | 사업장명 | 위치 | 면적(m²) | 사업유형 | 진행단계 |
|---|---|---|---|---|---|
| 1 | 금촌1-5 | 금촌동 950-10 일원 | 24,892 | 재개발 | 예정구역 |
| 2 | 문산1-2 | 문산읍 선유리 950-11 일원 | 23,028 | 재개발 | 예정구역 |
| 3 | 문산1-4 | 문산읍 문산리 68-40 일원 | 59,563 | 재개발 | 예정구역 |
| 4 | 문산1-6 | 문산읍 선유리 903-10 일원 | 27,091 | 재개발 | 예정구역 |
| 5 | 파주1-1 | 파주읍 파주리 375-20 일원 | 48,602 | 재개발 | 예정구역 |
| 6 | 파주1-2 | 파주읍 파주리 126-1 일원 | 27,287 | 재개발 | 예정구역 |
| 7 | 파주1-4 | 연풍리 295-19 일원 | 40,146 | 재개발 | 예정구역 |
| 8 | 법원1-1 | 법원읍 대능리 246-2 일원 | 34,942 | 재개발 | 예정구역 |
| 9 | 법원1-2 | 법원읍 법원리 686 일원 | 49,070 | 재개발 | 예정구역 |
| 10 | 법원1-4 | 법원읍 법원리 430-5 일원 | 49,740 | 재개발 | 예정구역 |
| 11 | 문산3-2구역 | 선유리 426-10 일원 | 64,191 | 도시환경 | 예정구역 |
| 12 | 법원3-1구역 | 법원읍 대능리 87-9 일원 | 27,451 | 도시환경 | 예정구역 |
| 13 | 파주1-3 | 파주읍 연풍리 313-3 일원 | 190,146 | 재개발 | 조합설립 |
| 14 | 문산1-5 | 문산읍 문산리 31-1 일원 | 25,297 | 재개발 | 조합설립 |
| 15 | 문산3리지구 | 문산읍 문산리81-61 일원 | 47,671 | 재개발 | 조합설립 |
| 16 | 새말지구 | 금촌동390-36 | 148,889 | 재개발 | 조합설립 |
| 17 | 금촌2동제2지구 | 금촌동 337-15 | 35,772 | 재개발 | 관리처분 |
| 18 | 율목지구 | 금촌동341 | 54,033 | 재개발 | 관리처분 |

# 부산정비사업목록

## | 해운대구 |

| 번호 | 사업장명 | 위치 | 면적(m²) | 진행단계 |
|---|---|---|---|---|
| 1 | 재송5 주택재건축 | 재송동 1146 일원 | 30400 | 조합설립추진위원회승인 |
| 2 | 중동3 도시환경 | 중동 1597 일원 | 13831 | 이전고시 |
| 3 | 우동1 재건축 | 우동 1104-1 일원 | 79508 | 조합설립인가 |
| 4 | 우동2재개발 | 우동 1074 일원 | 14750 | 조합설립추진위원회승인 |
| 5 | 우동3 주택재개발 | 우동 229 일원 | 160727 | 조합설립인가 |
| 6 | 우동5 주택재개발 | 우동 1102-68 일원 | 6997 | 이주철거착공신고 |
| 7 | 재송2 주택재건축 | 재송동 1030 일원 | 33793,8 | 조합설립인가 |
| 8 | 재송2 주택재개발 | 재송동 938 일원 | 45718,6 | 이전고시 |
| 9 | 재송4 주택재건축 | 재송동 1023 일원 | 25200 | 조합설립추진위원회승인 |
| 10 | 삼성콘도맨션 소규모재건축 | 중동1154-5 | 3347 | 조합설립인가 |
| 11 | 반여1-1 재개발 | 반여동 1316 일원 | 28583 | 이주철거착공신고 |
| 12 | 반여1-2 주택재개발 | 반여동 1349 일원 | 26864 | 이주철거착공신고 |
| 13 | 반여3 재건축 정비사업 | 반여동1405-31 일원 | 44610 | 조합설립인가 |
| 14 | 반여3-1 재건축 | 반여동 1477-1 일원 | 40955 | 조합설립인가 |
| 15 | 반여4구역주택재건축 | 반여동 668-1 일원 | 23510 | 조합원 분양공고 및 신청 |

## | 중구 |

| 번호 | 사업장명 | 위치 | 면적(m²) | 진행단계 |
|---|---|---|---|---|
| 1 | 영주1 재건축 정비사업 | 영주1동 2 일원 | 8100 | 조합설립추진위원회승인 |
| 2 | 영주2 재건축 정비사업 | 영주동 72(영주아파트) | 15300 | 조합설립인가 |

## | 영도구 |

| 번호 | 사업장명 | 위치 | 면적(m²) | 진행단계 |
|---|---|---|---|---|
| 1 | 청학1 재건축정비구역 | 청학동 135 일원 | 19300 | 조합설립추진위원회승인 |
| 2 | 일동·남양·청산주택 소규모 재건축 | 청학동 69-80 | 6809 | 조합설립인가 |
| 3 | 영도제1재정비촉진5 재개발 | 신선동3가 89-21 일원 | 255359.70 | 조합설립인가 |
| 4 | 신선1주거환경 개선지구 | 신선동1가 266-17 일원 | 18310 | 정비구역지정 |
| 5 | 봉래1구역주택재개발 | 봉래동4가 69-1 일원 | 62640.7 | 이주철거착공신고 |
| 6 | 동삼1구역주택재개발 | 동삼동 323-30 일원 | 95269 | 관리처분계획 |
| 7 | 동삼2구역주택재개발 | 동삼동 383-1 일원 | 65557 | 이주철거착공신고 |
| 8 | 대평1구역 도시환경 | 대평동 1가 1 일원 | 22455 | 조합설립인가 |

## | 연제구 |

| 번호 | 사업장명 | 위치 | 면적(m²) | 진행단계 |
|---|---|---|---|---|
| 1 | 연산5구역 주택재개발정비사업 | 연산2동 1602 일원 | 12069 | 조합원 분양공고 및 신청 |
| 2 | 연산6구역 주택재건축정비사업 | 연산동 387-1(한양아파트 일원) | 82500 | 정비구역예정 |
| 3 | 연산6구역 주택재개발정비구역 | 연산2동 834-4 일원 (양동초교 일원) | 47671.6 | 준공인가 |
| 4 | 연산동 태광맨션 가로주택 정비구역 | 연산동 418-5 일원 | 미정 | 조합설립인가 |
| 5 | 연산1재개발정비구역 | 연산2동 1452 일원 (노동청 뒤편) | 15639.1 | 이전고시 |
| 6 | 연산2구역 주택재개발정비사업 | 연산동 1990 일원 | 51459.2 | 조합해산 |
| 7 | 연산3구역 주택재개발정비사업 | 연산3동 2022 일원 | 93808 | 이주철거착공신고 |
| 8 | 연산4구역 주택재건축정비사업 | 연산2동 772 일원 (연산초교 밑 일원) | 51013.6 | 이전고시 |
| 9 | 연산5구역 재건축정비사업 | 연산동 2220 일원 (망미주공아파트 일원) | 208936.6 | 정비구역지정 |
| 10 | 세화아파트 소규모재건축사업 | 연산동 1507-1 | 4287.9 | 관리처분계획 |
| 11 | 새연산 소규모재건축사업 | 연산동 588-1 | 7555.9 | 사업시행계획인가 |

| 12 | 남일흥아파트 가로주택<br>정비사업 | 연산동 1122-1 일원 | 미정 | 조합설립인가 |
|---|---|---|---|---|
| 13 | 거제1구역 주택재건축정비사업 | 거제1동 212 일원<br>(고려맨션 일원) | 35316 | 조합설립추진위원회승인 |
| 14 | 거제2구역 주택재개발정비사업 | 거제동 802 일원<br>(계성정보고 주변) | 238764 | 이주철거착공신고 |
| 15 | 거제동 가로주택정비사업 | 거제동 43 일원 | 8521 | 사업시행계획인가 |
| 16 | 효성아파트소규모재건축 | 연산동 1643-2 | 7555.9 | 조합설립인가 |

## | 수영구 |

| 번호 | 사업장명 | 위치 | 면적(m²) | 진행단계 |
|---|---|---|---|---|
| 1 | 망미1구역 주택재개발 | 망미1동 906-31 일원 | 68509.6 | 조합해산 |
| 2 | 망미2구역 주택재개발 | 망미1동 800-1 | 135079.3 | 사업시행계획인가 |
| 3 | 남천17블록 가로주택정비사업<br>정비구역 | 남천동 17-3 일원 | 2510.3 | 조합설립인가 |
| 4 | 남천2구역 주택재개발 | 남천1동 501 | 42231.3 | 이주철거착공신고 |
| 5 | 남천2구역(삼익빌라) 주택재건축 | 남천동 148-17 | 24219.7 | 이전고시 |
| 6 | 남천2구역(삼익타워) 주택재건축 | 남천동 148-28 일원 | 44315 | 이주철거착공신고 |
| 7 | 남천2-3구역(삼익비치) 재건축 | 남천동 148-4 | 251687 | 조합설립인가 |
| 8 | 남강맨션 가로주택정비사업 | 광안동 165-10 일원 | 미정 | 조합설립인가 |
| 9 | 광안1구역 주택재건축 | 광안동 1257 | 45269.2 | 준공인가 |
| 10 | 광안2구역 주택재개발 | 광안4동 1240-38 | 65834 | 관리처분계획 |
| 11 | 광안2구역 주택재건축 | 광안4동 1222-9 | 13253 | 이주철거착공신고 |

## | 서구 |

| 번호 | 사업장명 | 위치 | 면적(m²) | 진행단계 |
|---|---|---|---|---|
| 1 | 서대신4 재개발 | 서대신동3가 662 | 26465 | 관리처분계획 |
| 2 | 서대신5 재개발 | 서대신동2가 394 일원 | 32945 | 이주철거착공신고 |
| 3 | 서대신6 재개발 | 서대신동2가 414-1 일원 | 43842 | 준공인가 |

| 4 | 서대신7 재개발 | 서대신동1가 212 일원 | 49148.6 | 조합해산 |
| 5 | 부민2 재개발 | 부민동3가 54 아미동2가 126 | 64610 | 조합설립추진위원회승인 |
| 6 | 동대신1 재개발 | 동대신동3가 63-2 일원 | 25844.7 | 준공인가 |
| 7 | 동대신1구역 주택재건축 | 동대신동2가 313 일원 | 37300 | 조합설립추진위원회승인 |
| 8 | 동대신2 재개발 | 동대신동1가 24 | 21539 | 이주철거착공신고 |
| 9 | 남부민1 주거환경개선 | 남부민동 22 일원 | 12927 | 정비구역지정 |

## | 사하구 |

| 번호 | 사업장명 | 위치 | 면적(m²) | 진행단계 |
|---|---|---|---|---|
| 1 | 장림1 주택재개발구역 | 장림1동 740 일원 | 69774.7 | 이주철거착공신고 |
| 2 | 다대1 재개발정비구역 | 다대1동 248 일원 | 66000 | 조합설립추진위원회승인 |
| 3 | 당리1 재건축 | 당리동 237-2 일원 | 19387.1 | 조합설립인가 |
| 4 | 당리2 주택재개발구역 | 당리동 340 일원 | 22200 | 조합설립인가 |
| 5 | 괴정2 재건축 | 괴정동 733(신동양아파트) | 16300 | 정비구역지정 |
| 6 | 괴정2 주택재개발구역 | 괴정동 216-10 일원 | 47170 | 이주철거착공신고 |
| 7 | 괴정3 재건축정비구역 | 괴정동 530-13 일원 | 31310 | 조합설립인가 |
| 8 | 괴정5구역 재개발사업 | 괴정동 571-1 일원 | 163895.5 | 사업시행계획인가 |
| 9 | 괴정6 재개발정비사업 | 괴정동 486-20 일원 | 31489.6 | 조합설립추진위원회승인 |
| 10 | 감천2 주택재개발 | 감천1동 202 일원 | 134770.3 | 사업시행계획인가 |
| 11 | 하단1 재건축 | 하단동 605-31 일원 | 15462.3 | 조합설립추진위원회승인 |

## | 사상구 |

| 번호 | 사업장명 | 위치 | 면적(m²) | 진행단계 |
|---|---|---|---|---|
| 1 | 주례1 도시환경정비구역 | 주례동 439-1 일원 | 10903 | 조합설립추진위원회승인 |
| 2 | 주례2 주택재개발정비구역 | 주례동 809 일원 | 43982 | 이주철거착공신고 |
| 3 | 엄궁1 주택재개발정비구역 | 엄궁동 412 일원 | 78149 | 사업시행계획인가 |
| 4 | 엄궁3 주택재개발정비구역 | 엄궁동 132 일원 | 61795 | 관리처분계획 |

| 5 | 덕포1 주택재개발정비구역 | 덕포동 220 일원 | 72346.6 | 이주철거착공신고 |
| 6 | 감전1 주거환경정비사업 | 감전동 105-11 | 29100 | 정비구역지정 |

## | 북구 |

| 번호 | 사업장명 | 위치 | 면적(m²) | 진행단계 |
|---|---|---|---|---|
| 1 | 덕천3구역 재건축사업 | 덕천동 361 일원(목화삼진) | 16070.5 | 관리처분계획 |
| 2 | 만덕2구역 재건축사업 | 만덕동 861-7 일원 | 29317 | 이주철거착공신고 |
| 3 | 만덕3구역 재건축사업 | 만덕동 670 일원 | 17563 | 조합설립인가 |
| 4 | 덕천2구역 재건축사업 | 덕천동 359-1 일원 | 28912.1 | 이주철거착공신고 |
| 5 | 덕천2-1구역 재건축사업 | 덕천동 378-1 일원 | 24793.6 | 이주철거착공신고 |
| 6 | 구포1주거환경개선구역 | 구포동 640 일원 | 29940 | 정비구역지정 |
| 7 | 구포3 재개발 | 구포동 720 일원 | 34295.1 | 이주철거착공신고 |
| 8 | 금곡2-1구역 재개발사업 | 금곡동 1193-43 일원 | 11870 | 사업시행계획인가 |
| 9 | 화명2 재개발 | 화명동 1554-4 일원 | 38784 | 이주철거착공신고 |
| 10 | 화명2구역 재건축사업 | 화명동 1258-1(화명시영) | 13936 | 조합설립인가 |
| 11 | 화명3 재개발 | 화명동 265 일원 | 20776 | 이주철거착공신고 |

## | 부산진구 |

| 번호 | 사업장명 | 위치 | 면적(m²) | 진행단계 |
|---|---|---|---|---|
| 1 | 전포1-1 재개발 | 전포동 15-2 | 58152 | 이주철거착공신고 |
| 2 | 전포2-1 재개발 | 전포동 268 일원 | 103928.1 | 준공인가 |
| 3 | 연지1-2 주택재개발정비구역 | 연지동 54-1 일원 | 50960 | 준공인가 |
| 4 | 연지2 주택재개발정비구역 | 연지동 250 | 131597.5 | 이주철거착공신고 |
| 5 | 양정1 가로주택 정비구역 | 양정동 320-1 일원 | 2452.9 | 조합설립인가 |
| 6 | 양정1 주택재개발정비구역 | 양정동 73-7 | 126834.1 | 관리처분계획 |
| 7 | 양정2 주택재개발정비구역 | 양정동 12-6 일원 | 66667 | 이주철거착공신고 |
| 8 | 양정3 주택재개발정비구역 | 양정동 64-3 일원 | 44278.8 | 관리처분계획 |

| 9 | 양정산정 가로주택정비사업 | 양정동 138-12 일원 | 1758 | 조합설립인가 |
|---|---|---|---|---|
| 10 | 양정산호아파트 소규모재건축 | 양정동 271-2 일원 | 9682.4 | 조합설립인가 |
| 11 | 시민공원주변재정비촉진1 재개발 | 부암동 27-7 | 60334 | 조합설립추진위원회승인 |
| 12 | 시민공원주변재정비촉진2-1 재개발 | 범전동 263-5 | 134606 | 조합설립인가 |
| 13 | 시민공원주변재정비촉진2-2 재개발 | 범전동 400 | 223347 | 정비구역지정 |
| 14 | 시민공원주변재정비촉진3 재개발 | 범전동 71-5 일원 | 178658 | 조합설립인가 |
| 15 | 시민공원주변재정비촉진4 재개발 | 양정동 445-15 | 39433 | 조합설립인가 |
| 16 | 신서면아파트 소규모재건축 | 부암동 669-6 | 1176 | 조합설립인가 |
| 17 | 삼부로얄소규모재건축 | 부암동 80-6 | 2429 | 조합설립인가 |
| 18 | 성암아파트 소규모 재건축 | 부암동 80-8 | 4665 | 조합설립인가 |
| 19 | 범천1-1 재개발 | 범천동 850-1 | 20766.4 | 관리처분계획 |
| 20 | 범천1-2재개발정비구역 | 범천동 851-1 일원 | 13427.1 | 조합설립추진위원회승인 |
| 21 | 범천4 재개발정비구역 | 범천동 1269-15 | 126690 | 조합설립인가 |
| 22 | 부암1 주택재개발정비구역 | 부암동 567 | 107329 | 이주철거착공신고 |
| 23 | 부원아파트 소규모재건축 | 양정동 406-6 일원 | 3832.1 | 조합설립인가 |
| 24 | 당감1-1 재건축정비구역 | 당감동 175-2 일원 | 70815 | 조합설립추진위원회승인 |
| 25 | 가야1 재개발 | 가야동 410 | 98012 | 조합설립인가 |
| 26 | 가야3 재개발 | 가야동 186 | 34486 | 이주철거착공신고 |
| 27 | 개금1 재개발 | 개금동 480 | 27255 | 정비구역지정 |
| 28 | 개금2 재개발 | 개금동 280-5 | 27450 | 조합설립인가 |
| 29 | 초읍1 주택재개발정비구역 | 초읍동 51-87 | 88211 | 조합설립인가 |
| 30 | 초읍2 주택재개발정비구역 | 초읍동 556 일원 | 28597.9 | 관리처분계획 |

| 번호 | 사업장명 | 위치 | 면적(m²) | 진행단계 |
|---|---|---|---|---|
| 1 | 온천1구역 재건축 | 온천2동 397-6 | 19919 | 조합설립추진위원회승인 |
| 2 | 온천2 구역 재개발정비구역 | 온천동 885-2 일원 | 233063 | 이주철거착공신고 |
| 3 | 온천3구역 재개발정비사업 | 온천동 1550-3 일원 | 12592.8 | 준공인가 |
| 4 | 온천4 재개발 | 온천동 100-13 일원 | 227438 | 이주철거착공신고 |
| 5 | 수안1 재건축 | 수안동 665-1 일원 | 31353 | 조합설립인가 |
| 6 | 수안2구역 재건축정비사업 | 수안동 6-1 일원 | 64800 | 조합설립추진위원회승인 |
| 7 | 수안3 재건축 | 수안동 34-1 | 7900 | 조합설립추진위원회승인 |
| 8 | 안락1 재건축 | 안락동 1230 일원 | 77374.7 | 이주철거착공신고 |
| 9 | 안락3구역 재건축 | 안락동 152-10 | 32866 | 이전고시 |
| 10 | 복산1 재개발 | 칠산동 246 일원 | 405465 | 조합설립인가 |
| 11 | 사직 진성맨션블록 | 사직동 354-2 | 6140 | 조합설립인가 |
| 12 | 사직1-5 재건축 | 사직동 16-1 | 28101 | 조합설립인가 |
| 13 | 사직1-6 재건축 | 사직동 630 일원 | 52839 | 사업시행계획인가 |
| 14 | 명륜4 재개발 | 명륜동 650-1 일원 | 31433.7 | 조합해산 |
| 15 | 명보아파트 가로주택정비사업 | 온천동 1448-1 | 2735 | 조합설립인가 |
| 16 | 명장1 재개발 | 명장동 623 일원 | 67508.6 | 이전고시 |
| 17 | 명장동 29-27 일대 가로주택정비사업 | 명장동 29-27 | 8016.2 | 조합설립인가 |
| 18 | 명륜2 재건축 | 명륜동 702-47 일원 | 24763 | 조합설립인가 |
| 19 | 낙민1구역 재건축 | 낙민동 172 | 61000 | 정비구역지정 |

| 동구 |

| 번호 | 사업장명 | 위치 | 면적(m²) | 진행단계 |
|---|---|---|---|---|
| 1 | 좌천2 도시환경정비구역 | 좌천동 67-27 120 일원 | 7475.4 | 이주철거착공신고 |
| 2 | 좌천범일8 도시환경정비구역 | 범일동 252-753 일원 | 10936.1 | 이전고시 |
| 3 | 좌천범일통합2 도시환경정비구역 | 범일동 68-119 일원 | 46610.5 | 조합설립인가 |

| 4 | 좌천범일통합3 도시환경정비구역 | 범일동 252–1562 일원 | 44226,70 | 이주철거착공신고 |
|---|---|---|---|---|
| 5 | 초량1 도시환경정비구역 | 초량동 635–3 일원 | 22089 | 이주철거착공신고 |
| 6 | 수정1 도시환경정비구역 | 수정동 1352 일원 | 10871,8 | 조합해산 |
| 7 | 범일동 제일상가아파트 가로구역 | 범일동 830–44 일원 | 3198,10 | 조합설립인가 |
| 8 | 범일2 재개발정비구역 | 범일2동 662–59 일원 | 40255 | 조합설립인가 |
| 9 | 범일3 도시환경정비구역 | 범일동 830–90 일원 | 17537,8 | 관리처분계획 |
| 10 | 범일3-1 도시환경정비구역 | 범일동 830–100 일원 | 6119 | 사업시행계획인가 |
| 11 | 초량1-1 재개발정비사업 | 수정동 383 일원 | 15972,9 | 이전고시 |
| 12 | 초량1-3 도시환경정비구역 | 초량동 43–11 일원 | 15543,1 | 이전고시 |
| 13 | 초량2 주택재개발정비구역 | 초량동 754–137 일원 | 86482 | 조합설립인가 |
| 14 | 초량3 주택재개발정비구역 | 초량동 659 일원 | 17607,6 | 조합설립인가 |

## | 남구 |

| 번호 | 사업장명 | 위치 | 면적(m²) | 진행단계 |
|---|---|---|---|---|
| 1 | 용호2 주택재개발 | 용호3동 434 일원 | 51305 | 조합설립인가 |
| 2 | 용호3 주택재개발 | 용호2동 549–1 일원 | 68353,6 | 이주철거착공신고 |
| 3 | 우암1 주거환경개선 | 우암동 189–1104 일원 | 20716 | 사업시행계획인가 |
| 4 | 우암1주택재개발 | 우암동 189 일원 | 100490,5 | 이주철거착공신고 |
| 5 | 우암2 주택재개발 | 우암동 129 일원 | 148865 | 이주철거착공신고 |
| 6 | 삼월주택 소규모재건축정비사업 | 용호동 366–7 일원 | 2236,4 | 조합설립인가 |
| 7 | 성창아파트(소규모)재건축 정비사업 | 대연동 384–10 –18 | 889 | 조합설립인가 |
| 8 | 문현1 주택재개발 | 문현동 788–1 일원 | 68160 | 조합설립인가 |
| 9 | 문현3 주택재개발 | 문현동 557 일원 | 139000 | 사업시행계획인가 |
| 10 | 동성하이타운 가로주택정비사업 | 대연동 1756–9 | 6337,7 | 조합설립인가 |
| 11 | 대연2구역 주택재건축정비사업 | 대연동 1536–12 일원 | 17843,2 | 이주철거착공신고 |
| 12 | 대연3 주택재개발 | 대연1동 1619 일원 | 252665,5 | 이주철거착공신고 |
| 13 | 대연3구역 주택재건축정비사업 | 대연동 455–25 | 12538 | 관리처분계획 |

| 14 | 대연4 주택재개발 | 대연4동 1203–100 일원 | 54241 | 이주철거착공신고 |
| 15 | 대연4구역 주택재건축정비사업 | 대연3동 1808 일원 | 58029 | 이주철거착공신고 |
| 16 | 대연5 주택재개발 | 대연3동 630–1 일원 | 35821.40 | 조합해산 |
| 17 | 대연6 주택재개발 | 대연4동 1160–1 일원 | 72024.8 | 조합해산 |
| 18 | 대연7 주택재개발 | 대연5동 1903 외 8필지 | 45948 | 이전고시 |
| 19 | 대연8 주택재개발 | 대연4동 1173 일원 | 191897.2 | 조합설립인가 |
| 20 | 대연맨션소규모재건축정비구역 | 대연동 405 일원 | 2940 | 조합설립인가 |
| 21 | 대연2 주택재개발 | 대연6동 1595 일원 | 164437.1 | 조합해산 |
| 22 | 감만1 주택재개발 | 감만1동 312 일원 | 418719 | 관리처분계획 |

## | 금정구 |

| 번호 | 사업장명 | 위치 | 면적(m²) | 진행단계 |
|---|---|---|---|---|
| 1 | 청룡1 주택재건축정비구역 | 청룡동 87–2 | 11959 | 조합설립추진위원회승인 |
| 2 | 서금사재정비촉진10 재개발 | 서동 210–5 | 90701 | 조합설립추진위원회승인 |
| 3 | 서금사재정비촉진5 재개발 | 서동 557–16 일원 | 193097 | 조합설립인가 |
| 4 | 서금사 재정비촉진6 재개발 | 서동 302–1204 | 137429 | 조합설립인가 |
| 5 | 서금사재정비촉진A 재개발 | 부곡동 332–4 일원) | 119923 | 조합설립인가 |
| 6 | 부곡1 주거환경관리사업 정비구역 | 부곡동 737–144 일원 | 29830 | 정비구역지정 |
| 7 | 부곡2 재개발정비사업 | 부곡동 279–1 일원 | 125797 | 조합설립인가 |
| 8 | 남산1 주택재건축정비구역 | 남산동 3–1 | 14454 | 조합원 분양공고 및 신청 |
| 9 | 구서3 주택재건축정비구역 | 구서동 252–7 일원 | 15100 | 조합설립추진위원회승인 |
| 10 | 구서4 주택재건축정비구역 | 구서동 167–0 | 11254.6 | 조합설립추진위원회승인 |
| 11 | 구서5구역 재건축 | 구서동 185–1 일원 | 38600.1 | 조합설립추진위원회승인 |
| 12 | 구서동 금화산호삼산(소규모) | 구서동 194–2 외 3필지 | 8401.2 | 조합설립인가 |
| 13 | – | 부곡동 873–74 | – | 조합설립인가 |

# 대구정비사업목록

## | 중구 |

| 번호 | 사업장명 | 위치 | 면적(m²) | 사업유형 | 진행단계 |
|---|---|---|---|---|---|
| 1 | 달성지구 | 달성동 12-11 | 72,986 | 재개발 | 착공 |
| 2 | 서성지구 | 서성로1가 52-2 | 96,081 | 재개발 | 추진위원회 (구역 미지정) |
| 3 | 중14구역 | 북내동 40-1 | 34,829 | 도시환경 | 추진위원회 (구역 미지정) |
| 4 | 북성로구역 | 대안동 21-15 | 28,376 | 도시환경 | 추진위원회 (구역 미지정) |
| 5 | 동인3-1지구 | 동인동3가 88 | 26,713 | 재개발 | 착공 |
| 6 | 동인3가 | 동인동3가 192 | 66,702 | 재개발 | 사업시행 |
| 7 | 동인4가 7통 | 동인동4가 139-1 | 18,194 | 재개발 | 조합설립 |
| 8 | 중검22구역 | 동인동4가 162 | 31,417 | 재개발 | 추진위원회 (구역 미지정) |
| 9 | 삼덕3가 | 삼덕동3가 26-1 | 32,375 | 주거환경 | 준공 |
| 10 | 삼덕동3가 | 삼덕동3가 222 | 43,476 | 재개발 | 추진위원회 (구역 미지정) |
| 11 | 대봉1-2지구 | 대봉동 55-3 | 17,989 | 재건축(공동) | 관리처분 |
| 12 | 대봉1-3지구 | 대봉동 55-68 | 15,153 | 재건축(공동) | 착공 |
| 13 | 명륜지구 | 남산동 452-1 | 48,330 | 재개발 | 조합설립 |
| 14 | 대남지구 | 남산동 257 | 56,490 | 재개발 | 추진위원회 (구역 미지정) |
| 15 | 남산 2-2 | 남산동 130-2 | 46,346 | 재개발 | 착공 |
| 16 | 남산4-5지구 | 남산동 2478 | 45,805 | 재건축(단독) | 착공 |
| 17 | 남산4-4지구 | 남산동 2951-1 | 59,892 | 재개발 | 착공 |
| 18 | 서문지구 | 대신동 1021 | 61,630 | 재개발 | 조합설립 |
| 19 | 덕산4 | 덕산동 253 | 7,289 | 도시환경 | 추진위원회 (구역 미지정) |
| 20 | 덕산3 | 덕산동 116 | 8,153 | 도시환경 | 예정구역 |
| 21 | | 대봉동 744 | 26,870 | 주거환경 | 미추진 |

| 22 | | 봉산동 168-107 | 16,050 | 재개발 | 예정구역 |
|---|---|---|---|---|---|
| 23 | 대신2동<br>(태왕아너스스스카이) | 대신2동 305-1 | 25,053 | 재건축 | 준공 |
| 24 | 대신2-2 | 대신동 1783 | 49,298 | 재건축 | 준공 |
| 25 | 대신2-3지구 | 대신동 1916 | 19,107 | 재건축 | 준공 |
| 26 | 남산재마루지구 | 남산동 150-2 | 12,550 | 재건축 | 준공 |
| 27 | 대봉1-1 | 대봉동 44-17 | 16,629 | 재건축 | 준공 |
| 28 | 남산4-6지구 | 남산동 2385-5 | 16,445 | 재건축 | 준공 |

## | 동구 |

| 번호 | 사업장명 | 위치 | 면적(m²) | 사업유형 | 진행단계 |
|---|---|---|---|---|---|
| 1 | 불로공항지구 | 불로동 1000-1 | 51,524 | 재개발 | 추진위원회<br>(구역 미지정) |
| 2 | 불로강변지구 | 불로동 1063-9 | 30,097 | 재개발 | 추진위원회<br>(구역 미지정) |
| 3 | 해성상명아파트 | 입석동 947-1 | 14,161 | 재건축(공동) | 조합설립 |
| 4 | 효목1동6구역 | 효목동 91-18 | 74,997 | 재건축(단독) | 조합설립 |
| 5 | 효목1동7구역 | 효목동 74-10 | 112,534 | 재건축(단독) | 조합설립 |
| 6 | 효목2동 효동지구 | 효목동 637-1 | 28,038 | 재건축(단독) | 착공 |
| 7 | 동부연합 | 신천4동 457 | 75,120 | 재건축(공동) | 추진위원회 |
| 8 | 뉴타운신천 | 신천4동 465-1 | 22,940 | 재건축(단독) | 착공 |
| 9 | 신천3동 | 신천동 4-10 | 28,326 | 재건축(단독) | 준공 |
| 10 | 선진신암지구 | 신암3동 181-1 | 40,527 | 재건축(공동) | 준공 |
| 11 | 동대구지구 | 신암3동 235-1 | 44,790 | 도시환경 | 착공 |
| 12 | 신암4동뉴타운 | 신암동 255-14 | 55,466 | 재건축(단독) | 착공 |
| 13 | 신암10촉진구역 | 신암4동 622 | 34,115 | 재건축(공동) | 사업시행 |
| 14 | 신암2촉진구역 | 신암5동 139-69 | 71,232 | 재개발 | 관리처분 |
| 15 | 신암1촉진구역 | 신암5동 151-1 | 79,900 | 재개발 | 관리처분 |
| 16 | 신암5동 동자02지구 | 신암5동 134-35 | 46,993 | 재개발 | 착공 |

| 17 | 신암6촉진 | 신암동 674-20 | 80,355 | 재개발 | 착공 |
|---|---|---|---|---|---|
| 18 | 신암8촉진 | 신암동 680-27 | 56,669 | 재개발 | 착공 |
| 19 | 동구43 | 신천동 502-1 | 97,240 | 재개발 | 추진위원회 |
| 20 | | 지저동 757-5 | 15,564 | 재건축(공동) | 미추진 |
| 21 | | 방촌동 1096-1 | 43,252 | 재건축(공동) | 미추진 |
| 22 | 신암4촉진 | 신암동 628-10 | 51,274 | 재개발 | 추진위원회 |
| 23 | 신암9촉진 | 신암동 642-1 | 62,710 | 재개발 | 조합설립 |
| 24 | | 신천동 842-15 | 25,444 | 재개발 | 예정구역 |
| 25 | | 신암동 67 | 29,090 | 재건축 | 예정구역 |
| 26 | 동신천연합 | 신천4동 353-1 | 51,878 | 재건축 | 착공 |

## | 서구 |

| 번호 | 사업장명 | 위치 | 면적(㎡) | 사업유형 | 진행단계 |
|---|---|---|---|---|---|
| 1 | 만평아파트 | 비산5동 1011 | 50,159 | 재개발 | 추진위원회 (구역 미지정) |
| 2 | 비산5동 | 비산동 1192-33 | 55,155 | 재건축(단독) | 추진위원회 (구역 미지정) |
| 3 | 원대동3가 | 원대3가 1402-11 | 69,796 | 재개발 | 착공 |
| 4 | 원대2가 | 원대동2가 98 | 49,015 | 재개발 | 추진위원회 (구역 미지정) |
| 5 | 평리2촉진 (舊 평리6-1지구) | 평리동 613 | 55,780 | 재개발 | 사업시행 |
| 6 | 평리4촉진 (舊 평리동 광명아파트) | 평리동 619-1 | 53,219 | 재개발 | 사업시행 |
| 7 | 평리3동 | 평리동 1083-2 | 79,702 | 재건축(단독) | 착공 |
| 8 | 평리1동 | 평리1동 1048-3 | 139,954 | 재개발 | 추진위원회 (구역 미지정) |
| 9 | 서검08구역 | 비산동 394-4 | 40,724 | 재개발 | 추진위원회 (구역 미지정) |
| 10 | 내당내서 | 내당동 1-1 | 17,633 | 재건축(단독) | 사업시행 |
| 11 | 서대구지구 | 평리동 1354-1 | 137,508 | 재개발 | 조합설립 |

| 12 | 청수 | 내당1동 197-2 | 41,211 | 재건축(단독) | 착공 |
| 13 | 내당아파트지구 | – | 481,615 | 재건축(공동) | |
| 14 | | 중리동 42-1 | 133,414 | 재건축(공동) | 정비구역 |
| 15 | 중리지구 | 중리동 121-1 | 67,947 | 재건축(공동) | 조합설립 |
| 16 | | 내당동 308-11 | 106,403 | 재건축(공동) | 정비구역 |
| 17 | 중리주공아파트 | 중리동 26-1 | 116,178 | 재건축(공동) | 준공 |
| 18 | | 내당1동 30-4 | 35,977 | 재개발 | 미추진 |
| 19 | | 평리4동 1189-19 | 197,758 | 재개발 | 미추진 |
| 20 | 평리1촉진 | 평리동 576-3 | 43,485 | 재개발 | 조합설립 |
| 21 | 평리3촉진 | 평리동 628-1 | 76,461 | 재개발 | 착공 |
| 22 | 평리5촉진 | 평리동 1502-13 | 76,425 | 재개발 | 관리처분 |
| 23 | 평리6촉진 | 평리동 1497-2 | 39,878 | 재개발 | 착공 |
| 24 | 평리7촉진 | 평리동 1512-11 | 89,032 | 재개발 | 착공 |
| 25 | 광장타운1차 | 내당동 463-5 | 40,130 | 재건축 | 예정구역 |
| 26 | 신평리주공APT | 평리동 1331-1 | 82,650 | 재건축 | 준공 |
| 27 | 평리2동 | 평리동 1122 | 74,898 | 재건축 | 준공 |
| 28 | 내당동 | 내당동 936-1 | 13,684 | 재건축 | 사업시행 |
| 29 | 내당시영APT | 내당동 202-1 | 25,910 | 재건축 | 정비구역 |

| 남구 |

| 번호 | 사업장명 | 위치 | 면적(m²) | 사업유형 | 진행단계 |
|---|---|---|---|---|---|
| 1 | 대명3동 뉴타운 | 대명동 2301-2 | 91,756 | 재개발 | 관리처분 |
| 2 | 대명3지구 | 대명동 1850 | 29,217 | 재건축(단독) | 추진위원회<br>(구역 미지정) |
| 3 | 상록 | 대명동 1959-27 | 37,351 | 재개발 | 착공 |
| 4 | 대명2동 명덕지구 | 대명동 2017-2 | 80,986 | 재개발 | 사업시행 |
| 5 | 문화지구 | 이천동 474-1 | 38,650 | 재개발 | 관리처분 |
| 6 | 봉덕1동구역 | 봉덕동 512-8 | 36,525 | 재개발 | 추진위원회<br>(구역 미지정) |

| 7 | 배나무골 | 이천동 281-1 | 18,320 | 재개발 | 착공 |
|---|---|---|---|---|---|
| 8 | 봉덕1동 우리 | 봉덕동 976-2 | 53,718 | 재개발 | 추진위원회 |
| 9 | 서봉덕 | 봉덕동 540-1 | 28,426 | 재개발 | 사업시행 |
| 10 | 남봉덕 | 봉덕2동 532-1 | 45,663 | 재건축(단독) | 추진위원회 |
| 11 | 봉덕동 선주지구 | 봉덕동 1015 | 21,956 | 재건축(단독) | 착공 |
| 12 | 용두지구 | 봉덕동 916-10 | 29,075 | 재개발 | 준공 |
| 13 | 봉덕 대덕지구 | 봉덕동 1028-1 | 32,246 | 재개발 | 조합설립 |
| 14 | 신촌지구 | 봉덕동 1064-22 | 18,801 | 재개발 | 준공 |
| 15 | 봉덕2동 효동주택 | 봉덕동 1065-44 | 17,618 | 재개발 | 추진위원회<br>(구역 미지정) |
| 16 | 봉덕연립 | 봉덕2동 1170-18 | 14,574 | 재개발 | 추진위원회<br>(구역 미지정) |
| 17 | 앞산보성아파트 | 봉덕동 1329 | 17,720 | 재건축(공동) | 추진위원회<br>(구역 미지정) |
| 18 | 봉덕 3-20 | 봉덕동 1361-5 | 25,453 | 재건축(단독) | 준공 |
| 19 | 대명5동 3통구역 | 대명동 315-1 | 15,385 | 재개발 | 추진위원회<br>(구역 미지정) |
| 20 | 앞산점보 | 대명동 1701-1 | 80,271 | 재개발 | 조합설립 |
| 21 | 대명4동 | 대명동 3020-1 | 167,648 | 재개발 | 추진위원회<br>(구역 미지정) |
| 22 | 앵두주택 | 대명동 1223-27 | 76,568 | 재건축(단독) | 추진위원회<br>(구역 미지정) |
| 23 | 파크아파트 | 대명10동 1633 | 24,678 | 재건축(공동) | 추진위원회<br>(구역 미지정) |
| 24 | 개나리아파트 | 대명동 1635 | 16,506 | 재건축(공동) | 추진위원회<br>(구역 미지정) |
| 25 | 대덕주택 | 대명동 1608-1 | 72,669 | 재개발 | 추진위원회<br>(구역 미지정) |
| 26 | 대명10동42구역 | 대명동 1598-8 | 51,450 | 재개발 | 추진위원회<br>(구역 미지정) |
| 27 | 대명10동43구역 | 대명동 1595-1 | 42,706 | 재개발 | 추진위원회<br>(구역 미지정) |
| 28 | 대명6동44구역<br>(코스모스) | 대명동 1111 | 38,971 | 재건축(공동) | 조합설립 |

| 29 | 대명역 골안 | 대명동 1400 | 59,835 | 재건축(단독) | 착공 |
|---|---|---|---|---|---|
| 30 | | 봉덕동 산89-3 | 29,648 | 재건축 | 예정구역 |
| 31 | 봉덕2동 | 봉덕2동 1099-11 | 27,425 | 재건축 | 준공 |
| 32 | 강변아파트 | 봉덕동 873-19 | 16,252 | 재건축 | 준공 |
| 33 | 봉덕2동 봉림 | 봉덕동 1019-90 | 21,631 | 재건축 | 준공 |
| 34 | 봉덕1동 태양 | 봉덕1동 850-2 | 18,310 | 재건축 | 준공 |
| 35 | 봉덕동 새길지구 | 봉덕동 1067-35 | 12,412 | 재건축 | 관리처분 |
| 36 | 대명2동 | 대명동 2014-160 | 13,665 | 재건축 | 준공 |
| 37 | 이천동 한마음 | 이천동 295-7 | 17,923 | 재건축 | 착공 |
| 38 | 봉덕2동 가변지구 | 봉덕2동 865-14 | 13,273 | 재건축 | 준공 |

## | 북구 |

| 번호 | 사업장명 | 위치 | 면적(m²) | 사업유형 | 진행단계 |
|---|---|---|---|---|---|
| 1 | 팔달 | 팔달동 108-10 | 26,232 | 재건축(단독) | 추진위원회<br>(구역 미지정) |
| 2 | 노원1 | 노원3가 1227 | 67,441 | 주거환경 | 준공 |
| 3 | 노원2동 | 노원2가 319 | 68,381 | 재개발 | 관리처분 |
| 4 | | 산격동 1269 | 13,896 | 재건축(단독) | 미추진 |
| 5 | 복현아파트지구 | - | 524,804 | 재건축(공동) | |
| 6 | 복현주공 4단지 | 복현동234-5 | 49,923 | 재건축(공동) | 준공 |
| 7 | 81 복현시영 | 복현동 320-1 | 30,167 | 재건축(공동) | 착공 |
| 8 | 84 복현시영 | 복현동72-2 | 17,707 | 재건축(공동) | 준공 |
| 9 | 복현주공 1단지 | 복현동 317 | 79,101 | 재건축(공동) | 준공 |
| 10 | 82,83복현시영 | 복현동 201-3 | 28,072 | 재건축(공동) | 준공 |
| 11 | 복현주공3단지 | 복현동 190-1 | | 재건축(공동) | 준공 |
| 12 | 복현주공2단지 | 복현동 210-1 | 26,533 | 재건축(공동) | 준공 |
| 13 | 복현지구 | 복현동 617-8 | 12,455 | 주거환경 | 사업시행 |
| 14 | 대현2동 강변 | 대현2동 417-1 | 56,940 | 재건축(단독) | 사업시행 |
| 15 | 대현3 | 대현동 335-3 | 48,113 | 주거환경 | 준공 |

| 16 | 칠성24지구 | 칠성2가 403-15 | 29,397 | 재건축(단독) | 조합설립 |
|---|---|---|---|---|---|
| 17 | 칠성새동네 | 칠성동2가 407-22 | 21,753 | 재개발 | 추진위원회 (구역 미지정) |
| 18 | 고성동 광명아파트 | 고성동 5-139 | 27,457 | 재건축(공동) | 준공 |
| 19 | | 관음동 1321 | 27,849 | 재건축 | 예정구역 |
| 20 | | 침산동 25-47 | 17,476 | 재개발 | 예정구역 |
| 21 | 대현2동 7통 | 대현동 440-5 | 24,603 | 재건축 | 준공 |
| 22 | 산격78시영APT | 산격동 505 | 15,220 | 재건축 | 준공 |
| 23 | 침산2동 | 침산2동 307-1 | 28,546 | 재건축 | 준공 |
| 24 | 팔달동 | 팔달동 138 | 38,413 | 재건축 | 관리처분 |

## | 수성구 |

| 번호 | 사업장명 | 위치 | 면적(m²) | 사업유형 | 진행단계 |
|---|---|---|---|---|---|
| 1 | 공작.크로바 | 범어1동 800-11 | 11,649 | 재건축(공동) | 추진위원회 |
| 2 | 범어우방1차아파트 | 범어1동 620 | 16,622 | 재건축(공동) | 관리처분 |
| 3 | 우방범어타운 2차 | 범어1동 650 | 26,225 | 재건축(공동) | 사업시행 |
| 4 | 삼환,삼익,새한 | 수성1가 649-17 | 16,519 | 재건축(공동) | 추진위원회 (구역 미지정) |
| 5 | 중동희망지구 | 중동 316 | 57,998 | 재건축(단독) | 조합설립 |
| 6 | 청구중동아파트 | 상동 178-1 | 14,135 | 재건축(공동) | 조합설립 |
| 7 | 범어아파트지구 | - | 232,732 | 재건축(공동) | |
| 8 | 가든1차 | 범어동 300 | 15,796 | 재건축(공동) | 정비구역 |
| 9 | 가든2차 | 황금동 100 | 10,979 | 재건축(공동) | 정비구역 |
| 10 | 가든3차 | 범어동 333-2 | 22,050 | 재건축(공동) | 정비구역 |
| 11 | 명문빌라 | 범어동 303 | 11,137 | 재건축(공동) | 정비구역 |
| 12 | 경남맨션 | 범어동 320 | 26,547 | 재건축(공동) | 조합설립 |
| 13 | 장원맨션 | 범어동 산103 | 25,325 | 재건축(공동) | 정비구역 |
| 14 | 현대빌라 | 범어동 산128-2 | 4,314 | 재건축(공동) | 준공 |
| 15 | 엘리시움 | 범어동 92-2 | 7,301 | 재건축(공동) | 정비구역 |

| 16 | 을지맨션 | 범어4동 314-4 | 14,816 | 재건축(공동) | 조합설립 |
| 17 | 범어목련 | 범어4동 341 | 13,218 | 재건축(공동) | 소합설립 |
| 18 | 수성지구 2차 우방타운 | 황금동 60 | 36,195 | 재건축(공동) | 조합설립 |
| 19 | 만촌서한아파트 | 만촌3동 860-1 | 17,668 | 재건축(공동) | 준공 |
| 20 | 만촌3동 | 만촌동 866-3 | 58,608 | 재개발 | 조합설립 |
| 21 | 수성지구 우방타운 | 황금1동 240 | 32,325 | 재건축(공동) | 준공 |
| 22 | 삼풍아파트 | 두산동 929-1 | 20,129 | 재건축(공동) | 추진위원회 (구역 미지정) |
| 23 | 대자연2차 | 파동 240 | 27,600 | 재건축(공동) | 추진위원회 |
| 24 | 수성용두지구 | 파동 540-14 | 35,633 | 재개발 | 착공 |
| 25 | 지산시영1단지 | 지산동 1234 | 37,351 | 재건축(공동) | 착공 |
| 26 | | 지산동 761 | 34,845 | 재건축(공동) | 미추진 |
| 27 | | 파동 581-28 | 11,632 | 재건축(공동) | 미추진 |
| 28 | 궁전맨션 | 범어동 371 | 32,871 | 재건축(공동) | 예정구역 |
| 29 | | 수성동1가 613 | 54,739 | 재건축(공동) | 미추진 |
| 30 | | 파동 153 | 33,305 | 재건축 | 예정구역 |
| 31 | | 범어동 1949 | 9,503 | 재개발 | 예정구역 |
| 32 | | 만촌동 245 | 14,018 | 재건축 | 예정구역 |
| 33 | | 지산동 1200 | 37,990 | 재건축 | 예정구역 |
| 34 | 수성1지구 | 수성동1가 641-19 | 106,848 | 재개발 | 추진위원회 |
| 35 | 수성동아APT | 두산동 789-6 | 19,019 | 재건축 | 준공 |
| 36 | 삼두APT | 신매동 162 | 11,702 | 재건축 | 준공 |
| 37 | 대공원아파트 | 범어4동 272 | 22,806 | 재건축 | 준공 |
| 38 | "한우로얄, 한우그레이프" | 시지동 59-1 | 25,675 | 재건축 | 준공 |
| 39 | 파동 강촌 1지구 | 파동 31-1 | 39,687 | 재건축 | 준공 |
| 40 | 파동 강촌2지구 | 파동27-17 | 54,560 | 재건축 | 착공 |
| 41 | 수성1가 | 수성1가 249-139 | 64,156 | 재건축 | 준공 |

# | 달서구 |

| 번호 | 사업장명 | 위치 | 면적(㎡) | 사업유형 | 진행단계 |
|------|----------|------|----------|----------|----------|
| 1 | 달서구 3구역 | 죽전동204-1 | 52,411 | 재건축(단독) | 관리처분 |
| 2 | 반고개 | 두류동 840 | 82,500 | 재개발 | 추진위원회 |
| 3 | 달자03지구 | 두류동 819 | 23,269 | 재개발 | 관리처분 |
| 4 | 달자01구역 | 두류동1207 | 29,516 | 재건축(단독) | 조합설립 |
| 5 | 달서구 제07구역 | 두류동 803-44 | 40,545 | 재개발 | 착공 |
| 6 | 본리지구 | 본리동 64-1 | 43,985 | 재개발 | 추진위원회 (구역 미지정) |
| 7 | 달서아파트지구 | - | 830,082 | 재건축(공동) | |
| 8 | 성당주공3단지 | 감삼동 287-57 | 34,899 | 재건축(공동) | 준공 |
| 9 | 성당주공1, 2단지 | 성당동 599 | 173,908 | 재건축(공동) | 준공 |
| 10 | 80달서시영 | 성당동 570-1 | 40,024 | 재건축(공동) | 준공 |
| 11 | 82,83달서시영 | 성당동 728-1 | 28,016 | 재건축(공동) | 준공 |
| 12 | 무궁화APT | 본리동 184-1 | 22,882 | 재건축(공동) | 준공 |
| 13 | 능금APT | 본리동 195-1 | 20,067 | 재건축(공동) | 준공 |
| 14 | 라일락, 남도, 성남, 황실APT" | 성당동 725 | 30,732 | 재건축(공동) | 조합설립 |
| 15 | 성당우방 | 본리동 210 | 21,339 | 재건축(공동) | 조합설립 |
| 16 | 성당보성 | 본리동 300-1 | 27,889 | 재건축(공동) | 준공 |
| 17 | 송학 | 송현동 78-3 | 56,075 | 재건축(단독) | 착공 |
| 18 | 달서구12구역 | 송현동 1907 | 80,718 | 재건축(단독) | 예정구역 |
| 19 | 본리덕인 | 본리동 665-1 | 28,528 | 재건축(공동) | 추진위원회 (구역 미지정) |
| 20 | 백조2차아파트 | 상인동 1475 | 22,753 | 재건축(공동) | 준공 |
| 21 | 월송상록 | 진천동 482-5 | 16,656 | 재건축(공동) | 추진위원회 (구역 미지정) |
| 22 | 송현주공3단지 아파트 | 상인동 797 | 63,387 | 재건축(공동) | 관리처분 |
| 23 | 현대백조타운 | 본리동 433 | 48,657 | 재건축(공동) | 관리처분 |
| 24 | 고려낙원 | 상인동 1473 | 20,031 | 재건축(공동) | 미추진 |

| 25 | 우방청자 | 상인동 1473-1 | 26,457 | 재건축 | 예정구역 |
|---|---|---|---|---|---|
| 26 | 한양은하 | 상인동 1474 | 31,850 | 재건축 | 예정구역 |
| 27 | 산호 | 상인동 1474-1 | 18,810 | 재건축 | 예정구역 |
| 28 | 송현월성 | 송현동 1911 | 12,804 | 재건축 | 예정구역 |
| 29 | 장관빌라 | 송현동 1991 | 21,125 | 재건축 | 예정구역 |
| 30 | 대곡금강 | 대곡동 4-1 | 31,261 | 재건축 | 예정구역 |
| 31 | 백조1차, 상인APT | 상인동 1476 | 26,758 | 재건축 | 준공 |
| 32 | 송현주공1, 2단지 | 상인동 800 | 122,100 | 재건축 | 준공 |

## | 달성군 |

| 번호 | 사업장명 | 위치 | 면적(㎡) | 사업유형 | 진행단계 |
|---|---|---|---|---|---|
| 1 | 한우아파트 | 화원읍 구라리 1734-2 | 10,052 | 재건축(공동) | 조합설립 |
| 2 | 형광현대아파트 | 논공읍 북리803-3 | 19,247 | 재건축(공동) | 미추진 |
| 3 | 경일아파트 | 논공읍 남리 1147 | 16,239 | 재건축(공동) | 미추진 |
| 4 | 천내보성타운아파트 | 화원읍 천내리 117 | 13,687 | 재건축 | 예정구역 |
| 5 | 창신맨션, 에덴타운아파트 | 화원읍 천내리 118 | 37,941 | 재건축 | 예정구역 |
| 6 | 천내우방맨션, 평광2차아파트 | 화원읍 천내리122 | 34,500 | 재건축 | 예정구역 |
| 7 | 영남맨션, 동서동산아파트 | 화원읍 천내리42 | 22,433 | 재건축 | 예정구역 |

# 대전정비사업목록

* 미 : 정비구역 미지정 / 지전추: 정비구역 지정 전 추진위 승인

| 동구 |

| 번호 | 사업장명 | 위치 | 면적(㎡) | 사업유형 | 진행단계 |
|---|---|---|---|---|---|
| 1 | 대동2 | 대동 33, 용운동 447 일원 | 107,344 | 주거환경개선사업 | 정비구역 |
| 2 | 성남동2 (구성2) | 성남동 198-1 일원 | 116,554 | 주거환경개선사업 | 정비구역 |
| 3 | 소제동1 (소제) | 소제동 305 일원 | 350,156 | 주거환경개선사업 | 정비구역 |
| 4 | 천동3 | 천동 187-1 일원 | 162,945 | 주거환경개선사업 | 사업시행인가 |
| 5 | 대동3 | 대동 5-141 | 12,036.0 | 주거환경개선사업 | 착공 |
| 6 | 홍도 | 홍도동 156-5 | 23,400.0 | 주거환경개선사업 | 착공 |
| 7 | 가오 새텃말 살리기(가오동3) | 가오동 124 | 68,442 | 주거환경개선사업 | 뉴딜사업선정 |
| 8 | 대동7 | 자양동 20-11 | 22,236 | 주거환경개선사업 | 미 |
| 9 | 신흥3 | 신흥동 161-33 | 103,429.8 | 재개발 | 착공 |
| 10 | 가양동1 | 가양동 176-14 | 99,664 | 재개발 | 미, 지전추 |
| 11 | 대동4·8 | 대동 405-7 | 137,794 | 재개발 | 추진위원회 |
| 12 | 성남동1 | 성남동 1-154 | 66,127 | 재개발 | 조합설립 |
| 13 | 성남동3 | 성남동 35-5 | 159,787 | 재개발 | 추진위원회 |
| 14 | 중앙1 | 소제동 291-5 | 28,532 | 재개발 | 조합설립 |
| 15 | 대전역복합2 | 소제동 291-1 | 106,742 | 재개발 | 정비구역 |
| 16 | 대전역복합3 | 정동 1-1 | 35,490 | 재개발 | 정비구역 |
| 17 | 대전역삼성4 | 삼성동 80-100 | 132,124 | 재개발 | 조합설립 |
| 18 | 삼성1 | 삼성동 279-1 | 73,390 | 재개발 | 추진위원회 |
| 19 | 정동 | 정동 31-50 | 76,800 | 재개발 | 미, 지전추 |
| 20 | 중동1 | 중동 26-8 | 95,700 | 재개발 | 미, 지전추 |
| 21 | 가양동2 | 가양동 25-1 | 17,561.1 | 재건축 | 관리처분 |

| 22 | 가양동3 | 가양동 95-8 | 68,172 | 지건축 | 미, 지전추 |
|---|---|---|---|---|---|
| 23 | 가양동4 | 가양동 326-9 | 63,046 | 재건축 | 미, 지전추 |
| 24 | 가양동5 | 가양동 499-20 | 58,670 | 재건축 | 추진위원회 |
| 25 | 가양동7 | 가양동 53-6 | 10,097.3 | 재건축 | 관리처분 |
| 26 | 가오동1 | 가오동 210 | 34,137 | 재건축 | 조합설립 |
| 27 | 가오동2 | 가오동 394 | 44,483 | 재건축 | 추진위원회 |
| 28 | 삼성동1 | 삼성동 288-1 | 49,189 | 재건축 | 조합설립 |
| 29 | 삼성동3 | 삼성동 335-1 | 126,534 | 재건축 | 미, 지전추 |
| 30 | 용운주공아파트 | 용운동 297 | 108,347.1 | 재건축 | 착공 |
| 31 | 자양동4 | 자양동 74-4 | 87,950 | 재건축 | 미, 지전추 |
| 32 | 홍도동1 | 홍도동 23-3 | 15,327 | 재건축 | 관리처분 |
| 33 | 홍도동2 | 홍도동 57-5 | 23,215 | 재건축 | 추진위원회 |

## | 중구 |

| 번호 | 사업장명 | 위치 | 면적(m²) | 사업유형 | 진행단계 |
|---|---|---|---|---|---|
| 1 | 보문1 | 대사동 233-110 | 85,527.9 | 주거환경<br>개선사업 | 착공 |
| 2 | 보문3 | 대사동 99-7 | 64,592.3 | 주거환경<br>개선사업 | 착공 |
| 3 | 목동3 | 목동 1-95 | 56,993.8 | 재개발 | 착공 |
| 4 | 선화 | 선화동 339-55<br>일원 | 52,853.6 | 재개발 | 관리처분인가 |
| 5 | 선화B | 선화동 207-16 | 46,384.9 | 재개발 | 관리처분인가 |
| 6 | 대사동1 | 대사동 167-4 | 63,821 | 재개발 | 조합설립 |
| 7 | 대사동3 | 대사동 250-14 | 37,103 | 재개발 | 미 |
| 8 | 대사동4 | 대사동 78-10 | 20,758 | 재개발 | 미 |
| 9 | 대흥동1 | 대흥동 112-9 | 55,707 | 재개발 | 조합설립 |
| 10 | 대흥2 | 대흥동 385-15 | 59,924 | 재개발 | 사업시행인가 |
| 11 | 대흥4 | 대흥동 260-9 | 50,739 | 재개발 | 조합설립 |
| 12 | 목동4 | 목동 34-11 | 19,913 | 재개발 | 관리처분인가 |
| 13 | 문창동1 | 문창동 119-21 | 36,772 | 재개발 | 미 |
| 14 | 문화동5 | 문화동 284-46 | 12,121 | 재개발 | 미 |

| 15 | 문화동7 | 문화동 372-13 | 24,268 | 재개발 | 미 |
| 16 | 문화동8 | 문화동 435-42 | 100,589.3 | 재개발 | 조합설립 |
| 17 | 부사동4 | 부사동 244-3 | 55,426 | 재개발 | 추진위원회 |
| 18 | 부사동5 | 부사동 424-35 | 40,261 | 재개발 | 미 |
| 19 | 부사동7 | 부사동 101-3 | 30,897 | 재개발 | 미 |
| 20 | 산성동2 | 산성동 133-24 | 93,847.1 | 재개발 | 조합설립 |
| 21 | 옥계동2 | 옥계동173-168 | 92,099 | 재개발 | 추진위원회 |
| 22 | 용두동1 | 용두동 167-9 | 22,278 | 재개발 | 사업시행인가 |
| 23 | 용두동2 | 용두동 182-72 | 43,175 | 재개발 | 사업시행인가 |
| 24 | 태평동1 | 태평동 255-74 | 22,906 | 재개발 | 미, 지전추 |
| 25 | 태평동2 | 태평동 263-5 | 38,588 | 재개발 | 추진위원회 |
| 26 | 태평동9 | 태평동 413-28 | 37,044 | 재개발 | 미 |
| 27 | 선화1 | 선화동 235-35 | 55,158 | 재개발 | 정비구역 |
| 28 | 선화1-A | 선화동 63 | 28,810 | 재개발 | 추진위원회 |
| 29 | 선화2 | 선화동 136-2 | 59,034 | 재개발 | 조합설립변경 |
| 30 | 은행1 | 은행동 1-1 | 94,155.5 | 재개발 | 사업시행인가 |
| 31 | 문화동2 | 문화동 1-47 | 15,914 | 재건축 | 미 |
| 32 | 문화동6 | 문화동 311-4 | 20,242 | 재건축 | 미 |
| 33 | 옥계동1 | 옥계동 156-3 | 14,294 | 재건축 | 미, 지전추 |
| 34 | 중촌동1 | 중촌동 21 | 36,096 | 재건축 | 사업시행인가 |
| 35 | 태평동3 | 태평동 312-2 | 26,297 | 재건축 | 미 |
| 36 | 태평동5 | 태평동 365-9 | 160,256 | 재건축 | 조합설립 |
| 37 | 태평동6 | 태평동 383-1 | 27,700 | 재건축 | 미 |
| 38 | 태평동7 | 태평동 403-1 | 37,818 | 재건축 | 미 |
| 39 | 태평동8 | 태평동 407 | 35,635 | 재건축 | 미 |

## | 서구 |

| 번호 | 사업장명 | 위치 | 면적(m²) | 사업유형 | 진행단계 |
|---|---|---|---|---|---|
| 1 | 용문동1·2·3 | 용문동 225-9 | 181,764.9 | 재건축 | 관리처분 |
| 2 | 탄방동1(숭어리샘) | 탄방동 514-360 | 102,493.4 | 재건축 | 관리처분 |

| | | | | | |
|---|---|---|---|---|---|
| 3 | 탄방동2 | 탄방동 68-1 | 39,204.9 | 재건축 | 착공 |
| 4 | 도마·변동1 | 가장동 38-1 | 105,527.5 | 재개발 | 사업시행인가 |
| 5 | 도마·변동3 | 변동 9-4 | 192,861 | 재개발 | 조합설립 |
| 6 | 도마·변동6 | 도마동 86-66 | 28,898 | 재개발 | 조합설립 |
| 7 | 도마·변동8 | 도마동 179-30 | 102,769.1 | 재개발 | 착공 |
| 8 | 도마·변동9 | 도마동 181-1 | 44,383 | 재개발 | 조합설립 |
| 9 | 도마·변동11 | 도마동 145-4 | 76,161 | 재개발 | 사업시행인가 |
| 10 | 도마동1 | 도마동 25-34 | 30,069 | 재개발 | 미 |
| 11 | 복수동2 | 복수동 283-256 | 68,253 | 재개발 | 조합설립 |

## | 유성구 |

| 번호 | 사업장명 | 위치 | 면적(m²) | 사업유형 | 진행단계 |
|---|---|---|---|---|---|
| 1 | 장대B | 장대동 14-5 | 97,213 | 재개발 | 조합설립 |
| 2 | 도룡동2(공동관리@) | 도룡동 431 | 32,780 | 재건축 | 정비구역 |
| 3 | 도룡동3(과기원교수@) | 가정동 236-2 | 14,854.5 | 재건축 | 착공 |

## | 대덕구 |

| 번호 | 사업장명 | 위치 | 면적(m²) | 사업유형 | 진행단계 |
|---|---|---|---|---|---|
| 1 | 읍내동1(효자지구) | 읍내동 240 | 101,264.1 | 주거환경 개선사업 | 정비구역변경 |
| 2 | 장동1 | 장동 344-5 | 98,954.6 | 주거환경 개선사업 | 착공 |
| 3 | 대화동1 | 대화동 16-155 | 96,252 | 재개발 | 조합설립 |
| 4 | 대화동2 | 대화동 241-11 | 57,936 | 재개발 | 조합설립 |
| 5 | 대화동3 | 대화동 35-370 | 97,933 | 재개발 | 미 |
| 6 | 비래동1 | 비래동 558-23 | 48,219 | 재개발 | 미 |
| 7 | 오정동1 | 오정동 172-3 | 16,697 | 재개발 | 미 |
| 8 | 석봉2 | 석봉동 415-47 | 6,634.2 | 재개발 | 정비구역변경 |
| 9 | 법동1(중리주공@) | 법동 284-10 | 68,749.6 | 재건축 | 착공 |
| 10 | 법동2(삼정하이츠@) | 법동 281 | 27,325.5 | 재건축 | 정비구역 |
| 11 | 와동2 | 와동 39 | 43,930 | 재건축 | 관리처분 |

# 광주정비사업목록

* 미 : 정비구역 미지정 / 지전추: 정비구역 지정 전 추진위 승인

## | 동구 |

| 번호 | 사업장명 | 위치 | 면적(m²) | 사업유형 | 진행단계 |
|------|----------|------|----------|----------|----------|
| 1 | 계림1 | 계림동 287-5 일대 | 44,244 | 재개발 | 조합설립 |
| 2 | 계림2(풍3) | 계림동 1340 일대 | 86,661 | 재개발 | 착공 |
| 3 | 계림3 | 계림동 301 일대 | 58,783 | 재개발 | 조합설립 |
| 4 | 계림4 | 계림동 125 일대 | 45,765 | 재개발 | 관리처분 |
| 5 | 계림5-2 | 계림동 10-1 일대 | 36,404 | 재개발 | 준공 |
| 6 | 계림7 | 계림동 193 일대 | 52,749 | 재개발 | 착공 |
| 7 | 계림8 | 계림동 493 일대 | 97,197 | 재개발 | 준공 |
| 8 | 산수1 | 산수동 431-3 일대 | 59,535 | 재개발 | 준공 |
| 9 | 산수1동2 | 산수초교 주변 | 27,796 | 주거환경개선 | 현지(완료) |
| 10 | 산수3 | 산수동 456-12 일대 | 40,286 | 재개발 | 추진위구성 |
| 11 | 지산1 | 지산동 광주법원 주변 | 32,260 | 재개발 | 추진위구성 |
| 12 | 지원1 | 소태동 659 일대 | 44,056 | 재개발 | 착공 |
| 13 | 지원2-1 | 소태동 530-1 일대 | 33,414 | 재개발 | 준공 |
| 14 | 학동3 | 학동 939-16 일대 | 60,216 | 재개발 | 준공 |
| 15 | 학동4 | 학동 633-3 일대 | 126,433 | 재개발 | 관리처분 |

## | 서구 |

| 번호 | 사업장명 | 위치 | 면적(m²) | 사업유형 | 진행단계 |
|------|----------|------|----------|----------|----------|
| 1 | 광천동 | 광천동 670 일대 | 426,380 | 재개발 | 사업시행 |
| 2 | 양동3 | 양동 350 일대 | 55,348 | 재개발 | 사업시행 |
| 3 | 마륵치평 | 마륵동 156-3 일대 | 31,932 | 재개발 | 준공 |
| 4 | 화정주공 | 화정동 621 일대 | 194,144 | 재건축 | 준공 |
| 5 | 화정동염주주공 | 화정동 857 일대 | 96,583 | 재건축 | 착공 |
| 6 | 화정동삼익 | 화정동 131-4 일대 | 23,694 | 재건축 | |
| 7 | 쌍촌동쌍촌 | 쌍촌동 323-11 일대 | 28,838 | 재건축 | 준공 |

## | 남구 |

| 번호 | 사업장명 | 위치 | 면적(m²) | 사업유형 | 진행단계 |
|---|---|---|---|---|---|
| 1 | 서동1 | 서동 268-6 일대 | 36,617 | 재개발 | 조합설립 |
| 2 | 월산1 | 월산동 363-1 일대 | 44,235 | 재개발 | 착공 |
| 3 | 주월장미 | 주월동 1186 일대 | 29,847 | 재건축 | 관리처분 |
| 4 | 방림삼일 | 방림동 436-1 일대 | 28,345 | 재건축 | 조합설립 |
| 5 | 월산신우 | 월산동110-5 일대 | 18,555 | 재건축 | 안전진단 |
| 6 | 봉선라인하이츠1차 | 봉선동 983 일대 | 12,949 | 재건축 | |
| 7 | 봉선라인하이츠2차 | 봉선동 988 일대 | 22,347 | 재건축 | |
| 8 | 봉선모아2차 | 봉선동 1043 일대 | 18,755 | 재건축 | |
| 9 | 주월스카이 | 주월동 383 일대 | 8,821 | 재건축 | |

## | 광산구 |

| 번호 | 사업장명 | 위치 | 면적(m²) | 사업유형 | 진행단계 |
|---|---|---|---|---|---|
| 1 | 송정 | 송정역 앞 주변 | 43,546 | 재개발 | |
| 2 | 동·서작 | 우산동 1256 일대 | 101,709 | 재개발 | 추진위 |
| 3 | 운남 | 운남동 303-1 일대 | 55,109 | 재개발 | 추진위 |
| 4 | 신가동 | 신가동 842-6 일대 | 286,058 | 재개발 | 관리처분 |
| 5 | 송정주공 | 우산동 1085 일대 | 94,131 | 재건축 | 준공 |

| 번호 | 사업장명 | 위치 | 면적(m²) | 사업유형 | 진행단계 |
|---|---|---|---|---|---|
| 1 | 풍향 | 풍향동 600-1 일대 | 164,652 | 재개발 | 조합설립 |
| 2 | 풍향2 | 풍향동 12-1 일대 | 51,687 | 재개발 | 준공 |
| 3 | 누문 | 누문동 174 일대 | 106,481 | 재개발 | 관리처분 |
| 4 | 임동 | 임동 76 일대 | 86,361 | 재개발 | 착공 |
| 5 | 임동2 | 임동 94-8 일대 | 36,395 | 재개발 | 착공 |
| 6 | 우산 | 우산동 470 일대 | 153,741 | 재개발 | 착공 |
| 7 | 중흥3 | 중흥동 364-1 일대 | 132,269 | 재개발 | 착공 |
| 8 | 중흥 | 중흥동 748 일대 | 23,131 | 재개발 | 추진위 |
| 9 | 북동 | 북동수창초교 주변 | 134,783 | 재개발 | 추진위 |
| 10 | 문화동각화 | 각화동 122-1 일대 | 41,672 | 재개발 | 준공 |
| 11 | 운암3단지 | 운암동 252 일대 | 170,892 | 재건축 | 관리처분 |
| 12 | 운정주룡 | 운정동 148-0 | 28,951 | 주거환경개선 | 현지(완료) |

**북큐레이션 •** 투자의 기회를 붙잡고 싶은 이들을 위한 라온북의 책

《난생처음 재개발 재건축》과 함께 읽으면 좋은 책. 기존의 공식이 통하지 않는 급변의 시대에 미래를 준비하는 사람이 주인공이 됩니다.

특수경매 초보자를 위한 팁 수록

## 난생처음 특수경매

박태행 지음 | 19,000원

**좋은 물건만 쏙쏙 골라내
일주일 만에 2배 수익을 실현하는 특수경매 따라 하기**

계약금 투자만으로도 곧바로 수익을 낼 수 있는 방법이 있다. 바로 특수물건 경매시장이다. 법정지상권, 유치권, 선순위 가압류, 가처분 등 어렵게만 생각되는 특수물건이 알고 보면 일반 경매보다 훨씬 쉽고 수익도 높다. 사례별로 꼼꼼하게 소개하는 권리 분석을 따라 하기만 하면 적은 금액의 투자만으로도 빌라 한 동, 미니 건물 한 채가 내 손에 들어온다. 1천만 원 이하부터 1억 원까지 금액대별로 투자 물건을 골라내는 법, 권리 분석을 해서 낙찰받는 법, 마지막으로 소유권자와 협상하는 법까지 스토리 형식으로 쉽고 재미있게 소개한다.

참 쉬운 아파트 투자 안내서

## 대한민국 마지막 투자처 도시재생

양팔석, 윤석환 지음 | 19,800원

**높은 수익률과 빠른 회수가 가능한
도시재생사업에 지금 당장 투자하라!**

부동산 시장은 국내외 환경의 변화에 따라 급격히 변하고 있다. 정부는 과거 수년간 뜨거웠던 부동산 시장을 잠재우기 위해 계속 규제를 강화하고 있으며, 몇 달만 지나면 또 다른 변화가 감지된다. 부동산 시장이 이렇게 뜨거운 감자이자 초미의 관심사가 되는 것은 무엇보다 돈이 되기 때문이다. 28년간 부동산 투자 현장에서 배우고 익힌 재개발, 재건축 투자 전문가 두 명이 대한민국 투자자들이 경험해보지 못한 '도시재생 연관 투자'를 알기 쉽게 설명했다. 누구나 어렵지 않게 투자할 수 있도록 도와줄 이 책은 흔한 예시 중심이 아닌 저자의 경험에서 우러난 생생한 조언, 현장감 있는 스토리가 담겨 있다. 대한민국의 마지막 투자처인 '도시재생사업'이 불황으로 고민하는 모든 투자자, 예비 투자자들에게 새로운 기회로 다가올 것이다.

경매의 신
임경민의
경매 노하우

## 난생처음 10배 경매

임경민 지음 | 18,000원

**안전하고 확실한 '10배 경매 6단계 매직 사이클'**
**과장된 무용담이 아닌 100% 리얼 성공 사례 수록!**

경매가 무엇인지 개념 정리부터 경매의 6단계 사이클을 토대로 경매 물건 보는 법, 10초 만에 권리 분석하는 법 등 경매 고수가 알아야 할 기술을 알려준다. 특히 실제로 경매를 통해 수익을 올린 사례를 실투자금, 예상 수익, 등기부등본과 함께 실어서 경매가 얼마나 확실하고 안전한 수익을 올릴 수 있는지 증명했다. 경매는 결코 어렵고 위험하지 않다. 큰돈이 있어야만 할 수 있는 것도 아니다. 투자금액의 몇 배를 빠른 기간에 회수할 수 있는 훌륭한 재테크 수단이다. 경매는 부자로 태어나지 못한 사람이 부자가 되는 가장 빠르고 확실한 방법이다.

전 국민 1인 1토지
프로젝트!

## 난생처음 토지 투자

이라희 지음 | 18,000원

**1,000% 수익률을 달성한**
**토지 투자 전문가 이라희 소장의 땅테크 노하우**

초저금리 시대, 땅테크가 최고의 재테크 수단으로 떠오르고 있는 지금, 전 국민이 '1인 1토지'를 가져 재테크에 성공할 수 있도록 누구나 쉽게 실천할 수 있는 실전 노하우를 담았다. 재테크를 전혀 해보지 않은 초보자도 이해할 수 있도록 개발 지역 확인하는 법을 알려주고, 초보자가 꼭 봐야 할 토지 투자 관련 사이트, 용지 지역 확인하는 법 등 실질적인 노하우를 공개한다. 나의 자금대에 맞는 토지 투자법, 3~5년 안에 3~5배 수익을 내는 법 등 쉽고 안전한 토지 투자 방법을 담아내 누구나 '1,000만 원으로 시작해 100억 부자'가 될 수 있다.